Stollenwerk
Nachbarrechtsgesetz
Nordrhein-Westfalen

Nachbarrechtsgesetz Nordrhein-Westfalen

Kommentar

von

Detlef Stollenwerk

5. Auflage

KSV MEDIEN· WIESBADEN

Bibliografische Information der Deutschen Nationalbibliothek
Die Deutsche Nationalbibliothek verzeichnet diese Publikation in der Deutschen Nationalbibliografie; detaillierte bibliografische Daten sind im Internet über http://dnb.ddb.de abrufbar.

© Copyright 2004 Kommunal- und Schul-Verlag GmbH & Co. KG · Wiesbaden
5. Auflage 2022
Alle Rechte vorbehalten · Printed in Germany
Satz: C.H.Beck.Media.Solutions · Nördlingen
Druck: CPI books

ISBN 978-3-8293-1803-7

Inhalt

XII. ABSCHNITT: **ALLGEMEINE VORSCHRIFTEN**

XIII. ABSCHNITT: **SCHLUSSBESTIMMUNGEN**

Anhang

Abkürzungsverzeichnis

a. A.	=	andere Auffassung
Abs.	=	Absatz
AG	=	Amtsgericht
Anm.	=	Anmerkung
Aufl.	=	Auflage
Az.	=	Aktenzeichen
BauGB	=	Baugesetzbuch
BauR	=	Zeitschrift für Baurecht
BayVGH	=	Bayerischer Verwaltungsgerichtshof
Bbg	=	Brandenburg, brandenburgisch
BGB	=	Bürgerliches Gesetzbuch
BGH	=	Bundesgerichtshof
bspw.	=	beispielsweise
DDR	=	Deutsche Demokratische Republik
d. h.	=	das heißt
DtZ	=	Deutsch-Deutsche Rechts-Zeitschrift
DVBl.	=	Deutsches Verwaltungsblatt (Zeitschrift)
DWW	=	Deutsche Wohnungswirtschaft (Zeitschrift)
EGBGB	=	Einführungsgesetz zum BGB
ErbbauVO	=	Erbbaurechtsverordnung
Erl.	=	Erläuterung
ff.	=	fortfolgende
GVBl.	=	Gesetz- und Verordnungsblatt
JuS	=	Juristische Schulung (Zeitschrift)
LG	=	Landgericht
MDR	=	Monatsschrift für Deutsches Recht (Zeitschrift)
NachbG NRW	=	Nachbarrechtsgesetz Nordrhein-Westfalen
NJW	=	Neue juristische Wochenschrift (Zeitschrift)
NJW-RR	=	NJW-Rechtsprechungsreport (Zeitschrift)
Nr.	=	Nummer
NVwZ	=	Neue Zeitschrift für Verwaltungsrecht
NVwZ-RR	=	NVwZ-Rechtsprechungsreport (Zeitschrift)
NZM	=	Neue Zeitschrift für Mietrecht
OLG	=	Oberlandesgericht
OVG	=	Oberverwaltungsgericht
RhPf	=	Rheinland-Pfalz, rheinland-pfälzisch
Rn.	=	Randnummer
SH	=	Schleswig-Holstein, schleswig-holsteinisch
u. Ä.	=	und Ähnliches
UPR	=	Umwelt- und Planungsrecht (Zeitschrift)
usw.	=	und so weiter
u. U.	=	unter Umständen
VersR	=	Versicherungsrecht (Zeitschrift)

VG	= Verwaltungsgericht
VGH	= Verwaltungsgerichtshof
vgl.	= vergleiche
VR	= Verwaltungsrundschau (Zeitschrift)
WEG	= Gesetz über Wohnungseigentum und Dauerwohnrecht
WHG	= Wasserhaushaltsgesetz
WuM	= Wohnungswirtschaft und Mietrecht (Zeitschrift)
z. B.	= zum Beispiel
ZfS	= Zeitschrift für Schadensrecht
ZGB-DDR	= Zivilgesetzbuch der früheren DDR
ZMR	= Zeitschrift für Miet- und Raumrecht
ZPO	= Zivilprozessordnung

Literaturverzeichnis

Bassenge/Olivet Nachbarrecht in Schleswig-Holstein, 13. Aufl. 2017

Bayer/Lindner/Grziwotz Bayerisches Nachbarrecht, 2. Aufl. 1994

Dehner Gesamtdarstellung des Nachbarrechts (mit Ausnahme Bayern), Loseblattsammlung

Dörner/Ebert/Eckert/Hoeren/Kemper/Schulze/Staudinger Handkommentar BGB, 1. Aufl. 2001

Grziwotz/Lüke/Saller Praxishandbuch Nachbarrecht, 1. Aufl. 2005

Hodes-Dehner Hessisches Nachbarrecht, 4. Aufl. 2001

Hoof/Keil Das Nachbarrecht in Hessen, 17. Aufl. 1997

Horst Rechtshandbuch Nachbarrecht, 1. Aufl., 2000

Bauer/Schlick Nachbarrecht Rheinland-Pfalz und Saarland, 7. Aufl. 2017

Kayer/Keinhorst Nachbarrecht in Sachsen, 1. Aufl. 2001

Münchener Kommentar (Hartmann) zum Artikel 124 EBGB (nachbarrechtl. Beschränkungen)

Münchener Kommentar (Quack) Band 6, Sachrecht, 3. Aufl. 1997

Grüneberg Bürgerliches Gesetzbuch, 81. Aufl. 2022

Postier Nachbarrecht in Brandenburg, 3. Aufl. 2001

Rammert Nachbarrecht Nordrhein-Westfalen, 2. Aufl. 2001

Rüssel Das Gesetz zur Förderung der außergerichtlichen Streitbeilegung – der Weg zu einer neuen Streitkultur?, NJW 2000 S. 2800 ff.

Schäfer/Fink-Jamann/Peter Nachbarrechtsgesetz Nordrhein-Westfalen, 16. Aufl. 2012

Schäfer/Reich Sächsisches Nachbarrechtsgesetz, 2. Aufl. 2021

Schmidt Die obligatorische außergerichtliche Streitschlichtung, DAR 2001 S. 481 ff.

Seidel Öffentlich-rechtlicher und privatrechtlicher Nachbarschutz, 1. Aufl. 2000

Staudinger Kommentar zum BGB, Stand: 2015

Stollenwerk Brandenburgisches Nachbarrechtsgesetz, 5. Aufl. 2021

Stollenwerk Meine Rechte als Nachbar, 2. Aufl.2018

Stollenwerk Nachbarrecht Thüringen, 3. Aufl. 2007

Einführung

Übersicht

1. Öffentliches und privates Nachbarrecht
2. Nachbarliches Gemeinschaftsverhältnis
3. Obligatorische Streitschlichtung

1. Öffentliches und privates Nachbarrecht

Das Verhältnis zwischen dem **privaten** und **öffentlichen Nachbarrecht** ist juristisch in einigen Fällen nicht zu trennen und daher auch für den Laien nur schwer durchschaubar. So greifen Zivilgerichte in Privatklageverfahren in öffentlich-rechtlich betriebene Sportanlagen ein und verfügen Benutzungsbeschränkungen und -verbote (z. B. ein feiertägliches Spielverbot), was natürlich die Verwirrung komplett macht. Wenn man vom **öffentlichen Nachbarrecht** spricht, denkt man natürlich in erster Linie an das **Baurecht,** aber eine Reihe anderer öffentlich-rechtlicher Bestimmungen enthalten nachbarrechtliche Ansprüche, so z. B. **das Baugesetzbuch, das Bundes-Immissionsschutzgesetz, die Straßengesetze der Länder usw. Öffentlich-rechtliche Ansprüche** werden vor den **Verwaltungsgerichten** geltend gemacht, während das **private Nachbarrecht** vor den **ordentlichen Gerichten** verhandelt wird. Allerdings ist die Zuordnung in der Tat nicht immer einfach. Erfolgt z. B. eine Störung durch die öffentliche Hand im Rahmen privatrechtlicher Betätigung, so ist der Zivilrechtsweg gegeben. Liegt eine Beeinträchtigung durch die öffentliche Hand in Ausübung hoheitlicher Gewalt vor, besteht ein Abwehranspruch, der vor dem Verwaltungsgericht einklagbar ist. Die Zivilgerichte befassen sich bspw. mit Fragen der Staubentwicklung im Zuge von Straßenbauarbeiten, Straßenlärm, soweit er nicht unmittelbar durch die öffentliche Hand verursacht wird. Geht es um hoheitliche Störungen (z. B. Lärmbelästigungen durch Feuerwehrsirene), sind die Verwaltungsgerichte gefragt. Wird dagegen wiederum kein Abwehranspruch geltend gemacht, sondern eine Entschädigung wegen der Wertminderung des Grundstücks, so sind wiederum die Zivilgerichte am Zug. Einen Überblick bzgl. der Rechtswegspaltung zwischen dem öffentlichen und privaten Nachbarrecht erhalten Sie im Beitrag von *Stollenwerk*, Die Entwicklung des privaten Nachbarrechts, ZMR 2021 S. 455 ff.

Beim privaten Nachbarrecht kann grob zwischen dem **bürgerlich-rechtlichen Nachbarrecht** und den Vorgaben des **Landesnachbarrechts (Nachbarrechtsgesetze der Bundesländer)** unterschieden werden. Die nachbarrechtlichen Regelungen des Bürgerlichen Gesetzbuches umfassen die Bestimmungen der §§ 903 bis 924 und 1004 BGB (Vorschriften sind im Anhang abgedruckt). Das BGB verfolgt das Ziel, die für wesentlich angesehenen Konflikte durch Abwehrrechte, Duldungspflichten und Ersatzansprüche zu regeln. Der Schwerpunkt der Ansprüche ergibt sich aus dem so genannten **„Immissionsschutz"** des § 906 BGB. Die Grundaussage des Eigentumsrechts, dass der Eigentümer einer Sache grundsätzlich mit der Sache nach Belieben verfahren und andere von jeder Einwirkung ausschließen kann, solange das Gesetz oder Rechte Dritter dem nicht entgegenstehen, wird im bürgerlichen Nachbarrecht konkretisiert. Das Nachbarrecht beschränkt sich nicht nur auf die Erdoberfläche, sondern erfasst ebenso den Luftraum und den Erdkörper unter der Erdoberfläche (§ 905 Satz 1 BGB). Weiterhin regelt das Nachbarecht nicht ausschließlich Rechtsverhältnisse angrenzender Grundstücke, sondern behandelt auch entfernte Grundstücke, wenn die dortigen Auswirkungen grundstücksbezogene Einflüsse verursachen. Nach § 906 BGB kann der Eigentümer wesentliche Grundstückseinwirkungen vom Nachbargrundstück abwehren, wobei die dortige Immissionsaufzählung nicht abschließend ist. Die Bestimmung ist systematisch bestrebt, durch eine Schablone eine gewisse Ordnung innerhalb der vielfältig möglichen Abwehransprüche vorzunehmen. Ausdrücklich genannt sind **Einwirkungen wie Gase, Dämpfe, Gerüche, Rauch, Ruß, Wärme, Geräu-**

sche, Erschütterungen oder ähnliche Einflüsse. Sind diese **wesentlich,** kann die Zuführung **verboten** werden, falls sie nur **unwesentlich** sind, muss der Nachbar diese **dulden.**

Liegt eine Beeinträchtigung **wesentlicher Art** vor, so kann der Nachbar sie dennoch nicht verbieten, wenn die Benutzung des einwirkenden Grundstücks **ortsüblich** ist und die Beeinträchtigung nicht durch **wirtschaftlich zumutbare Maßnahmen** verhindert werden kann (§ 906 Abs. 2 BGB). Ist die Abwehrmaßnahme wirtschaftlich unzumutbar, muss der Nachbar sie dulden, hat aber eine Art **„Entschädigungsanspruch"** gegenüber dem Nachbarn.

Ähnliches gilt für die Fälle, bei welchen ein Grundstückseigentümer eine Gefahrenlage geschaffen hat, an deren Beseitigung er durch Rechtsvorschriften (hier: Naturschutz) gehindert ist. Hier kann ein Ausgleichsanspruch nach § 906 Abs. 2 Satz 2 BGB gegeben sein (vgl. BGH, Urt. vom 17.9.2004 – V ZR 230/03 –).

Die Auslegung verbleibender unbestimmter Rechtsbegriffe erfolgte durch die Rechtsprechung nicht immer schlüssig und nachvollziehbar. Auch der Bundesgerichtshof blieb bei Entscheidungen nicht von der Kritik verschont (vgl. *Hermann,* NJW 1997 S. 153 ff.). Hier ging es um die Frage der Verantwortung des Nachbarn für Naturereignisse (siehe hierzu auch BGH, MDR 2001 S. 628 in Zusammenhang mit der Schädlingsbekämpfung in Weinbergsbereichen). Während der BGH im zitierten Wollläusefall (BGH, NJW 1995 S. 2633) dem Eigentümer eine Naturstörung nur dann zurechnet, wenn er sie durch Handlungen ausdrücklich ermöglicht oder die Beeinträchtigung durch pflichtwidriges Handeln herbeigeführt hat, wird die Verantwortlichkeit im Falle des Eindringens von Baumwurzeln in den Abwasserkanal (BGH, NJW 1991 S. 2826) einfach beim Eigentümer vorausgesetzt, weil er den Baum angepflanzt hat oder unterhält. Im Froschteilfall (Lärmbelästigung durch Froschquaken, BGH, NJW 1993 S. 925) wurde dem Eigentümer die Schuld übertragen, da er die Bedingungen durch die Errichtung der Teichanlage geschaffen habe. *Hermann* (NJW 1997 S. 153 ff.) ist der Ansicht, dass in allen Fällen des Naturwirkens eine Störung durch die Grundstücksbeschaffenheit ausgeht. Im Rahmen der Prüfung der Verantwortlichkeit stellt sich die Frage, ob in diesem Falle von einer Sicherungspflicht ausgegangen werden muss und ob eine solche mit zumutbaren Regeln erreichbar ist. Im Zusammenhang mit der Prüfung von Schadensersatzansprüchen beim Fall des Unkrautsamenflugs (OLG Düsseldorf, NJW-RR 1995 S. 1231) und beim Gülledüngungsfall (OLG Düsseldorf, NJW-RR 1995 S. 1482) schlägt *Hermann* (NJW 1997 S. 153 ff.) einen Lösungsansatz vor, der als Haftungskriterium auf die Kausalität durch positives Tun oder Unterlassen abstellt. Einem Grundstückseigentümer steht auch dann ein Anspruch nach § 906 Abs. 2 Satz 2 BGB zu, wenn die wesentliche Beeinträchtigung von einer von dem Nachbarn eigennützig auf fremden Grund gelegten Leitung (hier: erlaubte Nutzung eines Wasser-Außenanschlusses für die Zuleitung von Bauwasser auf das Nachbargrundstück) ausgeht. Kehrseite einer solchen aus Sicht des Eigentümers fremdnützigen Duldung ist, dass der Nachbar als der alleinige Nutznießer der Gefälligkeit alle Schäden auszugleichen hat, die aus der damit geschaffenen erhöhten Gefahr resultieren (OLG SH, Urt. vom 6.12.2012 – 16 U 64/12 –). Zur rechtlichen Einordnung von Versorgungsleitungen für ein Nachbargrundstück und etwaige Beseitigungsansprüche bei Eigentumsstörungen vgl. BGH, Urt. vom 10.6.2011 – V ZR 233/10 –. Vgl. auch OLG Hamm, Urt. vom 10.10.2017 –24 U 123716 – zur Pflicht des Tatrichters einen Ortstermin durchzuführen, vgl. auch LG Münster, Urt. vom 18.12.2019 –16 O 176/18 – zur Bewertung von Geräuschimmissionen durch Windkraftanlagen unter Berücksichtigung der Einzelfallumstände.

Als **unwesentliche Beeinträchtigungen** vom Nachbargrundstück wurde bspw. eine begrenzte Taubenhaltung (vgl. OLG Celle, NJW-RR 1989 S. 150; *Stollenwerk,* Schiedsamtszeitung 2001 S. 217 ff.), der jährliche Laubfall (LG Stuttgart, NJW 1985 S. 2340; LG Karlsruhe, MDR 1984 S. 401; u. U. kann allerdings in krassen Ausnahmefällen ein Ausgleichsanspruch nach § 906 Abs. 2 Satz 2 BGB dem Nachbarn zustehen, vgl. BGH, Urt. vom 14.11.2003 – V ZR 102/03 –), der Bienenanflug (LG Memmingen, NJW-RR 1987 S. 530; LG Dessau-Roßlau, Urt. vom 10.5.2012 – 1 S 22/12 –; a. A. bei bestehender Bienengiftallergie, OLG Bamberg, NJW-RR 1992 S. 406 bzw. bei Bienenhaltung auf dem Balkon, AG Hamburg-Harburg, Urt. vom 7.3.2014 – 641 C 377/13 –), das kirchliche Glockenläuten (BVerwG, NJW 1984 S. 989) oder Lärmbelästigungen durch Kinderspielplätze (OLG Frankfurt, NJW-RR 1991 S. 1360), vgl. zur Gesamtthematik von Kinderlärm, *Stollenwerk*, NZM 2004 S. 289) angesehen. Zwischenzeitlich hat der Gesetzgeber durch die Einfügung des § 22 Abs. 1 a BImSchG Kinderspielplätze als privilegierte Vorhaben eingestuft. Lärmbelästigungen von solchen Einrichtungen sind von den Nachbarn hinzunehmen. Vgl. hierzu OVG RhPf (Urt. vom 16.5.2012 – 8 A 10042/12 –). Dies gilt auch für die Benutzung der Spielgeräte (Seilbahn) (vgl. OVG RhPf, Urt. vom 24.10.2012 – 8 A 10301/12 –).

Häusliches Musizieren (Trompetenspiel) einschließlich des dazugehörigen Übens gehört zu den üblichen Formen der Freizeitbeschäftigung und ist in zeitlichen Grenzen (zwei bis drei Stunden werktags und ein bis zwei Stunden an Sonn- und Feiertagen) als unwesentliche Beeinträchtigung hinzunehmen (BGH, Urt. vom 26.10.2018 –. V ZR 143/17–). Zur Frage der unwesentlichen Beeinträchtigung durch das Rauchen eines Grundstücksnachbarn auf dessen Balkon, vgl. Urt. des BGH vom 16.1.2015 – V ZR 110/14 –.

Ortsüblich sind dagegen Lichtreflexe durch Straßenlaternen (OVG Koblenz, NJW 1986 S. 953, anders aber Lichtzufuhr durch nachbarlichen Bewegungsmelder, vgl. LG Wiesbaden, NJW 2002 S. 615) oder Lichtimmissionen durch beleuchtete Werbepylonen, die eine „psychologische Blendung" auslösen, vgl. VG Aachen, Urt. vom 28.8.2012 – 3 K 2277/10 –, Verkehrslärm (BGH, NJW 1980 S. 582), Geruchsbelästigungen durch Schweinestall im ländlichen Bereich (VGH Mannheim, Urt. vom 4.3.2009 – 3 S 1467/07 –), ein Deponiebetrieb (BGH, NJW 1980 S. 771) oder die Belästigung durch Kläranlagen (BGH, NJW 1984 S. 1876) eingestuft.

Für die Bestimmung der Ortsüblichkeit von nächtlichem Krähen eines Hahnes ist das tatsächliche Gepräge einer Gegend entscheidend. Der Eigentümer eines Grundstücks habe das Krähen eines Hahnes zu dulden, wenn sich das Grundstück in einem typisch ländlichen Gebiet befindet, in dem zahlreiche Wohngebäude mit landwirtschaftlichen Nebengebäuden vorhanden sind (AG Kenzingen, Urt. vom 23.8.2011 – 1 C 81/11 –). Nachbarliche Hühnerhaltung und die damit verbundenen Lärm- oder Geruchsbelästigungen sind in ländlichen Gebieten überwiegend als ortsüblich hinzunehmen (LG Koblenz, Urt. vom 19.11.2019 – 6 S 21/19 –).

Beeinträchtigungen durch Elektrosmog (Mobilfunkanlagen) sind jedenfalls dann hinzunehmen, wenn die elektromagnetischen Felder die Grenzwerte der 26. BImSchV einhalten. Im Zweifel muss der Betroffene beweisen, dass ein wissenschaftlich begründeter Zweifel an der Richtigkeit der festgelegten Grenzwerte und ein fundierter Verdacht einer Gesundheitsgefährdung besteht (BGH, Urt. vom 13.2.2004 – V ZR 217/03 –).

Grillgerüche, sofern nicht gezielt Qualm in die Wohn- und Schlafräume unbeteiligter Nachbarn dringt und die Grillaktivitäten in dicht besiedelten Wohnbereichen nicht mehr als vier Mal jährlich stattfinden (vgl. zur Thematik OLG Düsseldorf – 5 Ss 149/95 –; BayObLG – 2 Z BR 6/99 –; OLG Oldenburg – 13 U 53/02 –). Vgl. zum Thema Ballüberflug OLG Bbg, ZfS 2003 S. 225; LG München, Urt. vom 3.11.2003 – 5 O 545403 –). Gänsehaltung in unmittelbarer Angrenzung zu Wohngebieten ist problematisch (VG Hannover, Beschl. vom 1.11.2011 – 12 B 3701/11 –) und regelmäßig unzulässig. Dies gilt auch für Pferdehaltungen (BayVGH, Urt. vom 5.10.2009 – 15 B 08.2380 –) und Ziegenhaltungen (VGH Mannheim, UPR 1998 S. 273).

Die Störungen (Geräuschkulisse tagsüber, PKW-Verkehr) in Zusammenhang mit der Aufstellung von öffentlichen Abfallcontainern wird von Gerichten überwiegend als sozialadäquat eingestuft mit der Folge, dass diese grundsätzlich hinzunehmen sind (vgl. VG Düsseldorf, NVwZ-RR 2001 S. 23; VG Schleswig, NVwZ-RR 2001 S. 22; OVG Münster, NVwZ 2001 S. 1181 und VG Osnabrück, NVwZ 2003 S. 1010). Hintergrund dieser Entscheidung ist nicht zuletzt der Umstand, dass derartige Einrichtungen in Nähe der Wohnbebauung sinnvoll sind, da sie dort eher angenommen werden und die Altglasentsorgung überwachbar bleibt.

Durch das Sachenänderungsgesetz (BGBl. I 1994 S. 2457) wurde § 906 Abs. 1 BGB novelliert mit dem Ziel, eine Anpassung des privaten an das öffentliche Immissionsschutzrecht zu erreichen. Mit dieser neuen Gesetzesformulierung wird davon ausgegangen, dass unwesentliche Beeinträchtigungen im Regelfall dann vorliegen, wenn die in den Gesetzen und Rechtsordnungen festgelegten Grenz- und Richtwerte die nach diesen Vorschriften ermittelten und bewerteten Entwicklungen nicht mehr überschreiten. Gleiches gilt für Werte in allgemeinen Verwaltungsvorschriften, die nach § 48 des Bundes-Immissionsschutzgesetzes erlassen worden sind und den Stand der Technik wiedergeben. Zum Thema vgl. nachfolgende Entscheidungen: BGH, Natur und Recht 2003 S. 191 ff. (Industrielärm); OLG Köln, VRS 2002 S. 427 (Lärm- und Geruchsbelästigungen an einer Bushaltestelle); VG Koblenz, Urt. vom 14.8.2003 – 1 K 1074/03 – (Lärm einer Schule); VGH Mannheim, NVwZ 2001 S. 1184 (Lärm durch nächtliche Ernteeinsätze) und OLG Koblenz, Urt. vom 4.9.2003 – 5 U 279/01 – (Beurteilung von Lärmbelästigungen nach Grenzwerten); VG Minden, NVwZ-RR 2003 S. 198 ff. (Abwehranspruch gegen Motorsportanlage); LG Frankfurt, NVwZ-RR 2003 S. 200 f. (Lärm von Flugzeugen als Grundstücksbeeinträchtigung).

In einem reinen Wohngebiet ist der Betrieb einer handelsüblichen, mit öffentlich-rechtlichen Zulassungen versehenen Standheizung nicht ohne weiteres zulässig. Das Recht auf eisfreie Scheiben und ein warmes Auto muss dem Schutz der Nachtruhe weichen (AG München, Urt. vom 7.1.2005 – 123 C 3000/03 –. Ein Grundstückseigentümer, der von einem Handwerker Reparaturarbeiten am Haus vornehmen lässt, ist als Störer im Sinne von § 1004 Abs. 1 BGB verantwortlich, wenn das Haus infolge der Arbeiten in Brand gerät und das Nachbargrundstück beschädigt wird. Dass der Handwerker sorgfältig ausgesucht wurde, ändert hieran nichts (BGH, Urt. vom 9.2.2018 – V ZR 311/16 –).

In Bezug auf eine Feinstaubbelastung in den Städten waren die ersten Klagen erfolgreich (vgl. VG Stuttgart, Urt. vom 31.5.2005 – 16 K 1120/05 –). Die zuständigen Stellen wurden aufgefordert, einen immissionsschutzrechtlichen Aktionsplan im Hinblick auf Überschreitungen der für den Feinschwebestaub verordneten Immissionsgrenzwerte aufzustellen.

Erhebliche Reaktionen hatte die Entscheidung des OLG Köln (ZMR 1998 S. 162, zu einem ähnlich gelagerten Fall OLG Karlsruhe, Urt. vom 9.6.2000 – 14 U 19/99 –) verursacht, welches eine Einrichtung dazu verurteilte, Sorge dafür zu tragen, dass zu bestimmten Zeiten durch geeignete Maßnahmen Lärmeinwirkungen geistig behinderter Personen verhindert werden. Wenn auch eine emotionslose Bewertung des Urteils schwer fällt, so hat das Gericht grundsätzlich betonen wollen, dass eine aufgrund des Diskriminierungsverbotes (Art. 3 Abs. 3 Satz 2 GG) behinderter Menschen gesteigerte Toleranzbereitschaft jedoch nicht zur schrankenlosen Duldungspflicht führt.

Das Sicherheitsbedürfnis von Bürgern und Unternehmen und die damit verbundene Videoüberwachung hat verschiedentlich die Gerichte befasst. Das zielgerichtete Beobachten des Nachbarn mit der Videokamera verstößt gegen das allgemeine Persönlichkeitsrecht und ist unzulässig (BGH, Urt. vom 25.4.1995 – 272/94 –; LG Zweibrücken, MDR 1190 S. 549). Bereits die bloße Androhung einer Überwachung (Installierung einer Kamera ohne konkrete Aufzeichnungen) löst Abwehransprüche aus (LG Braunschweig, NJW 1998 S. 2457). Vgl. zur Thematik der öffentlichen und privaten Videoüberwachung auch *Huff*, JuS 2005 S. 896 ff. sowie AG München, Urt. vom 14.11.2017 – 172 C 147/17 –. Den Überflug von Drohnen über das Grundstück hat der Nachbar grundsätzlich hinzunehmen, nicht aber gleichzeitig vorgenommene Aufnahmen vom Grundstück. Sie verletzten das allgemeine Persönlichkeitsrecht (Ausspähung der Privatsphäre). Umstritten ist in diesem Zusammenhang die Auffassung des AG Riesa, Urt. vom 24.4.2019 – 9 Cs 926 Js 3044/19 –, welches als zulässige Selbsthilfemaßnahme den Abschuss der Drohne bestätigt hat. Hier drohen möglicherweise im Hinblick auf mildere Maßnahmen Schadensersatzansprüche gegenüber dem Eigentümer der Drohne.

Durch die Bestimmung des **§ 907 BGB** enthält der Beseitigungs- und Unterlassungsanspruch nach § 1004 BGB in zweierlei Hinsicht eine Erweiterung. Eine **(gefahrdrohende) Anlage** auf dem Nachbargrundstück kann als Störungsursache beseitigt werden und es besteht ein Recht auf vorbeugende Schutzmaßnahmen vor Beginn der zu erwartenden Störung (vgl. hierzu auch *Stollenwerk*, DWW 1995 S. 275). Der Begriff der Anlage setzt eine feste Verbindung mit dem Grundstück nicht voraus, auch wasser- und bergrechtliche Anlagen werden von der Vorschrift erfasst. Anlagen sind künstlich geschaffene Werke, die auf Dauer eingerichtet werden. Auch natürliche Gegebenheiten eines Grundstücks (so etwa Bodenerhöhungen), ohne menschliches Zutun, können den Anlagebegriff erfüllen. Der Anspruch richtet sich auf die Unterlassung der Herstellung bzw. auf die Beseitigung einer vorhandenen Anlage. Liegt eine Anlage nach den Vorgaben des Bundes-Immissionsschutzgesetzes vor, so müssen im dortigen Verfahren (sog. Präklusionswirkung) Einwendungen erhoben worden sein.

§ 908 BGB eröffnet dem Eigentümer, für dessen Grundstück durch den **drohenden Einsturz eines Gebäudes** auf dem Nachbargrundstück eine Gefahr besteht, einen Anspruch auf Gefahrenbeseitigung. Die Bestimmung ergänzt den Anspruch nach § 836 BGB (Schadensersatz des Gebäudebesitzers) insoweit, dass der Schadenseintritt nicht abgewartet werden muss. § 908 BGB versteht sich als konkretisierende Norm gegenüber Ansprüchen nach § 1004 BGB und geht diesen als „lex specialis" vor. Die drohende Gefahr muss sich aufgrund des schlechten Zustandes des Gebäudes ergeben, wobei die Ursache unerheblich ist, da kein Verschulden gefordert wird. Die speziellen Voraussetzungen des § 836 BGB müssen nicht vorliegen, da sie nur eine evtl. Schadensersatzpflicht betreffen.

Im Rahmen der Prüfung von Beseitigungs-/Unterlassungs- bzw. Schadensersatzansprüchen wegen unzulässiger **Vertiefungsmaßnahmen nach § 909 BGB** hat die Rechtsprechung betont, dass eine Vertiefung im Sinne der Vorschrift auch dann unzulässig ist, wenn sie einem Bebauungsplan entspricht (BGH, NJW 1980 S. 1679). Notwendige Schutzvorkehrungen gegen einen drohenden Stützenverlust hat der Vertiefende auf seinem Grundstück vorzunehmen. Eine Vertiefung erfordert nicht die Herausnahme von Bodensubstanz. Sie muss adäquat kausal für den Stützverlust verantwortlich sein, wobei dies auch durch eine Grundwasserabsenkung oder Grundwasserentziehung möglich ist (BGH, NJW 1987 S. 2808 und 2810). Das Verbot des § 909 BGB, dem Nachbargrundstück die Stütze zu entziehen, richtet sich grundsätzlich an den Eigentümer oder Besitzer. Es kann aber darüber hinaus an jeden anderen gerichtet werden, der an der Vertiefung mitwirkt, so auch an den Unternehmer, der mit den Sicherungsaufgaben betraut ist. Im Rahmen des nachbarrechtlichen Ausgleichsanspruchs für Vertiefungsschäden können sowohl der schadensfällige Zustand des betroffenen Grundstücks, als auch ein schuldhafter oder schuldloser Mitverursachungsbeitrag des Eigentümers des geschädigten Grundstücks anspruchsmindernd berücksichtigt werden (BGH, NJW-RR 1988 S. 136; MDR 1992 S. 1151 ff.; MDR 2001 S. 986; VersR 2002 S. 324 ff.). Soweit im Rahmen der Durchführung einer Grundstücksvertiefung dem Boden des Nachbargrundstücks die Stütze entzogen wird sowie die statische Funktion an dem auf dem Nachbargrundstück befindlichen Gebäude verloren geht und Risse und Setzungsschäden eingetreten sind, entsteht ein verschuldensunabhängiger Schadensersatzanspruch. Es stellt zudem einen schuldhaften Verstoß gegen die Prüf- und Sorgfaltspflichten des Grundstückseigentümers dar, wenn dieser bei der Durchführung von Vertiefungsarbeiten der eigenverantwortlichen Prüfpflicht dahingehend, ob die geplanten Maßnahmen zu einer Beeinträchtigung der Standfestigkeit des Nachbargrundstücks führen können, nicht nachgekommen ist (vgl. OLG Bbg, Urt. vom 25.2.2010 – 5 U 148/08 –).

Nimmt ein Grundstückseigentümer den derzeitigen Eigentümer des Nachbargrundstücks aus § 1004 Abs. 1 i. V. m. § 909 BGB auf Wiederherstellung der Festigkeit des Nachbargrundstücks in Anspruch, so trägt der Kläger die Darlegungs- und Beweislast dafür, dass entweder sein derzeitiger Grundstückseigentümer oder dessen Rechtsvorgänger die Vertiefung des Grundstücks veranlassten (Saarl. OLG, Urt. vom 11.10.2011 – 4 U 479/10 –).

Kommen für die Setzungen des Gebäudes und die dadurch verursachten Schäden mehrere Ursachen in Betracht (Inhomogenität des Bodens, Baugrubenaushub und Absinken des Grundwassers wegen der Dürre), gilt der Grundsatz, dass der Geschädigte dafür beweislastet ist, welches von mehreren Ereignissen den Schaden verursacht hat (OLG München, Urt. vom 26.6.2012 – 13 U 4950/11 –). Der Abbruch eines oberirdischen Bauwerks (Mauer), der dazu führt, dass das angrenzende Grundstück seinen Halt verliert, kann einer Vertiefung des Grundstücks nicht gleichgesetzt werden (BGH, Urt. vom 29.6.2012 – V ZR 97/11 –). Zum nachbarrechtlichen Ausgleichsanspruch bei Erschütterungsschäden durch das Setzen einer Bohrpfahlwand bei Bauarbeiten, vgl. OLG Düsseldorf, Urt. vom 9.7.2012 – 9 U 138/11 –.

§ 910 BGB eröffnet dem Grundstückseigentümer gegenüber seinem Nachbarn einen **Anspruch auf Rückschnitt vom Nachbargrundstück eindringender Äste und Wurzeln,** wenn diese eine Grundstücksbeeinträchtigung verursachen. Alternativ erwächst dem Eigentümer ein Selbsthilferecht, falls der Nachbar einer entsprechenden Aufforderung zum Rückschnitt nicht innerhalb einer Frist nachkommt. § 910 BGB löst zwar ein Selbsthilferecht des Nachbarn aus, lässt aber alternativ auch eine Klage auf Beseitigung des Überhanges zu (LG Köln, Urt. vom 13.7.2010 – 27 O 239/09 –). Die Rechtsprechung hatte sich im Rahmen zahlreicher Klageverfahren mit unterschiedlichsten Fragen zu befassen. Beispielsweise wann eine Grundstücksbeeinträchtigung vorliegt, ob der Grundstückseigentümer zur **Selbsthilfe** verpflichtet ist und wenn ja, ob ein **Aufwendungsersatz** verlangt werden kann. Ferner welche Folge es hat, wenn ein Rückschnitt ohne Rücksprache mit dem Nachbarn vorgenommen wurde. Voraussetzung für den Anspruchsinhalt ist, wie betont, eine konkrete **Grundstücksbeeinträchtigung.** Vgl. hierzu OLG Köln, Urt. vom 12.7.2011 – 4 U 18/10 –.

Eine solche liegt vor, wenn die wirtschaftliche Nutzung des Grundstücks erschwert oder verhindert wird und die Beeinträchtigung auf die eingedrungenen Wurzeln oder Zweige zurückzuführen ist (vgl. hierzu BGH, VersR 1998 S. 106 f., siehe auch LG Coburg, Urt. vom 7.2.2003 – 12 O 64/02 – und LG Bielefeld, NJW-RR 2002 S. 525 zum Umfang des Beseitigungsrechts). Nach Ansicht des LG Koblenz (Urt. vom 14.5.1996 – 6 S 359/95 –) ist dies bereits dann der Fall, wenn eine ordnungsgemäße und störungsfreie Pflege der an der Grundstücksgrenze gelegenen Beete nicht möglich ist. Der **Entzug von Licht und Luft** ist ebenfalls eine Beeinträchtigung, wenn hierdurch die Fruchtgewinnung verringert wird, vgl. hierzu auch VG Minden, Urt. vom 3.3.2016 – 9 K 529/15 –. Dies gilt jedoch nicht, wenn trotz Rückschnitt durch die stehen gebliebenen Bäume in nahezu gleicher Weise Licht entzogen würde (OLG Oldenburg, NJW-RR 1991 S. 1367; LG Saarbrücken, NJW-RR 1986 S. 134). Die Schattenbildung (Licht- und Luftentzug) durch Bäume, die weder § 910 BGB noch Grenzabstandsvorschriften verletzten, ist nachbarrechtlich grundsätzlich nicht abwendbar (OLG Hamm, Urt. vom 1.9.2014 – 5 U 229/13 –).

Eindringende Wurzeln verursachen eine **Grundstücksbeeinträchtigung,** wenn sie zur **Beschädigung des Mauerwerks** führen, wenn hierdurch Gehwegplatten oder der Teerbelag einer Straße angehoben wird, die **Wurzeln in die Fundamente oder Abflussrohre** eindringen oder sie Risse oder Unebenheiten im Hof oder am Garagenboden verursachen. Der Bundesgerichtshof hat einen Abwehranspruch auch bereits dann bejaht, falls auf Grund der grenznahen Wurzeln Beschädigungen an der Garagenwand des Nachbarn durch die „Hebelwirkung" entstehen (BGH, Urt. vom 12.12.2003 – V ZR 98/03 –). Ein verstärkter **Laubfall vom Nachbargrundstück** kann auch eine Grundstücksbeeinträchtigung sein, wenn dieser bspw. zur ständigen Verstopfung der Dachrinnen führt. Hier gilt jedoch die Besonderheit, dass der verstärkte Laubfall allein auf die Tatsache zurückzuführen ist, dass vermehrtes Astwerk überhängt (vgl. hierzu auch LG Dortmund, Urt. vom 10.9.2010 – 3 O 140/10 –); ebenso OLG Bbg, Urt. vom 17.8.2015 – 5 U 109/13 –. Denn der allgemeine Laubfall vom Nachbargrundstück ist in aller Regel nicht abwendbar, weil die entstehende Beeinträchtigung entweder unwesentlich ist oder aber der Laubfall als ortsüblich angesehen wird. Die Aufforderung an den Nachbarn, den Rückschnitt vorzunehmen, ist an besondere Formen nicht gebunden. Eine Fristsetzung sollte jedoch dem Betroffenen ausreichende Möglichkeiten zum Handeln lassen. Im Übrigen ist der Rückschnitt außerhalb der Wachstumsperiode der Anpflanzungen zu legen. In der Literatur und Rechtsprechung wird darüber gestritten, ob der Eigentümer, der zur **Selbsthilfe** greift, vom Nachbarn eine Art Kostenersatz fordern kann, weil dieser durch das Tätigwerden eigene Aufwendungen erspart hat. Der Bundesgerichtshof bejaht den **Aufwendungsersatz** (NJW 1986 S. 2641, zustimmend auch *Horst,* DWW 1991 S. 328 f.). Die Gegner dieser Feststellung (*Bayer/Lindner/Grziwotz,* S. 156 und LG Bonn, NJW-RR 1987 S. 1421) sind der Meinung, dass der Nachbar wählen kann zwischen dem Selbsthilferecht und der gerichtlichen Durchsetzung des Rückschnittsanspruchs. Bei der Vornahme des Selbsthilferechts kann er die abgeschnittenen Wurzeln und Zweige behalten. Gegen diese Ansicht spricht vor allem der Umstand, dass abgeschnittenes Astholz heute nur noch ein geringwertiges Wirtschaftsgut ist, welches kein Ersatz für Selbsthilfeaufwendungen sein kann. Hat der Grundstückseigentümer ein Selbsthilferecht in Anspruch genommen, ohne zuvor den Nachbarn zu informieren, handelt er rechtswidrig und macht sich möglicherweise schadensersatzpflichtig (vgl. OLG Düsseldorf, VersR 1992 S. 458). Etwas anderes soll für den Fall gelten, wenn auch bei ordnungsgemäßer Fristsetzung das Beseitigungsrecht bestand (LG Gießen, NJW-RR 1997 S. 655). Das Selbsthilferecht nach § 910 BGB ist nicht deshalb ausgeschlossen, weil durch die Beseitigung des Überhanges das Absterben des Baumes oder der Verlust der Standfestigkeit droht (BGH, Urt. vom 11.6.2021 –V ZR 234/19 –).

Fällt der betroffene Baum unter eine **örtliche Baumschutzsatzung,** so ist ein Rückschnitt nur nach **vorheriger Einwilligung** der zuständigen **Verwaltungsbehörde** zulässig (BGH, NJW 1993 S. 1656). Der störende Grundstückseigentümer ist bei einer dem Anspruch des Nachbarn auf Beseitigung des Überhanges entgegenstehender Baumschutzsatzung verpflichtet, sich um eine Ausnahmegenehmigung zu kümmern und diese herbeizuführen (LG Köln, Urt. vom 11.8.2011 – 6 S 285/10 –). Zur Frage der Gefahr (hier: Blütenstauballergie) bei bestehender Baumschutzsatzung vgl. OVG Münster, Natur und Recht 2003 S. 575. Zur zulässigen Auflage einer Ersatzanpflanzung in Zusammenhang mit einer nach Baumschutzsatzung erteilten Fällgenehmigung, vgl. VG Köln, Urt. vom 1.10.2013 – 14 K 2490/11 –. Zur Rechtmäßigkeit der Versagung einer Baumfällgenehmigung bei einer bestehenden Baumschutzsatzung im Zusammenhang mit nachbarlichen Beeinträchtigungen wegen des Baumbestandes siehe auch VG Gelsenkirchen, Urt. vom 1.2.2013 – 6 K 4399/11 –.

Rückschnittsansprüche stehen z. T. auch unter dem besonderen **Einfluss des Naturschutzrechtes.** So muss ein Grundstückseigentümer herüberhängende Zweige eines auf dem Nachbargrundstück stehenden Baumes dulden, wenn der Baum unter Naturschutz steht, die Beseitigung der Äste zu dessen Schädigung führen kann und die Beseitigung nicht aus zwingenden Gründen geboten ist (vgl. hierzu LG Koblenz, Urt. vom 3.7.2007 – 6 S 162/06 –). In einem anderen Fall stellte das Verwaltungsgericht Koblenz (Urt. vom 6.3.2007 – 7 K 572/06 –) klar, dass nicht jeder Baumrückschnitt ein Eingriff in das Landschaftsbild sei, der automatisch eine Genehmigung nach Naturschutzrecht bedürfe. Rankpflanzen (wie „wilder Wein", Efeu, Knöterich etc.), die an die Grenzwand eines Nachbargebäudes gepflanzt wurden und dann dort empor gerankt sind, stellen bereits eine Beeinträchtigung des Gebäudeeigentums des Nachbarn dar (§ 1004 BGB) und können ggfs. sogar das Eigentum des Nachbarn verletzen/beschädigen (§ 823 BGB), AG Brandenburg an der Havel, Urt. vom 16.12.2016 – 31 C 298/14 –. Vgl. zur Anordnung einer Neubepflanzung wegen rechtswidrig entfernter geschützter Bäume VG Minden, Urt. vom 11.5.2016 – 1 K 2324/15 –.

Stören Grundstückseigentümer die Bäume des Nachbarn und können keine Beseitigungsansprüche mehr geltend gemacht werden, wird häufig mit Gefährdungen durch **„Windbruch"** argumentiert. Der Baumeigentümer genügt seiner Verkehrssicherungspflicht, wenn er seinen Baumbestand im halbjährlichen Rhythmus auf Krankheiten überprüft, wobei hier eine äußere Sichtkontrolle ausreichend ist. Werden Schädigungen festgestellt, muss eine umfassende Überprüfung unter Hinzuziehung eines Sachverständigen durchgeführt werden, vgl. hierzu Gesamtthematik *Stollenwerk*, Abhandlung in der Zeitschrift VR 2007 S. 28 ff. Die allgemeine, jedem Baum innewohnende Gefahr, bei orkanartigen Stürmen umzustürzen, rechtfertigt den Anspruch auf Beseitigung eines Baumes dann nicht, wenn der äußerlich vitale Baum keine Merkmale zeigt, die auf ein gesteigertes Risiko hindeuten (OLG Saarbrücken, OLG-Report 2007 S. 306 f.). Das gemäß § 910 BGB im Falle des Überhangs gegebene Selbsthilferecht ist im Gemeinschaftsverhältnis der Wohnungseigentümer nicht – auch nicht entsprechend – anwendbar, vgl. OLG Düsseldorf, NJW-RR 2002 S. 81). Während der Beseitigungsanspruch der Verjährung unterliegt, verjährt die Selbsthilfemöglichkeit nicht (vgl. BGH, Urt. vom 22.2.2019 –ZR 136/18 –).

Die Regelungen zum **Überfall von Baumfrüchten (§ 911 BGB)** haben in der Gerichtspraxis in den vergangenen Jahren keine besondere Bedeutung gespielt. Das Amtsgericht Backnang (NJW-RR 1989 S. 254 ff.) hat in Bezug auf den jährlichen Hinüberfall von Mostbirnen klargestellt, dass durch die **Regelung des § 911 BGB Beseitigungs- oder Unterlassungsansprüche nach § 1004 BGB nicht ausgeschlossen sind.**

§ 912 des Bürgerlichen Gesetzbuches definiert die Duldungspflicht eines Grenzüberbaus, wenn der Eigentümer bei der Errichtung eines Gebäudes unter Überschreitung der Grenze ein Verschulden in Form von Vorsatz oder grober Fahrlässigkeit nicht zur Last fällt und der Nachbar nicht sofort nach der Grenzüberschreitung Widerspruch erhoben hat. Die genannte Bestimmung umfasst an sich nur den **rechtswidrigen entschuldbaren Überbau** (vgl. im Einzelnen *Stollenwerk*, DWW 1997 S. 376 ff., im Übrigen auch AG Solingen, DWW 2000 S. 130 mit Anmerkung von *Horst;* BGH, Urt. vom 19.9.2003 – V ZR 360/02 –), da ein rechtmäßiger Überbau durch die Zustimmung des Grundstückseigentümers sanktioniert wird und der rechtswidrige „böswillige" Überbau ohnehin einen Beseitigungsanspruch auslöst. Die **Voraussetzungen** des **rechtswidrigen Überbaus** sind:

Errichtung eines Gebäudes, Überschreitung der Grenze, Überbau erfolgt durch Eigentümer bzw. mit dessen **nachträglicher Genehmigung, Überbau** darf **nicht vorsätzlich oder grob fahrlässig** erfolgt sein und der Nachbar darf der Grenzüberschreitung nicht sofort widersprochen haben. Bösgläubig handelt, wer im Bereich der Grundstücksgrenze baut und sich nicht, ggf. durch Hinzuziehung eines Vermessungsingenieurs, darüber vergewissert, ob der für die Bebauung vorgesehene Grund auch ihm gehört und er die Grenzen seines Grundstücks nicht überschreitet (BGH, MDR 2004 S. 89 ff.). Eine Betonmauer erfüllt nicht die Voraussetzungen des § 912 BGB, vgl. LG Arnsberg, Urt. vom 15.10.2014 – 1 O 113/12 –). Wer ein Grundstück erwirbt, dessen vormaliger Eigentümer einem Erweiterungsbau auf dem Nachbargrundstück schriftlich zugestimmt hatte, kann im Nachhinein nicht die Beseitigung des Erweiterungsbaus verlangen. Dies gilt selbst dann, wenn der Erweiterungsbau weder die zulässigen Abstandsflächen noch die Grenze zum Nachbargrundstück wahrt (OLG Bamberg, Urt. vom 3.2.2004 – 5 U 181/03 –). Bei Vorliegen der Voraussetzungen entsteht eine Duldungspflicht, die gleichzeitig eine **Entschädigungszahlung (Rente)** auslöst. Zum Anspruch eines Grundstückseigentümers auf Beseitigung eines in den Luftraum seines Grundstücks ragenden Dachüberstandes des Nachbarn (Carport), vgl. AG Brandenburg an der Havel, Urt. vom 7.12.2016 – 31 C 160/14 –.

Hat der Grundstückseigentümer das Bauwerk durch einen Dritten errichten lassen, ist ihm nicht jedes Verschulden der am Bau beteiligten Personen zuzurechnen (BGH, NJW 2018 S. 1542). Bei Vorliegen der Voraussetzungen entsteht eine Duldungspflicht, die gleichzeitig eine Entschädigungszahlung (Rente) auslöst.

Die Duldungspflicht eines zunächst baulich ordnungsgemäß errichteten Überbaus entfällt nicht ohne Weiteres dadurch, dass dieser allmählich verfällt (OLG Frankfurt, Urt. vom 16.11.2011 – 1 U 292/10 – in Abgrenzung zum BGH, NJW-RR 2009 S. 24). Ein Anspruch aus § 912 BGB führt nicht zur Unwirksamkeit eines Bebauungsplanes. Der Überbauer wird nicht Eigentümer der überbauten Grundfläche. Er kann deshalb nicht stärker geschützt sein als ein Grundeigentümer. Dieser ist aber nicht in der Lage, mit der des § 903 BGB jede ihm missliebige Überplanung zu übernehmen (BVerwG, Beschl. vom 3.1.2012 – 4 BN 42/11 –). Zum Grenzüberbau von Garagen vgl. LG Bochum, Urt. vom 23.12.2012 – 1–5 S 143/10 –.

Der Anspruch auf Überbaurente ist kein Schadensersatz, sondern eine Art Wertersatz für die entzogene Grundstücksfläche. Die Rentenhöhe kann durch Vereinbarung der Parteien oder durch Urteil festgestellt werden. Sie richtet sich nach dem Nutzungsverlust für das belastende Grundstück, so dass der Verkehrswert der überbauten Fläche zum Zeitpunkt der Grenzüberschreitung festzustellen ist. Zur Berechnung der Überbaurente in den Gebieten der ehemaligen DDR vgl. BGH, Urt. vom 28.1.2011 – V ZR 147/10 –.

Der Eigengrenzüberbau betrifft den Fall, dass der Eigentümer zweier Grundstücke mit dem Bau auf einem dieser Grundstücke die Grenze des anderen überschreitet (vgl. hierzu BGH, JuS 2002 S. 290). Die Regelungen des § 912 BGB finden auch hier Anwendung, ruhen allerdings, solange die Veräußerung eines der Grundstücke nicht betrieben wird.

Der Eigentümer ist nach **§ 917 BGB** verpflichtet unter bestimmten Voraussetzungen ein **Notwegerecht** des Nachbarn zu **dulden.** Das ist dann der Fall, wenn dem benachbarten Grundstück die zur **ordnungsgemäßen Benutzung notwendige Verbindung** mit einem öffentlichen Weg **fehlt.** Der Nachbar kann von dem Grundstückseigentümer verlangen, dass dieser, solange bis der Mangel behoben wird, die Benutzung seines Grundstücks zur Herstellung der erforderlichen Verbindung zu dulden hat. Bei der Verbindung kann es sich um einen unbefestigten Weg handeln, der allerdings öffentlich sein muss. Eine fehlende Verbindung liegt nicht vor, wenn die bestehende lediglich zu Unbequemlichkeiten führt. Umstritten ist nach wie vor die Frage, ob zur ordnungsgemäßen Grundstücksbenutzung von Wohngrundstücken auch die Möglichkeit der Kraftfahrzeugnutzung gehört (BGH, NJW 1980 S. 585 f., NJW-RR 1995 S. 1042 f.). Jedenfalls umfasst das Recht allenfalls eine bloße Wegenutzung und **kein Abstellrecht für Fahrzeuge** im Notwegbereich **zum Zwecke des Parkens oder des Be-/Entladens** (vgl. *Stollenwerk,* ZMR 1992 S. 724 m. w. N.; OLG Saarbrücken, NJW-RR 2002 S. 1385). Bei gewerblicher Nutzung größeren Umfangs umfasst das Notwegerecht auch eine Zufahrt zur Ermöglichung des Be- und Entladens von Fahrzeugen auf dem Grundstück (vgl. VGH Mannheim, NJW 2020 S. 1360 ff.). Das Notwegerecht umfasst kein Zufahrtsrecht zu Nichtwohngrundstücken (wie z. B. zu einer Jagdhütte oder einem Wochenendhaus, vgl. BGH, NJW–RR 2010 S. 445).

Vgl. zur verbotenen Eigenmacht bei Ausschluss des Nachbarn zur Nutzung eines Durchgangs OLG Bremen, MDR 2001 S. 934. Soweit das Grundstück des Anspruchsstellers ca. 850 Meter von einer öffentlichen Straße entfernt liegt, ist es vom Grundstückseigentümer zu dulden, dass auch Mieter, etwaige Lieferanten und Besucher den Weg zum Grundstück des Anspruchsstellers benutzen. Dagegen muss weder ein Postbote noch die Müllabfuhr diesen Weg benutzen, wenn ein Briefkasten am Tor des Grundstückseigentümers angebracht werden darf und die Mülltonnen bis an die Straße gebracht werden können. Die Duldungspflicht des Grundstückseigentümers besteht jedoch nicht unbegrenzt, da lediglich ein Notwegerecht besteht. Der Grundstückseigentümer hat daher ein berechtigtes Interesse daran, dass das Grundstück durch Toranlagen davor geschützt wird, dass jedermann über das Grundstück gehen und fahren kann. Insofern ist jedem Mieter ein Schlüssel für die Toranlagen auszuhändigen (LG Wuppertal, Urt. vom 16.9.2010 – 1 O 278/10 –). Gibt ein Grundstückseigentümer ein Wegerecht willkürlich auf, so ist auch dessen Rechtsnachfolger daran gebunden. § 918 BGB darf nicht auf den Rechtsvorgänger im Grundeigentum beschränkt werden, weil er anderenfalls die nachteiligen Folgen seines Verzichts dadurch abwenden könnte, dass er sein Grundstück veräußert (LG Flensburg, Beschl. vom 22.10.2010 – 1 T 51/10 –). Vgl. auch OLG Hamm, Urt. vom 6.7.2017 – 5 U 152/16 – zur Beschränkung eines nachbarlichen Geh- und Fahrrechts.

Bei Vorliegen der Voraussetzungen des § 917 BGB entsteht ein Duldungsrecht, aber kein Recht zur Selbsthilfe. Ggf. muss das Recht im Wege einer Duldungsklage durchgesetzt werden. Herstellung und Unterhaltung des Notweges obliegt den Berechtigten, es sei denn die Nutzung erfolgt gemeinsam durch Berechtigten und Verpflichteten. Im Zweifel gilt Kostenteilung (BGH, NJW-RR 2017 S. 210). Verweigert der Berechtigte die Beteiligung an den Kosten, kann dies zur Verwirkung des Duldungsrechts führen (BGH, NJW-RR 2009 S. 515).

Das Leitungsnotweg ist vielfach in den Nachbarrechtsgesetzen der Bundesländer verankert. Nach Auffassung des BGH (NVwZ 2008 S. 1150) kann sich ein solches Notwegerecht aus einer entsprechenden Anwendung des § 917 BGB ergeben. Demzufolge gelten in analoger Anwendung des § 917 BGB grundsätzlich die gleichen Voraussetzungen wie für ein Notwegerecht, einschließlich der Vorgaben des § 918 BGB. Bei der Ausübung des Notleitungsrechts ist das Eigentum am belasteten Grundstück zu schonen. Daher kommt eine Inanspruchnahme von Gebäuden nur in Betracht, wenn anders eine Verbindung zum öffentlichen Leitungsnetz nicht hergestellt werden kann (BGH, NJW-RR 2018 S. 913).

G

Vgl. zum Begriff der unvordenklichen Verjährung in Zusammenhang mit dem Entstehen eines Wegerechts, OLG Hamm, Urt. vom 3.3.2016 – 5 U 125/15 –. In diesem Fall wird widerlegbar vermutet, dass ein bestimmtes Recht in früherer Zeit entstanden ist, auch wenn dies nicht mehr nachzuweisen ist. Die unvordenkliche Verjährung ersetzt nicht die Widmung eines Weges, sondern entbindet nur davon, den Widmungsakt nachzuweisen. Hierfür ist erforderlich, dass der beanspruchte Zustand in einem Zeitraum von 40 Jahren als Recht besessen wurde und das weitere 40 Jahre vorher keine Erinnerung an einen anderen Zustand seit Menschengedanken bestand (BGH, MDR 2009 S. 374 ff.).

Die Bestimmungen der **§§ 919 bis 921 und § 923 BGB** befassen sich mit Grenzfragen, wobei § 919 die **Grenzabmarkung,** § 920 BGB die **Grenzverwirrung,** § 921 BGB die **gemeinschaftliche Grenzeinrichtung** und § 923 BGB den **Grenzbaum** behandelt. Eine auf der Grundstücksgrenze stehende Gebäudewand stellt eine Nachbarwand und damit eine Grenzeinrichtung im Sinne des § 921 BGB dar. Der Abriss eines an eine Nachbarwand angrenzenden Gebäudes und die daraus resultierende Beeinträchtigung der Funktionsfähigkeit der Wand für das Nachbargebäude stellen eine gegen § 922 Satz 3 BGB verstoßende Änderung der Grenzeinrichtung dar, sofern nicht der Eigentümer des abgerissenen Hauses diejenigen Maßnahmen getroffen hat, die zur Verhinderung oder Beseitigung negativer Auswirkungen im Interesse des Nachbarn geboten sind. Die Voraussetzungen des nachbarrechtlichen Ausgleichsanspruches liegen nach ständiger Rechtsprechung des BGH vor, wenn von einem privat genutzten Grundstück rechtswidrige Einwirkungen auf ein anderes Grundstück ausgehen, die der Eigentümer oder Besitzer des Grundstücks nicht dulden muss, er sie jedoch aus besonderen Gründen gemäß §§ 1004 Abs. 1, 862 Abs. 1 BGB nicht unterbinden kann und er durch die Einwirkung Nachteile erleidet, die das zumutbare Maß einer entschädigungslosen Beeinträchtigung übersteigen (OLG Brandenburg an der Havel vom 21.4.2011 – 5 U 51/09 – unter Bezugnahme auf BGH, Urt. vom 30.5.2003 – V ZR 37/02 –).

Der Eigentümer eines Grundstücks kann von seinem Nachbarn verlangen, dass dieser zur Errichtung fester Grenzzeichen und, wenn ein Grenzzeichen verrückt oder unkenntlich geworden ist, zur Wiederherstellung mitwirkt. Das **Grenzabmarkungsverfahren** ist **landesgesetzlich geregelt.** Ein Anspruch auf Ausgleich der hälftigen Abmarkungskosten kann nicht auf § 919 BGB gestützt werden, wenn der Grenzverlauf zwischen den Parteien streitig ist, da § 919 BGB nur bei einem unstreitigen Grenzverlauf Anwendung findet (AG Meiningen, Urt. vom 19.3.2009 – 11 C 1131/08 –). Im Gegensatz zur Grenzabmarkung geht es bei der Regelung der Grenzverwirrung (§ 920 BGB) um einen strittigen Grenzverlauf. Voraussetzung für die Anwendung der Vorschrift ist der Umstand, dass keine Grenzzeichen vorhanden und auch keine sonstigen Ermittlungen an der Grenze möglich sind. Das Gesetz sieht im Vorfeld die Möglichkeit der Einigung im Wege eines Grenzfeststellungsvertrages vor. Kommt eine solche Verständigung nicht zustande, wird der Grenzverlauf im Wege einer „Grenzscheidungsklage" festgesetzt. Eine Grenzverwirrung liegt dann vor, wenn die richtige Grenze objektiv nicht ermittelt werden kann, weil sie nicht anhand des Grundbuchs in Verbindung mit der Vermutung des § 891 BGB und dem Liegenschaftskataster oder einer Grenzniederschrift feststellbar ist und von keiner Partei anderweitig nachgewiesen werden kann (OLG Hamm, Urt. vom 24.11.2011 – 5 U 132/10 –). Welche Anforderungen an eine gemeinsame Grenzeinrichtung gestellt werden, formuliert § 921 BGB.

Auch eine Hofeinfahrt kann eine Grenzeinrichtung sein (vgl. BGH, NJW 1990 S. 2555; ähnlich auch LG Zweibrücken, MDR 1996 S. 46). Selbst Heckenanpflanzungen können die Eigenschaft einer Grenzeinrichtung haben, wenn diese auf der gemeinsamen Grenzlinie gepflanzt wurden.

Bei einer vollständig auf dem Nachbargrundstück errichteten Gebäudewand handelt es sich nicht um eine Grenzeinrichtung i. S. von § 921 BGB. Der Abriss dieser Mauer begründet daher keinen Anspruch des Gebäudeeigentümers aus § 922 Satz 3 BGB auf Vornahme von Isolierungs- und Abdichtungsmaßnahmen an der freigelegten Wand (LG Bonn, Urt. vom 29.4.2016 – 1 O 351/15 –). Das bloße Nebeneinander zweier standsicherer Gebäude reicht nicht aus, um das Vorliegen eines Anbaus an die abgerissene Grenzwand annehmen zu können, der geeignet wäre Unterlassungs- und Schutzansprüche des Gebäudeeigentümers zu begründen. Von einer Grenzeinrichtung im Sinne der §§ 921, 922 BGB kann nur ausgegangen werden, wenn die Zustimmung des seinerzeitigen Eigentümers zum grenzüberschreitenden Bau der Anlage vorlag. Es soll nicht der Willkür eines Grundstückseigentümers überlassen bleiben, ohne oder gar gegen den Willen seines Nachbarn eine Grenzeinrichtung zu schaffen, dafür Grund und Boden des Nachbarn in Anspruch zu nehmen und diesen an den Unterhaltungskosten zu belasten (OLG Hamm, Urt. vom 4.2.2016 – 5 U 148/14 –).

Zur Haftung des Grundstücksbesitzers bei Beschädigung einer auf dem Nachbargrundstück errichteten Grenzwand durch Abriss eines angebauten Gebäudes vgl. BGH, Urt. vom 18.12.2015 – V ZR 55/15 –). Die Zweckbestimmung einer Nachbarwand (halbscheidige Giebelmauer), von jedem der beiden Nachbarn in Richtung auf sein eigenes Grundstück benutzt zu werden, muss nicht schon bei Errichtung vorliegen, sondern kann auch später durch Vereinbarung der Nachbarn getroffen werden (BGH, Urt. vom 17.1.2014 – V ZR 292/ 12 –). Ein Grundstückseigentümer, der eine auf dem Nachbargrundstück errichtete Außenwand beschädigt, indem er ein auf seinem eigenen Grundstück direkt an die Wand angebautes Gebäude abreißen lässt, haftet dem Nachbarn für die Putz- und Mauerschäden sowie Schäden durch Feuchtigkeit weder auf vertraglicher noch deliktischer Grundlage. Eine direkte oder analoge Anwendung von § 922 BGB kommt nicht in Betracht. Es folgt jedoch ein Schadensersatzanspruch aus § 906 Abs. 2 Satz 2 BGB analog. Der Ersatzanspruch aus § 906 Abs. 2 Satz 2 BGB analog besteht in den Fällen sogenannter faktischer Duldung, das heißt, wenn der Eigentümer eines Grundstücks wesentliche Beeinträchtigungen – beispielsweise durch Bauarbeiten – auf dem Nachbargrundstück deshalb hinnehmen muss, weil ihm eine rechtzeitige Abwehr dieser Beeinträchtigung unverschuldet nicht möglich ist (OLG Hamm, Urt. vom 12.2.2015 – 1-5 67/14 –).

Im Gegensatz hierzu wird in **§ 923 BGB** eine besondere Form der Grenzeinrichtung, der Baum auf der gemeinschaftlichen Grenze, behandelt, einschl. das Verfahren zum Erhalt seiner Früchte und dessen Beseitigung. Ein **Grenzbaum** im Sinne der Vorschrift liegt dann vor, wenn er da, wo er aus der Erde tritt, von der Grenze durchschnitten wird, so dass es auf die Wurzelung nicht ankommt. Wendet sich der Stamm des Baumes, durch dessen Wurzelfuß die Grundstücksgrenze verläuft, unmittelbar nach seinem Austritt aus dem Boden schrägliegend von der Grenze ab, so ist der Baum kein Grenzbaum (vgl. AG Nordesham, NJW-RR 1992 S. 1368). Fällt der Nachbar einen auf der Grundstücksgrenze stehenden Baum, so hat der Eigentümer im Regelfall keinen Schadensersatzanspruch (OLG Oldenburg, MDR 2002 S. 694 ff.). Dass der Fällung eines Grenzbaumes die Gestattung des vermeintlichen Eigentümers zugrunde liegt, lässt das Verschulden auch dann nicht entfallen, wenn er Besitzer der Grundstücksfläche ist, auf dem der Baum stand. Die wahre Eigentumslage muss anhand des Katasters und des Grundbuchs zweifelsfrei geklärt werden (OLG Koblenz, Beschl. vom 8.12.2011 – 5 U 1158/11 –).

Jeder Grundstückseigentümer ist für den ihm gehörenden Teil eines Grenzbaumes in demselben Umfang verkehrssicherungspflichtig wie für einen vollständig auf seinem Grundstück stehenden Baum. Verletzt jeder Eigentümer die ihm hinsichtlich des ihm gehörenden Teils eines Grenzbaums obliegende Verkehrssicherungspflicht, ist für den ihnen daraus entstandenen Schaden eine Haftungsverteilung nach § 254 BGB vorzunehmen (BGH, UPR 2005 S. 26 ff.). Besteht ein Anspruch auf Zustimmung zur Beseitigung, wird es regelmäßig an einem Schaden fehlen, da sich der Nachbar auf rechtmäßiges Alternativverhalten berufen kann. So z. B. bei der Entscheidung einen erheblich windbruchgefährdeten Baum zu fällen, wenn der Nachbar urlaubsbedingt nicht erreichbar ist (vgl. OLG Schleswig-Holstein, NZM 2018 S. 247).

2. Nachbarliches Gemeinschaftsverhältnis

Die Rechte des Grundstückseigentümers ergeben sich aus § 903 BGB. In weiteren Vorschriften des Bürgerlichen Gesetzbuches (§§ 906 bis 923 BGB) sind eine Reihe von Ansprüchen definiert, die ein vernünftiges Nebeneinander von Nachbarn gewährleisten sollen. Trotz dieser relativ umfassenden gesetzlichen Regelung sind in der Praxis immer wieder Fälle aufgetaucht, die nicht in den genannten Rahmen passen. Aus diesem Umstand heraus hat die Rechtsprechung das Institut des „nachbarlichen Gemeinschaftsverhältnisses" entwickelt, um auf der Grundlage richterlicher Rechtsfortbildung Interessenkonflikte zu beseitigen. Das Institut des nachbarlichen Gemeinschaftsverhältnisses wurde auf der **Grundlage von Treu und Glauben (§ 242 BGB)** gebildet. Es versucht einen gerechten Ausgleich widerstreitender Interessen zu finden. Dieser Ausgleich kann auch darin liegen, dass eine Beschränkung oder gar ein Ausschluss eines Anspruchs auf Vornahme oder Unterlassung einer Handlung begründet wird. Die Rechtsprechung hat auf das nachbarliche Gemeinschaftsverhältnis u. a. zur Regelung von Ansprüchen in Bezug auf den **Bienenflug vom Nachbargrundstück** (OLG Bamberg, NJW-RR 1992 S. 406), die **Duldung fremder Katzen** auf dem Grundstück (OLG Köln, NJW 1985 S. 2338; *Stollenwerk*, DWW 2002 S. 22), der **Einwirkung von Spritzwasser einer öffentlichen Straße** (VGH Mannheim, NVwZ 1998 S. 536 f.) bzw. für das Aufstellen von **Leitergerüsten** auf einem Teilbereich des Nachbargrundstücks zur Unterhaltung von baulichen Anlagen (OLG Hamm, NJW 1966 S. 599) zurückgegriffen. Im letztgenannten Fall ist ein Rückgriff nur notwendig, soweit das Landesnachbarrecht keine entsprechenden Normen enthält. Wird Souterrainräumen durch die Errichtung einer Überdachung auf dem Nachbargrundstück teilweise das Licht entzogen, hat dies zwar negative Folgen, aber solche negativen Einwirkungen sind keine Einwirkungen im Sinne von § 906 Abs. 1 BGB. In diesen Fällen besteht auch kein Abwehranspruch nach den Grundsätzen des nachbarlichen Gemeinschaftsverhältnisses (OLG München, Urt. vom 27.6.2012 – 20 JU 4726/11 –). Negative Einwirkungen durch Bäume auf dem Grundstück (Verschattung des Nachbargrundstücks) sind grundsätzlich nicht als Eigentumsstörungen abwendbar. Ein Anspruch aus dem nachbarlichen Gemeinschaftsverhältnis kommt nur in ganz gravierenden Ausnahmefällen in Betracht (LG Berlin, Urt. vom 5.3.2009 – 57 S 82/08 –). Gleiches gilt für Unkrautsamenflug vom Nachbargrundstück. Der Eigentümer eines Grundstücks hat keinen Anspruch auf Beseitigung der Schornsteinköpfe des benachbarten Hauses wegen der damit verbundenen optischen Beeinträchtigung (LG Köln, Urt. vom 10.11.2010 – 10 S 40/10 –). Vgl. zur Wasserversorgungspflicht eines Grundstücks aus dem nachbarschaftlichen Gemeinschaftsverhältnis, OLG Hamm, Urt. vom 19.10.2017 – 5 U 147/16 –.

3. Obligatorische Streitschlichtung

Der Bundesgesetzgeber setzt im Nachbarstreit auf Schlichtung. Aus diesem Grunde wurde durch das **Gesetz zur Förderung der außergerichtlichen Streitschlichtung** (BGBl. I 1999 S. 2400 ff.) den Ländern die Ermächtigung gegeben, so genannte Schlichtungsstellen zur Beilegung nachbarrechtlicher Ansprüche nach den §§ 906, 910, 911 und 923 BGB sowie nach den landesgesetzlichen Vorschriften im Sinne des Art. 124 des Einführungsgesetzes zum Bürgerlichen Gesetzbuch, sofern es sich nicht um Einwirkungen von einem gewerblichen Betrieb handelt, zu schaffen. Damit kann eine nachbarrechtliche Auseinandersetzung im Wege der **Klage** erst dann verfolgt werden, nachdem zunächst vor einer **Gütestelle** ein **erfolgloser Einigungsversuch** unternommen wurde. Eine Bescheinigung über einen Güteversuch ist auf Antrag auch auszustellen, falls nicht binnen einer Frist von drei Monaten das beantragte Einigungsverfahren durchgeführt wurde. Durch Landesrecht muss nun durch den Personenkreis der Schlichter das Verfahren sowie die Kostenfrage geregelt werden (vgl. hierzu auch *Rüssel*, NJW 2000 S. 2800 ff.; *Schmidt*, DAR 2001 S. 481 ff., Überblick von *Roschmann* in der NJW-Beilage zu Heft 51/2001 und *Friedrich*, NJW 2002 S. 798). **Nordrhein-Westfalen** hat von dieser **Möglichkeit Gebrauch gemacht.** Die entsprechenden gesetzlichen Regelungen sind im Anhang wiedergegeben.

Weitere Informationen zum Thema „obligatorische Streitschlichtung" in Nordrhein-Westfalen erhalten Sie auf den Internet-Seiten www.streitschlichtung.nrw.de und www.justiz.nrw.de. Hier befindet sich auch ein Verzeichnis der anerkannten Gütestellen.

Nachbarrechtsgesetz Nordrhein-Westfalen (NachbG NRW)

vom 15. April 1969 (GV. NW. S. 190)
zuletzt geändert durch Gesetz vom 17.12.2021 (GV. NRW. 1477)

– Text –

I. ABSCHNITT
GRENZABSTÄNDE FÜR GEBÄUDE

§ 1
Gebäude

(1) Mit Außenwänden von Gebäuden ist ein Mindestabstand von 2 m und mit sonstigen, nicht zum Betreten bestimmten oberirdischen Gebäudeteilen ein Mindestabstand von 1 m von der Grenze einzuhalten. Der Abstand ist waagerecht vom grenznächsten Punkt der Außenwand oder des Bauteils aus rechtwinklig zur Grenze zu messen.

(2) Gebäude im Sinne dieses Gesetzes sind selbständig benutzbare überdachte bauliche Anlagen, die von Menschen betreten werden können und geeignet oder bestimmt sind, dem Schutz von Menschen, Tieren oder Sachen zu dienen. Bauliche Anlagen sind mit dem Erdboden verbundene, aus Baustoffen und Bauteilen hergestellte Anlagen. Eine Verbindung mit dem Erdboden besteht auch dann, wenn die Anlage durch eigene Schwere auf dem Boden ruht oder auf ortsfesten Bahnen begrenzt beweglich ist oder wenn die Anlage nach ihrem Verwendungszweck dazu bestimmt ist, überwiegend ortsfest benutzt zu werden.

(3) In einem geringeren Abstand darf nur mit schriftlicher Einwilligung des Eigentümers des Nachbargrundstücks gebaut werden. Die Einwilligung darf nicht versagt werden, wenn keine oder nur geringfügige Beeinträchtigungen zu erwarten sind.

§ 2
Ausnahmen

§ 1 Abs. 1 Satz 1 gilt nicht

a) soweit nach öffentlich-rechtlichen Vorschriften an die Grenze gebaut werden muß;
b) für gemäß § 6 Absatz 8 der Landesbauordnung 2018 vom 21. Juli 2018 (GV. NRW. S. 421) in der jeweils geltenden Fassung zulässige bauliche Anlagen sowie für überdachte Sitzplätze, oberirdische Nebenanlagen für die örtliche Versorgung und für den Wirtschaftsteil einer Kleinsiedlung,
c) gegenüber Grenzen zu öffentlichen Verkehrsflächen, zu öffentlichen Grünflächen und zu oberirdischen Gewässern von mehr als 3 m Breite (Mittelwasserstand);
d) wenn das Gebäude bei Inkrafttreten dieses Gesetzes öffentlich-rechtlich genehmigt ist und die Abstände dem bisherigen Recht entsprechen oder wenn an die Stelle eines solchen Gebäudes ein anderes tritt, mit dem der Mindestgrenzabstand von 2 m nur in dem bisherigen Umfang unterschritten wird;
e) soweit nach den bei Inkrafttreten dieses Gesetzes geltenden öffentlich-rechtlichen Vorschriften anders gebaut werden muß.

§ 3
Ausschluß des Anspruchs

(1) Der Anspruch auf Beseitigung eines Gebäudeteils, mit dem ein geringerer als der in § 1 Abs. 1 Satz 1 vorgeschriebene Abstand eingehalten wird, ist ausgeschlossen, wenn

a) der Eigentümer des Nachbargrundstücks den Bau- und den Lageplan über den Gebäudeteil, mit dem der Abstand unterschritten werden soll, erhalten und er nicht binnen drei Monaten schriftlich gegenüber dem Bauherrn, dessen Name und Anschrift aus dem Bauplan ersichtlich sein muß, die Einhaltung des Abstands verlangt hat;

b) der Eigentümer des bebauten Grundstücks, der Bauherr, der Architekt oder der Bauunternehmer den nach § 1 Abs. 1 Satz 1 vorgeschriebenen Abstand bei der Bauausführung weder vorsätzlich noch grob fahrlässig nicht eingehalten hat, es sei denn, daß der Eigentümer des Nachbargrundstücks sofort nach der Abstandsunterschreitung Widerspruch erhoben hat;

c) das Gebäude länger als drei Jahre in Gebrauch ist.

Der Anspruch unterliegt nicht der Verjährung.

(2) Der Eigentümer des bebauten Grundstücks hat dem Eigentümer des Nachbargrundstücks, der die Nichteinhaltung des Abstands nur aus den Gründen des Absatzes 1 Buchstabe b) oder c) hinnehmen muß, den durch die Verringerung der Nutzbarkeit des Nachbargrundstücks eingetretenen Schaden zu ersetzen. Mindestens ist eine Entschädigung in Höhe der Nutzungsvorteile zu zahlen, die auf dem bebauten Grundstück durch die Abstandsunterschreitung entstehen. Der Anspruch wird fällig, sobald die Abstandsunterschreitung hinzunehmen ist.

II. ABSCHNITT
FENSTER- UND LICHTRECHT

§ 4
Umfang und Inhalt

(1) In oder an der Außenwand eines Gebäudes, die parallel oder in einem Winkel bis zu 60° zur Grenze des Nachbargrundstücks verläuft, dürfen Fenster, Türen oder zum Betreten bestimmte Bauteile wie Balkone und Terrassen nur angebracht werden, wenn damit ein Mindestabstand von 2 m von der Grenze eingehalten wird. Das gilt entsprechend für Dachfenster, die bis zu 45° geneigt sind.

(2) Von einem Fenster, das

a) mit Einwilligung des Eigentümers des Nachbargrundstücks,

b) vor mehr als 3 Jahren im Rohbau oder

c) gemäß dem bisherigen Recht angebracht worden ist,

muß mit später errichteten Gebäuden ein Mindestabstand von 2 m eingehalten werden. Dies gilt nicht, wenn das später errichtete Gebäude den Lichteinfall in das Fenster nicht oder nur geringfügig beeinträchtigt.

(3) Die Abstände sind waagerecht vom grenznächsten Punkt der Einrichtung oder des Gebäudes aus rechtwinklig zur Grenze zu messen.

(4) Die Abstände dürfen nur mit schriftlicher Einwilligung des Eigentümers des Nachbargrundstücks unterschritten werden. Die Einwilligung darf nicht versagt werden, wenn keine oder nur geringfügige Beeinträchtigungen zu erwarten sind.

(5) Lichtdurchlässige, jedoch undurchsichtige und gegen Feuer ausreichend widerstandsfähige Bauteile von Wänden, die weder auf noch unmittelbar an der Grenze errichtet sind, gelten nicht als Fenster.

§ 5
Ausnahmen

§ 4 Abs. 1 und 2 gilt nicht

a) soweit nach öffentlich-rechtlichen Vorschriften anders gebaut werden muß;

b) gegenüber Grenzen zu öffentlichen Verkehrsflächen, zu öffentlichen Grünflächen und zu oberirdischen Gewässern von mehr als 3 m Breite (Mittelwasserstand);

c) für Stützmauern, Hauseingangstreppen, Kellerlichtschächte, Kellerrampen und Kellertreppen;

d) wenn die Einrichtung oder das Gebäude bei Inkrafttreten dieses Gesetzes öffentlich-rechtlich genehmigt ist und die Abstände dem bisherigen Recht entsprechen oder wenn an deren Stelle eine andere Einrichtung oder ein anderes Gebäude tritt, mit denen der Mindestgrenzabstand von 2 m nur in dem bisherigen Umfang unterschritten wird.

§ 6
Ausschluß des Beseitigungsanspruchs

Für den Ausschluß des Anspruchs auf Beseitigung einer der in § 4 Abs. 1 genannten Einrichtungen oder eines Gebäudes, mit denen ein geringerer als der vorgeschriebene Abstand (§ 4 Abs. 1, 2) eingehalten wird, gilt § 3 entsprechend.

III. ABSCHNITT
NACHBARWAND

§ 7
Begriff

Nachbarwand ist die auf der Grenze zweier Grundstücke errichtete Wand, die den auf diesen Grundstücken errichteten oder zu errichtenden baulichen Anlagen als Abschlußwand oder zur Unterstützung oder Aussteifung dient oder dienen soll.

§ 8
Voraussetzungen der Errichtung

Der Eigentümer eines Grundstücks darf eine Nachbarwand errichten, wenn

1. die Bebauung seines und des benachbarten Grundstücks bis an die Grenze vorgeschrieben oder zugelassen ist und
2. der Eigentümer des Nachbargrundstücks schriftlich einwilligt.

§ 9
Beschaffenheit

(1) Die Nachbarwand ist in der für ihren Zweck erforderlichen Art und Dicke auszuführen.

(2) Auf Verlangen des Eigentümers des Nachbargrundstücks ist der Erbauer einer Nachbarwand verpflichtet, die Wand in einer solchen Bauart zu errichten, daß bei der Bebau-

ung des Nachbargrundstücks zusätzliche Baumaßnahmen vermieden werden. Der Eigentümer des Nachbargrundstücks kann das Verlangen nur so lange dem Bauherrn gegenüber stellen, bis der Bauantrag eingereicht ist.

§ 10
Standort

Erfordert keines der beiden Bauvorhaben eine größere Dicke der Wand als das andere, so darf die Nachbarwand höchstens mit der Hälfte ihrer notwendigen Dicke auf dem Nachbargrundstück errichtet werden. Erfordert der auf dem einen der Grundstücke geplante Bau eine dickere Wand, so ist die Wand mit einem entsprechend größeren Teil ihrer Dicke auf diesem Grundstück zu errichten.

§ 11
Besondere Bauart

(1) Erfordert die spätere bauliche Anlage eine besondere Bauart der Nachbarwand, insbesondere eine tiefere Gründung, so sind die dadurch entstehenden Mehrkosten dem Erbauer der Nachbarwand zu erstatten, sobald gegen diesen der Vergütungsanspruch des Bauunternehmers fällig wird. In Höhe der voraussichtlich erwachsenden Mehrkosten ist auf Verlangen binnen zwei Wochen Vorschuß zu leisten. Der Vorschuß ist bis zu seiner Verwendung mit 4 % zugunsten des Zahlenden zu verzinsen. Der Anspruch auf die besondere Bauart erlischt, wenn der Vorschuß nicht fristgerecht geleistet wird.

(2) Soweit der Bauherr die besondere Bauart auch zum Vorteil seiner baulichen Anlage ausnutzt, beschränkt sich die Erstattungspflicht des Eigentümers des Nachbargrundstücks entsprechend. Bereits erbrachte Leistungen können zurückgefordert werden.

§ 12
Anbau

(1) Der Eigentümer des Nachbargrundstücks ist berechtigt, an die Nachbarwand anzubauen. Anbau ist die Mitbenutzung der Nachbarwand als Abschlußwand oder zur Unterstützung oder Aussteifung der neuen baulichen Anlage.

(2) Der anbauende Eigentümer des Nachbargrundstücks ist zur Zahlung einer Vergütung in Höhe des halben Wertes der Nachbarwand verpflichtet, soweit sie durch den Anbau genutzt wird.

(3) Die Vergütung wird mit der Fertigstellung des Anbaus im Rohbau fällig. Bei der Berechnung des Wertes der Nachbarwand ist von den zu diesem Zeitpunkt üblichen Baukosten auszugehen. Abzuziehen sind die durch eine besondere Bauart bedingten Mehrkosten; § 11 bleibt unberührt. Das Alter, der bauliche Zustand und ein von § 10 abweichender Standort der Wand sind zu berücksichtigen. Auf Verlangen ist Sicherheit in Höhe der voraussichtlich zu gewährenden Vergütung zu leisten; der Anbau darf dann erst nach Leistung der Sicherheit begonnen oder fortgesetzt werden. Die Sicherheit kann in einer Bankbürgschaft bestehen.

§ 13
Nichtbenutzung der Nachbarwand

(1) Wird die spätere bauliche Anlage nicht an die gemäß § 8 errichtete Nachbarwand angebaut, obwohl das möglich wäre, so hat der anbauberechtigte Eigentümer des Nachbargrundstücks für die durch die Errichtung der Nachbarwand entstandenen Mehraufwendungen gegenüber den Kosten der Herstellung einer Grenzwand (§ 19) Ersatz zu

leisten. Dabei ist zu berücksichtigen, daß das Nachbargrundstück durch die Nachbarwand teilweise weiter genutzt wird. Höchstens ist der Betrag zu erstatten, den der Eigentümer des Nachbargrundstücks im Falle des Anbaus nach § 12 Abs. 2 und 3 zu zahlen hätte. Der Anspruch wird mit der Fertigstellung der späteren baulichen Anlage im Rohbau fällig.

(2) Der anbauberechtigte Eigentümer des Nachbargrundstücks ist ferner verpflichtet, den zwischen der Nachbarwand und seiner an die Nachbarwand herangebauten baulichen Anlage entstandenen Zwischenraum auf seine Kosten in geeigneter Weise so zu schließen, daß Schäden im Bereich des Zwischenraumes, insbesondere durch Gebäudebewegungen und Witterungseinflüsse, an der zuerst errichteten baulichen Anlage vermieden werden. Die hierzu notwendigen Anschlüsse haben sich hinsichtlich der verwendeten Werkstoffe der vorhandenen baulichen Anlage anzupassen.

(3) Ist der Anbau wegen einer Veränderung der Rechtslage unmöglich geworden, so hat der Eigentümer des Nachbargrundstücks lediglich die Hälfte des Betrages zu zahlen, der nach Absatz 1 zu zahlen gewesen wäre. Absatz 2 gilt sinngemäß.

§ 14

Beseitigung der Nachbarwand

(1) Der Eigentümer der Nachbarwand ist berechtigt, die Nachbarwand ganz oder teilweise zu beseitigen, solange und soweit noch nicht angebaut ist.

(2) Das Recht zur Beseitigung besteht nicht, wenn der anbauberechtigte Eigentümer des Nachbargrundstücks die Absicht, die Nachbarwand ganz oder teilweise durch Anbau zu nutzen, dem Eigentümer der Nachbarwand schriftlich anzeigt und spätestens binnen sechs Monaten den erforderlichen Bauantrag einreicht.

(3) Das Recht zur Beseitigung bleibt jedoch bestehen, wenn der Eigentümer der Nachbarwand, bevor er eine Anzeige nach Absatz 2 erhalten hat, die Absicht, die Nachbarwand ganz oder teilweise zu beseitigen, dem Eigentümer des Nachbargrundstücks schriftlich anzeigt und spätestens binnen sechs Monaten den erforderlichen Antrag auf Genehmigung des Abbruchs einreicht.

(4) Gehen die Anzeigen nach Absätzen 2 und 3 ihren Empfängern gleichzeitig zu, so hat die Anzeige nach Absatz 3 keine Rechtswirkung.

(5) Macht der Eigentümer der Nachbarwand von seinem Recht zur Beseitigung Gebrauch, so hat er dem Eigentümer des Nachbargrundstücks

1. für die Dauer der Nutzung des Nachbargrundstücks durch den hinübergebauten Teil der Nachbarwand eine angemessene Vergütung zu leisten und
2. eine gemäß § 11 erbrachte Leistung zu erstatten und mit 4 % vom Zeitpunkt der Zahlung an zu verzinsen; bereits gezahlte Zinsen sind anzurechnen.

(6) Beseitigt der Eigentümer der Nachbarwand diese ganz oder teilweise, obwohl gemäß Absatz 2 ein Recht hierzu nicht besteht, so hat er dem anbauberechtigten Eigentümer des Nachbargrundstücks Ersatz für den durch die völlige oder teilweise Beseitigung der Anbaumöglichkeit zugefügten Schaden zu leisten. Der Anspruch wird fällig, wenn die spätere bauliche Anlage in Gebrauch genommen wird.

§ 15

Erhöhen der Nachbarwand

(1) Jeder Grundstückseigentümer darf die Nachbarwand in voller Dicke auf seine Kosten nach den allgemein anerkannten Regeln der Baukunst erhöhen, wenn dadurch keine oder nur geringfügige Beeinträchtigungen für den anderen Grundstückseigentümer zu

erwarten sind. Für den erhöhten Teil der Nachbarwand gelten die §§ 12, 13 Abs. 2 sowie § 14 Abs. 1 bis 4 und 6 entsprechend.

(2) Setzt die Erhöhung eine tiefere Gründung der Nachbarwand voraus, so darf diese unterfangen werden, wenn das

1. **nach den allgemein anerkannten Regeln der Baukunst notwendig und**
2. **öffentlich-rechtlich zulässig ist.**

§ 16
Anzeige

(1) Das Recht gemäß § 15 besteht nur, wenn die Absicht, das Recht auszuüben, dem Eigentümer und dem Nutzungsberechtigten des betroffenen Grundstücks mindestens einen Monat vor Beginn der Arbeiten schriftlich angezeigt worden ist.

(2) Die Anzeige an einen der Genannten genügt, wenn der andere nicht bekannt, nur schwer feststellbar oder unbekannten Aufenthalts ist oder wenn er infolge Aufenthalts im Ausland nicht alsbald erreichbar ist und er auch keinen Vertreter bestellt hat. Treffen diese Voraussetzungen sowohl für den Eigentümer als auch für den Nutzungsberechtigten zu, so genügt die Anzeige an den unmittelbaren Besitzer.

§ 17
Schadensersatz

Schaden, der in Ausübung des Rechts gemäß § 15 den zur Duldung Verpflichteten entsteht, ist ohne Rücksicht auf Verschulden zu ersetzen. Auf Verlangen ist in Höhe des voraussichtlichen Schadensbetrages Sicherheit zu leisten, die auch in einer Bankbürgschaft bestehen kann. Dann darf das Recht erst nach Leistung der Sicherheit ausgeübt werden. Eine Sicherheitsleistung kann nicht verlangt werden, wenn der voraussichtliche Schaden durch eine Haftpflichtversicherung gedeckt ist.

§ 18
Verstärken der Nachbarwand

Jeder Grundstückseigentümer darf die Nachbarwand auf seinem Grundstück auf seine Kosten verstärken. §§ 15 Abs. 2, 16 und 17 gelten entsprechend.

IV. ABSCHNITT
GRENZWAND

§ 19
Begriff

Grenzwand ist die unmittelbar an der Grenze zum Nachbargrundstück auf dem Grundstück des Erbauers errichtete Wand.

§ 20
Anbau

(1) Der Eigentümer des Nachbargrundstücks darf eine Grenzwand durch Anbau nutzen, wenn der Eigentümer der Grenzwand schriftlich einwilligt und der Anbau öffentlich-rechtlich zulässig ist. Anbau ist die Mitbenutzung der Grenzwand als Abschlußwand oder zur Unterstützung oder Aussteifung der neuen baulichen Anlage.

(2) Der anbauende Eigentümer des Nachbargrundstücks hat eine Vergütung in Höhe des halben Wertes der Grenzwand, soweit sie durch den Anbau genutzt ist, zu zahlen und ferner eine Vergütung dafür zu leisten, daß er den für die Errichtung einer eigenen Grenzwand erforderlichen Baugrund einspart.

(3) Die Vergütung wird mit der Fertigstellung des Anbaus im Rohbau fällig. Bei der Berechnung des Wertes der Grenzwand ist von den zu diesem Zeitpunkt üblichen Baukosten auszugehen. Abzuziehen sind die durch eine besondere Bauart bedingten Mehrkosten. Das Alter und der bauliche Zustand der Wand sind zu berücksichtigen. Auf Verlangen ist Sicherheit in Höhe der voraussichtlich zu gewährenden Vergütung zu leisten; der Anbau darf dann erst nach Leistung der Sicherheit begonnen oder fortgesetzt werden. Die Sicherheit kann in einer Bankbürgschaft bestehen.

(4) Nach dem Anbau sind die Unterhaltskosten für den gemeinsam genutzten Teil der Grenzwand von den beiden Grundstückseigentümern zu gleichen Teilen zu tragen.

§ 21
Besondere Gründung der Grenzwand

(1) Auf Verlangen des Eigentümers des Nachbargrundstücks hat der Erbauer die Grenzwand so zu gründen, daß bei der Bebauung des Nachbargrundstücks zusätzliche Baumaßnahmen vermieden werden.

(2) Der Eigentümer des zur Bebauung vorgesehenen Grundstücks hat dem Eigentümer des Nachbargrundstücks unter Übersendung des Bau- und des Lageplans sowie unter Mitteilung des Namens und der Anschrift des Bauherrn schriftlich anzuzeigen, daß eine Grenzwand errichtet werden soll. Die Anzeige an den Nutzungsberechtigten oder den unmittelbaren Besitzer des Nachbargrundstücks genügt, wenn dessen Eigentümer nicht bekannt, nur schwer feststellbar oder unbekannten Aufenthalts ist oder wenn er infolge Aufenthalts im Ausland nicht alsbald erreichbar ist und er auch keinen Vertreter bestellt hat. Wird die Anzeige schuldhaft unterlassen, so hat der Eigentümer des zur Bebauung vorgesehenen Grundstücks dem Eigentümer des Nachbargrundstücks den daraus entstehenden Schaden zu ersetzen.

(3) Der Eigentümer des Nachbargrundstücks kann das Verlangen nach Absatz 1 nur innerhalb von zwei Monaten seit Erstattung der Anzeige dem Bauherrn gegenüber stellen.

(4) Die durch das Verlangen nach Absatz 1 entstehenden Mehrkosten sind dem Bauherrn zu erstatten, sobald der Vergütungsanspruch des Bauunternehmers gegen den Bauherrn fällig wird. In Höhe der voraussichtlich erwachsenden Mehrkosten ist auf Verlangen binnen zwei Wochen Vorschuß zu leisten. Der Vorschuß ist bis zu seiner Verwendung mit 4 % zugunsten des Zahlenden zu verzinsen. Der Anspruch auf die besondere Gründung erlischt, wenn der Vorschuß nicht fristgerecht geleistet wird.

(5) Soweit der Bauherr die besondere Gründung auch zum Vorteil seiner baulichen Anlage ausnutzt, beschränkt sich die Erstattungspflicht des Eigentümers des Nachbargrundstücks entsprechend. Bereits erbrachte Leistungen können zurückgefordert werden.

§ 22
Errichten einer zweiten Grenzwand

(1) Steht auf einem Grundstück eine bauliche Anlage unmittelbar an der Grenze und wird später auf dem Nachbargrundstück an dieser Grenze eine bauliche Anlage errichtet, aber ohne konstruktiven Verband angebaut, so ist deren Erbauer verpflichtet, den entstandenen Zwischenraum auf seine Kosten in geeigneter Weise so zu schließen, daß Schäden im Bereich des Zwischenraumes, insbesondere durch Gebäudebewegungen und Witte-

rungseinflüsse, an der zuerst errichteten baulichen Anlage vermieden werden. Die hierzu notwendigen Anschlüsse haben sich hinsichtlich der verwendeten Werkstoffe der vorhandenen baulichen Anlage anzupassen.

(2) Der Erbauer ist berechtigt, auf eigene Kosten durch übergreifende Bauteile einen den öffentlich-rechtlichen Vorschriften entsprechenden Anschluß an die bestehende bauliche Anlage herzustellen.

(3) Muß der Nachbar zur Ausführung seines Bauvorhabens seine Grenzwand tiefer als die zuerst errichtete Grenzwand gründen, so darf er diese unterfangen, wenn

1. dies nach den allgemein anerkannten Regeln der Baukunst notwendig und
2. das Bauvorhaben öffentlich-rechtlich zulässig ist.

(4) In den Fällen der Absätze 2 und 3 gelten §§ 16 und 17 entsprechend.

§ 23
Einseitige Grenzwand

Bauteile, die in den Luftraum eines Grundstücks übergreifen, sind zu dulden, wenn

1. nach den öffentlich-rechtlichen Vorschriften nur auf dem Nachbargrundstück bis an die Grenze gebaut werden darf,
2. die übergreifenden Bauteile öffentlich-rechtlich zulässig sind,
3. sie die Benutzung des anderen Grundstücks nicht oder nur unwesentlich beeinträchtigen und
4. sie nicht zur Vergrößerung der Nutzfläche dienen.

§ 23a
Wärmedämmung und Grenzständige Gebäude

(1) Der Eigentümer bzw. die Eigentümerin eines Grundstücks hat die Überbauung seines bzw. ihres Grundstücks aufgrund von Maßnahmen, die an bestehenden Gebäuden für Zwecke der Wärmedämmung vorgenommen werden, zu dulden, wenn diese über die Bauteileanforderungen in der Energiesparverordnung vom 24. Juli 2007 (BGBl. I S. 1519), geändert durch Verordnung vom 29. April 2009 (BGBl. I S. 954), in der jeweils geltenden Fassung nicht hinausgeht, eine vergleichbare Wärmedämmung auf andere Weise mit vertretbarem Aufwand nicht vorgenommen werden kann und die Überbauung die Benutzung des Grundstücks nicht oder nur unwesentlich beeinträchtigt. Eine wesentliche Beeinträchtigung ist insbesondere dann anzunehmen, wenn die Überbauung die Grenze zum Nachbargrundstück in der Tiefe um mehr als 0,25 m überschreitet. Die Duldungspflicht nach Satz 1 erstreckt sich auch auf die mit der Wärmedämmung zusammenhängenden notwendigen Änderungen von Bauteilen.

(2) Im Falle der Wärmedämmung ist der bzw. die duldungsverpflichtete Nachbar/in berechtigt, die Beseitigung der Wärmedämmung zu verlangen, wenn und soweit er bzw. sie selbst zulässigerweise an die Grenzwand anbauen will.

(3) Der bzw. die Begünstigte muss die Wärmedämmung in einem ordnungsgemäßen und funktionsgerechten Zustand erhalten. Er bzw. sie ist zur baulichen Unterhaltung der wärmegedämmten Grenzwand verpflichtet.

(4) Die §§ 21 Abs. 2 und 3, 23 Nr. 2 bis 4 und § 24 gelten entsprechend mit der Maßgabe, dass die Anzeige nach Art und Umfang der Baumaßnahme umfassen muss.

(5) Dem bzw. der Eigentümer/in des betroffenen Grundstücks ist ein angemessener Ausgleich in Geld zu leisten. Die Ausgleichszahlung darf die Höhe des Bodenrichtwertes

nicht übersteigen. Sofern nichts anderes vereinbart wird gelten die §§ 912 Abs. 2, 913, 914 und 915 BGB entsprechend.

(6) Die Absätze 1 bis 5 gelten für die Nachbarwand gemäß §§ 7, 8 entsprechend.

V. ABSCHNITT
HAMMERSCHLAGS- UND LEITERRECHT

§ 24
Inhalt und Umfang

(1) Der Eigentümer und die Nutzungsberechtigten müssen dulden, daß ihr Grundstück einschließlich der baulichen Anlagen zum Zwecke von Bau- oder Instandsetzungsarbeiten auf dem Nachbargrundstück vorübergehend betreten und benutzt wird, wenn und soweit

1. **die Arbeiten anders nicht zweckmäßig oder nur mit unverhältnismäßig hohen Kosten durchgeführt werden können,**
2. **die mit der Duldung verbundenen Nachteile oder Belästigungen nicht außer Verhältnis zu dem von dem Berechtigten erstrebten Vorteil stehen,**
3. **ausreichende Vorkehrungen zur Minderung der Nachteile und Belästigungen getroffen werden und**
4. **das Vorhaben öffentlich-rechtlichen Vorschriften nicht widerspricht.**

(2) Das Recht ist so schonend wie möglich auszuüben. Es darf nicht zur Unzeit geltend gemacht werden.

(3) Für die Anzeige und die Verpflichtung zum Schadensersatz gelten die §§ 16 und 17 entsprechend.

(4) Absatz 1 findet auf die Eigentümer öffentlicher Verkehrsflächen keine Anwendung.

§ 25
Nutzungsentschädigung

(1) Wer ein Grundstück länger als einen Monat gemäß § 24 benutzt, hat für die darüber hinausgehende Zeit der Benutzung eine Entschädigung in Höhe der ortsüblichen Miete für einen dem benutzten Grundstücksteil vergleichbaren Lagerplatz zu zahlen. Die Entschädigung ist nach Ablauf je eines Monats fällig.

(2) Die Entschädigung kann nicht verlangt werden, soweit Ersatz für entgangene anderweitige Nutzung gefordert wird.

VI. ABSCHNITT
HÖHERFÜHREN VON SCHORNSTEINEN, LÜFTUNGSLEITUNGEN UND ANTENNENANLAGEN

§ 26
Inhalt und Umfang

(1) Der Eigentümer und die Nutzungsberechtigten eines Grundstücks müssen dulden, daß an ihrem höheren Gebäude der Eigentümer und die Nutzungsberechtigten des angrenzenden niederen Gebäudes ihre Schornsteine, Lüftungsleitungen und Antennenanlagen befestigen, wenn

1. die Erhöhung der Schornsteine und Lüftungsleitungen für die notwendige Zug- und Saugwirkung und die Erhöhung der Antennenanlagen für einen einwandfreien Empfang von Sendungen erforderlich ist und
2. die Befestigung der höhergeführten Schornsteine, Lüftungsleitungen und Antennenanlagen anders nicht zweckmäßig oder nur mit unverhältnismäßig hohen Kosten durchgeführt werden kann.

(2) Der Eigentümer und die Nutzungsberechtigten des betroffenen Grundstücks müssen ferner dulden,

1. daß die unter den Voraussetzungen des Absatzes 1 höhergeführten und befestigten Schornsteine, Lüftungsleitungen und Antennenanlagen des Nachbargrundstücks von ihrem Grundstück aus unterhalten und gereinigt werden, soweit das erforderlich ist, und
2. daß die hierzu notwendigen Einrichtungen angebracht werden.

(3) Für die Anzeige und die Verpflichtung zum Schadensersatz gelten die §§ 16 und 17 entsprechend. Die Absicht, notwendige Wartungs- und Reparaturarbeiten auszuführen, braucht nicht angezeigt zu werden. Zur Unzeit brauchen diese Arbeiten nicht geduldet zu werden.

(4) Absätze 1 und 2 gelten für Antennenanlagen nicht, wenn dem Eigentümer und den Nutzungsberechtigten des niederen Gebäudes die Mitbenutzung der dazu geeigneten Antennenanlage des höheren Gebäudes gestattet wird.

VII. ABSCHNITT
DACHTRAUFE

§ 27
Niederschlagwasser

(1) Bauliche Anlagen sind so einzurichten, daß Niederschlagwasser nicht auf das Nachbargrundstück tropft, auf dieses abgeleitet wird oder übertritt.

(2) Absatz 1 findet keine Anwendung auf freistehende Mauern entlang öffentlicher Verkehrsflächen und öffentlicher Grünflächen.

§ 28
Anbringen von Sammel- und Abflußeinrichtungen

(1) Der Eigentümer und die Nutzungsberechtigten eines Grundstücks, die aus besonderem Rechtsgrund verpflichtet sind, das von den baulichen Anlagen eines Nachbargrundstücks tropfende oder abgeleitete oder von dem Nachbargrundstück übertretende Niederschlagwasser aufzunehmen, sind berechtigt, auf eigene Kosten besondere Sammel- und Abflußeinrichtungen an der baulichen Anlage des traufberechtigten Nachbarn anzubringen, wenn die damit verbundene Beeinträchtigung nicht erheblich ist. Sie haben diese Einrichtung zu unterhalten.

(2) Für die Anzeige und die Verpflichtung zum Schadensersatz gelten die §§ 16 und 17 entsprechend.

VIII. ABSCHNITT

ABWÄSSER

§ 29

Bauliche Anlagen sind so einzurichten, daß Abwässer und andere Flüssigkeiten nicht auf das Nachbargrundstück übertreten.

IX. ABSCHNITT

BODENERHÖHUNGEN, AUFSCHICHTUNGEN UND SONSTIGE ANLAGEN

§ 30

Bodenerhöhungen

(1) Wer den Boden seines Grundstücks über die Oberfläche des Nachbargrundstücks erhöht, muß einen solchen Grenzabstand einhalten oder solche Vorkehrungen treffen und unterhalten, daß eine Schädigung des Nachbargrundstücks insbesondere durch Abstürzen oder Abschwemmen des Bodens ausgeschlossen ist. Die Verpflichtung geht auf den Rechtsnachfolger über.

(2) Auf den Grenzabstand ist § 36 Abs. 2 Satz 1 und 2 Buchstabe b), Abs. 3 bis 5 sinngemäß anzuwenden.

§ 31

Aufschichtungen und sonstige Anlagen

(1) Mit Aufschichtungen von Holz, Steinen, Stroh und dergleichen sowie sonstigen mit dem Grundstück nicht fest verbundenen Anlagen, die nicht über 2 m hoch sind, ist ein Mindestabstand von 0,50 m von der Grenze einzuhalten. Sind sie höher, so muß der Abstand um so viel über 0,50 m betragen, als ihre Höhe das Maß von 2 m übersteigt.

(2) Absatz 1 gilt nicht

a) für Baugerüste;

b) für Aufschichtungen und Anlagen, die

aa) eine Wand oder geschlossene Einfriedigung nicht überragen;

bb) als Stützwand oder Einfriedigung dienen;

c) für gewerbliche Lagerplätze;

d) gegenüber Grenzen zu öffentlichen Verkehrsflächen, zu öffentlichen Grünflächen und zu oberirdischen Gewässern von mehr als 0,50 m Breite (Mittelwasserstand).

X. ABSCHNITT

EINFRIEDIGUNGEN

§ 32

Einfriedigungspflicht

(1) Innerhalb eines im Zusammenhang bebauten Ortsteils ist der Eigentümer eines bebauten oder gewerblich genutzten Grundstücks auf Verlangen des Eigentümers des Nachbargrundstücks verpflichtet, sein Grundstück an der gemeinsamen Grenze einzufriedigen. Sind beide Grundstücke bebaut oder gewerblich genutzt, so sind deren Eigentümer verpflichtet, die Einfriedigung gemeinsam zu errichten, wenn auch nur einer von ihnen die Einfriedigung verlangt. Wirkt der Nachbar nicht binnen zwei Monaten nach

schriftlicher Aufforderung bei der Errichtung mit, so kann der Eigentümer die Einfriedigung allein errichten; die in § 37 Abs. 1 geregelte Verpflichtung zur Tragung der Errichtungskosten wird dadurch nicht berührt.

(2) Stellt das Verlangen nach Absatz 1 Satz 1 der Eigentümer eines Grundstücks, das

a) weder bebaut noch gewerblich genutzt ist, aber innerhalb des im Zusammenhang bebauten Ortsteils liegt oder

b) in einem Bebauungsplan als Bauland festgesetzt ist,

so ist er berechtigt, bei der Errichtung der Einfriedigung mitzuwirken.

(3) Als gewerblich genutzt im Sinne der Absätze 1 und 2 gilt nicht ein Grundstück, das erwerbsgärtnerisch genutzt wird.

§ 33
Einfriedigungspflicht des Störers

Gehen unzumutbare Beeinträchtigungen von einem bebauten oder gewerblich genutzten Grundstück aus, so hat der Eigentümer dieses auf Verlangen des Eigentümers des Nachbargrundstücks insoweit einzufriedigen, als dadurch die Beeinträchtigungen verhindert oder, falls dies nicht möglich oder zumutbar ist, gemildert werden können.

§ 34
Ausnahmen

Eine Einfriedigungspflicht besteht nicht, wenn und soweit

a) die Grenze mit Gebäuden besetzt ist,

b) Einfriedigungen nicht zulässig sind oder

c) im Falle des § 32 in dem im Zusammenhang bebauten Ortsteil Einfriedigungen nicht üblich sind.

§ 35
Beschaffenheit

(1) Die Einfriedigung muß ortsüblich sein. Läßt sich eine ortsübliche Einfriedigung nicht feststellen, so ist eine etwa 1,20 m hohe Einfriedigung zu errichten. Schreiben öffentlichrechtliche Vorschriften eine andere Art der Einfriedigung vor, so tritt diese an die Stelle der in Satz 1 und 2 genannten Einfriedigungsart.

(2) Bietet die Einfriedigung gemäß Absatz 1 Satz 1 oder 2 keinen angemessenen Schutz vor Beeinträchtigungen, so hat auf Verlangen des Nachbarn derjenige, von dessen Grundstück die Beeinträchtigungen ausgehen, die Einfriedigung im erforderlichen Umfang auf seine Kosten stärker oder höher auszuführen.

§ 36
Standort der Einfriedigung

(1) Die Einfriedigung ist auf der Grenze zu errichten, wenn sie

a) zwischen bebauten oder gewerblich genutzten Grundstücken oder

b) zwischen einem bebauten oder gewerblich genutzten und einem Grundstück der in § 32 Abs. 2 genannten Art liegt.

In allen übrigen Fällen ist sie entlang der Grenze zu errichten.

(2) Die Einfriedigung muß von der Grenze eines Grundstücks, das außerhalb eines im Zusammenhang bebauten Ortsteils liegt und nicht in einem Bebauungsplan als Bauland festgesetzt ist, 0,50 m zurückbleiben, auch wenn ein Verlangen nach § 32 Abs. 1 Satz 1 oder § 33 nicht gestellt worden ist. Dies gilt nicht gegenüber Grundstücken,

a) die in gleicher Weise wie das einzufriedigende bewirtschaftet werden oder

b) für die nach Lage, Beschaffenheit oder Größe eine Bearbeitung mit landwirtschaftlichem Gerät nicht in Betracht kommt.

(3) Absatz 2 Satz 1 gilt nicht, wenn die Einfriedigung bei Inkrafttreten dieses Gesetzes vorhanden ist und ihr Abstand dem bisherigen Recht entspricht.

(4) Der Anspruch auf Beseitigung einer Einfriedigung, die einen geringeren als den nach Absatz 2 vorgeschriebenen Abstand einhält, ist ausgeschlossen, wenn der Nachbar nicht binnen drei Jahren nach der Errichtung Klage auf Beseitigung erhoben hat.

(5) Wird eine Einfriedigung, mit der ein geringerer als der nach Absatz 2 vorgeschriebene Abstand eingehalten wird, durch eine andere ersetzt, so gilt Absatz 2.

(6) Ist die nicht auf der Grenze zu errichtende Einfriedigung eine Hecke, so sind die für Hecken geltenden Vorschriften des XI. Abschnitts anzuwenden.

§ 37

Kosten der Errichtung

(1) Die Kosten der Errichtung der Einfriedigung tragen die beteiligten Grundstückseigentümer in den Fällen des § 32 Abs. 1 Satz 2 und Abs. 2 zu gleichen Teilen.

(2) Der Eigentümer eines Grundstücks, für den eine Verpflichtung gemäß Absatz 1 nicht entsteht, hat eine Vergütung in Höhe des halben Wertes der Einfriedigung zu zahlen, wenn

a) das Grundstück bebaut oder gewerblich genutzt wird und es in dem im Zusammenhang bebauten Ortsteil liegt oder

b) das Grundstück in dem im Zusammenhang bebauten Ortsteil hineingewachsen ist oder in einem Bebauungsplan als Bauland festgesetzt wird und der Eigentümer oder sein Rechtsvorgänger die Errichtung der Einfriedigung verlangt hatte.

(3) Bei der Berechnung der Vergütung ist von den im Zeitpunkt der Fälligkeit üblichen Errichtungskosten einer Einfriedigung gemäß § 35 Abs. 1 auszugehen. Ist gemäß § 35 Abs. 1 Satz 2 eine etwa 1,20 m hohe Einfriedigung zu errichten, so sind die Errichtungskosten für einen 1,20 m hohen Zaun aus wetterbeständigem Maschendraht maßgebend. Ist nur für eines der beiden Grundstücke eine Einfriedigung nach § 35 Abs. 1 Satz 3 vorgeschrieben, so sind der Berechnung die Errichtungskosten einer Einfriedigung nach § 35 Abs. 1 Satz 1 oder Satz 2 zugrunde zu legen. Sind die tatsächlichen Aufwendungen einschließlich der Eigenleistungen niedriger, so ist davon auszugehen. Das Alter und der Zustand der Einfriedigung sind zu berücksichtigen.

(4) Der Eigentümer des anderen Grundstücks darf, wenn die Voraussetzungen des Absatzes 2 vorliegen, die Einfriedigung auf die Grenze versetzen oder dort neu errichten. Der Eigentümer des angrenzenden Grundstücks hat auch in diesem Falle nur eine Vergütung gemäß Absätzen 2 und 3 zu zahlen.

(5) Gehen von einem Grundstück unzumutbare Beeinträchtigungen des Nachbargrundstücks aus, die durch eine Einfriedigung verhindert oder gemildert werden können, und wird die Errichtung der Einfriedigung ausdrücklich nur aus diesen Gründen von dem Eigentümer des Nachbargrundstücks verlangt, so ist er nicht verpflichtet, sich an den Kosten der Errichtung zu beteiligen.

§ 38
Kosten der Unterhaltung

(1) Die Kosten der Unterhaltung einer Einfriedigung tragen die beteiligten Grundstückseigentümer je zur Hälfte, wenn und sobald für sie oder ihre Rechtsvorgänger die Verpflichtung zur Tragung von Errichtungskosten begründet worden ist.

(2) § 37 Abs. 3 gilt entsprechend.

§ 39
Ausnahmen

Die §§ 32 bis 38 gelten nicht für Einfriedigungen zwischen Grundstücken und den an sie angrenzenden öffentlichen Verkehrsflächen, öffentlichen Grünflächen und oberirdischen Gewässern.

XI. ABSCHNITT
GRENZABSTÄNDE FÜR PFLANZEN

§ 40
Grenzabstände für Wald

(1) Auf Waldgrundstücken ist freizuhalten

a) zu benachbarten Waldgrundstücken, Ödländereien oder Heidegrundstücken
   1. ein Streifen von 1 m Breite von jedem Baumwuchs und
   2. ein weiterer Streifen von 2 m Breite von Nadelholz über 2 m Höhe mit Ausnahme der Lärche,

b) zu Wegen ein Streifen von 1 m Breite von Baumwuchs über 2 m Höhe,

c) zu benachbarten landwirtschaftlich, gärtnerisch oder durch Weinbau genutzten oder zu diesen Zwecken vorübergehend nicht genutzten Grundstücken
   1. ein Streifen von 1 m Breite von jedem Baumwuchs und
   2. ein weiterer Streifen von 3 m Breite von Baumwuchs über 2 m Höhe.

Mit Pappelwald ist gegenüber den unter Buchstabe c) genannten Grundstücken ein Abstand von 6 m einzuhalten.

(2) Mit erstmalig begründetem Wald ist zu benachbarten erwerbsgärtnerisch oder durch Weinbau genutzten oder zu diesen Zwecken vorübergehend nicht genutzten Grundstücken für die Dauer von 30 Jahren das Doppelte der in Absatz 1 Buchstabe c) vorgeschriebenen Abstände einzuhalten. Für Pappelwald hat der Abstand in diesem Falle 8 m zu betragen.

(3) Durch schriftlichen Vertrag, in dem die Katasterbezeichnungen der Grundstücke anzugeben sind, kann ein von Absatz 1 und 2 abweichender Abstand des Baumwuchses von der Grenze, jedoch kein geringerer Abstand als 1 m für einen in dem Vertrag festzulegenden Zeitraum vereinbart werden. Wird ein Grundstück, auf das sich eine solche Vereinbarung bezieht, während der Dauer der Vereinbarung veräußert oder geht es durch Erbfolge oder in anderer Weise auf einen Rechtsnachfolger über, so tritt der Erwerber in die Rechte und Verpflichtungen aus der Vereinbarung ein.

§ 41
Grenzabstände für bestimmte Bäume, Sträucher und Rebstöcke

(1) Mit Bäumen außerhalb des Waldes, Sträuchern und Rebstöcken sind von den Nachbargrundstücken – vorbehaltlich des § 43 – folgende Abstände einzuhalten:

1. mit Bäumen außer den Obstgehölzen, und zwar

   a) stark wachsenden Bäumen, insbesondere der Rotbuche (Fagus silvatica) und sämtliche Arten der Linde (Tilia), der Platane (Platanus), der Roßkastanie (Aesculus), der Eiche (Quercus) und der Pappel (Populus) 4,00 m,

   b) allen übrigen Bäumen 2,00 m,

2. mit Ziersträuchern, und zwar

   a) stark wachsenden Ziersträuchern, insbesondere dem Feldahorn (Acer campestre), dem Flieder (Syringa vulgaris), dem Goldglöckchen (Forsythia intermedia), der Haselnuß (Corylus avellana), den Pfeifensträuchern – falscher Jasmin – (Philadelphus coronarius) 1,00 m,

   b) allen übrigen Ziersträuchern 0,50 m,

3. mit Obstgehölzen, und zwar

   a) Kernobstbäumen, soweit sie auf stark wachsender Unterlage veredelt sind, sowie Süßkirschbäumen, Walnußbäumen und Eßkastanienbäumen 2,00 m,

   b) Kernobstbäumen, soweit sie auf mittelstark wachsender Unterlage veredelt sind, sowie Steinobstbäumen, ausgenommen die Süßkirschbäume 1,50 m,

   c) Kernobstbäumen, soweit sie auf schwach wachsender Unterlage veredelt sind 1,00 m,

   d) Brombeersträuchern 1,00 m,

   e) allen übrigen Beerenobststräuchern 0,50 m,

4. mit Rebstöcken, und zwar

   a) in geschlossenen Rebanlagen, deren Gesamthöhe 1,80 m übersteigt (Weitraumanlagen) 1,50 m,

   b) in allen übrigen geschlossenen Rebanlagen 0,75 m,

   c) einzelnen Rebstöcken 0,50 m,

   d) Brombeersträuchern 1,00 m,

   e) allen übrigen Beerenobststräuchern 0,50 m,

(2) Ziersträucher und Beerenobststräucher dürfen in ihrer Höhe das Dreifache ihres Abstandes zum Nachbargrundstück nicht überschreiten. Strauchtriebe, die in einem geringeren als der Hälfte des vorgeschriebenen Abstandes aus dem Boden austreten, sind zu entfernen.

§ 42
Grenzabstände für Hecken

Es sind mit Hecken – vorbehaltlich des § 43 –

a) über 2 m Höhe 1,00 m

und

b) bis zu 2 m Höhe 0,50 m

Abstand von der Grenze einzuhalten. Das gilt nicht, wenn das öffentliche Recht andere Grenzabstände vorschreibt.

§ 43

Verdoppelung der Abstände

Die doppelten Abstände nach den §§ 41 und 42, höchstens jedoch 6 m, sind einzuhalten gegenüber Grundstücken, die

a) landwirtschaftlich, gärtnerisch oder durch Weinbau genutzt oder zu diesen Zwecken vorübergehend nicht genutzt sind und im Außenbereich (§ 19 Abs. 2 des Bundesbaugesetzes) liegen oder

b) durch Bebauungsplan der landwirtschaftlichen, gärtnerischen oder weinbaulichen Nutzung vorbehalten sind.

§ 44

Baumschulen

Es sind mit Baumschulbeständen

a) über 2 m Höhe 2,00 m,

b) bis zu 2 m Höhe 1,00 m,

und

c) bis zu 1 m Höhe 0,50 m,

Abstand von der Grenze einzuhalten.

§ 45

Ausnahmen

(1) Die §§ 40 bis 44 gelten nicht für

a) Anpflanzungen an den Grenzen zu öffentlichen Verkehrsflächen, zu öffentlichen Grünflächen und zu oberirdischen Gewässern von mehr als 4 m Breite (Mittelwasserstand),

b) Anpflanzungen auf öffentlichen Verkehrsflächen,

c) Anpflanzungen, die hinter einer geschlossenen Einfriedigung vorgenommen werden und diese nicht überragen; als geschlossen im Sinne dieser Vorschrift gilt auch eine Einfriedigung, deren Bauteile breiter sind als die Zwischenräume,

d) Windschutzstreifen und ähnliche, dem gleichen Zweck dienende Hecken und Baumbestände außerhalb von Waldungen,

e) Anpflanzungen, die bei Inkrafttreten dieses Gesetzes vorhanden sind und deren Abstand dem bisherigen Recht entspricht,

f) die in einem auf Grund des Landesnaturschutzgesetzes vom 21. Juli 2000 (GV. NRW. S. 568), das durch Artikel 1 des Gesetzes vom 15. November 2016 (GV. NRW. S. 934) neu gefasst worden ist, erlassenen rechtsverbindlichen Landschaftsplan vorgesehenen Anpflanzungen von Flurgehölzen, Hecken, Schutzpflanzungen, Alleen, Baumgruppen und Einzelbäumen.

(2) § 40 Abs. 1 Buchstabe a) Nr. 1 und 2 gilt nicht, soweit gemäß dem Forstrecht nach gemeinsamen Betriebsplänen unabhängig von den Eigentumsgrenzen gewirtschaftet wird.

(3) Wird für die in Absatz 1 Buchstabe e) genannten Anpflanzungen eine Ersatzanpflanzung vorgenommen, so gelten die §§ 40 bis 44 und 46.

(4) Absätze 1 und 2 gelten auch für Bewuchs, der durch Aussamung oder Auswuchs entstanden ist.

§ 46
Berechnung des Abstandes

Der Abstand wird von der Mitte des Baumstammes, des Strauches oder des Rebstocks waagerecht und rechtwinklig zur Grenze gemessen, und zwar an der Stelle, an der der Baum, der Strauch oder der Rebstock aus dem Boden austritt. Bei Hecken ist von der Seitenfläche aus zu messen.

§ 47
Ausschluß des Beseitigungsanspruchs

(1) Der Anspruch auf Beseitigung einer Anpflanzung, mit der ein geringerer als der in den §§ 40 bis 44 und 46 vorgeschriebene Abstand eingehalten wird, ist ausgeschlossen, wenn der Nachbar nicht binnen sechs Jahren nach dem Anpflanzen Klage auf Beseitigung erhoben hat. Der Anspruch unterliegt nicht der Verjährung.

(2) § 45 Abs. 3 und 4 gilt entsprechend.

§ 48
Nachträgliche Grenzänderungen

Die Rechtmäßigkeit des Abstandes wird durch nachträgliche Grenzänderungen nicht berührt; jedoch gilt § 45 Abs. 3 und 4 entsprechend.

XII. ABSCHNITT
ALLGEMEINE VORSCHRIFTEN

§ 49
Anwendungsbereich des Gesetzes

(1) Die Vorschriften dieses Gesetzes gelten – unbeschadet von § 40 – nur, soweit die Beteiligten nichts anderes vereinbaren und eine solche Vereinbarung anderen Vorschriften nicht widerspricht. Die in diesem Gesetz vorgeschriebene Schriftform kann nicht abbedungen werden.

(2) Öffentlich-rechtliche Vorschriften werden durch dieses Gesetz nicht berührt.

§ 50
Schutz der Nachbarrechte

Werden Vorschriften dieses Gesetzes verletzt, so kann der Eigentümer des Nachbargrundstücks, sofern dieses Gesetz keine Regelung trifft, Ansprüche auf Grund der Vorschriften des Bürgerlichen Gesetzbuchs geltend machen.

§ 51
(aufgehoben)

§ 52
Stellung des Erbbauberechtigten

Der Erbbauberechtigte tritt an die Stelle des Eigentümers des Grundstücks.

XIII. ABSCHNITT
SCHLUSSBESTIMMUNGEN

§ 53
Übergangsvorschriften

(1) Der Umfang von Rechten, die bei Inkrafttreten dieses Gesetzes bestehen, richtet sich – unbeschadet der §§ 2 Buchstabe d) und e), 5 Buchstabe d), 36 Abs. 3 und 45 Abs. 1 Buchstabe e) – nach den Vorschriften dieses Gesetzes.

(2) Die Verjährung von Ansprüchen auf Schadensersatz und anderen, auf Geld gerichteten Ansprüchen nach diesem Gesetz, die am 1. Mai 2004 bestehen und noch nicht verjährt sind, richtet sich allein nach den Vorschriften des Bürgerlichen Gesetzbuchs. Der Beginn der Verjährung bestimmt sich jedoch für die Zeit vor dem 1. Mai 2004 nach § 51 dieses Gesetzes in der bis zu diesem Tag geltenden Fassung. Ist die Verjährungsfrist nach dem Bürgerlichen Gesetzbuch kürzer als nach § 51 dieses Gesetzes in der bis zum 1. Mai 2004 geltenden Fassung, so wird die kürzere Frist von dem 1. Mai 2004 an berechnet. Läuft jedoch die in § 51 dieses Gesetzes in der bis zum 1. Mai 2004 geltenden Fassung bestimmte längere Frist früher als die im Bürgerlichen Gesetzbuch bestimmte kürzere Frist ab, so ist die Verjährung mit dem Ablauf der längeren Frist vollendet.

§ 54
Außerkrafttreten von Vorschriften

Die diesem Gesetz entgegenstehenden Vorschriften werden aufgehoben. Namentlich werden folgende Vorschriften aufgehoben, soweit sie nicht bereits außer Kraft getreten sind:

1. Erster Teil, Achter Titel §§ 125 bis 131, 133, 137 bis 140, 142 bis 144, 146 bis 148, 152, 153, 155, 156, 162 bis 167, 169 bis 174, 185, 186, Zweiundzwanzigster Titel §§ 55 bis 62 des Allgemeinen Landrechts für die Preußischen Staaten vom 5. Februar 1794;
2. Artikel 23 §§ 1 bis 3 des Preußischen Ausführungsgesetzes zum Bürgerlichen Gesetzbuch vom 20. September 1899 (PrGS. NW. S. 105);
3. Artikel 671, 672 Abs. 1, 674 bis 681 des Rheinischen Bürgerlichen Gesetzbuchs (Code civil);
4. Gesetz über das forstliche Nachbarrecht vom 25. Juni 1962 (GV. NW. S. 371).

§ 55
Inkrafttreten

Dieses Gesetz tritt am 1. Juli 1969 in Kraft.

Nachbarrechtsgesetz Nordrhein-Westfalen (NachbG NRW)

**vom 15. April 1969 (GV. NW. S. 190),
zuletzt geändert durch Gesetz vom 17.12.2021 (GV. NRW. S. 1477)**

– Kommentar –

I. ABSCHNITT

GRENZABSTÄNDE FÜR GEBÄUDE

§ 1
Gebäude

(1) Mit Außenwänden von Gebäuden ist ein Mindestabstand von 2 m und mit sonstigen, nicht zum Betreten bestimmten oberirdischen Gebäudeteilen ein Mindestabstand von 1 m von der Grenze einzuhalten. Der Abstand ist waagerecht vom grenznächsten Punkt der Außenwand oder des Bauteils aus rechtwinklig zur Grenze zu messen.

(2) Gebäude im Sinne dieses Gesetzes sind selbständig benutzbare überdachte bauliche Anlagen, die von Menschen betreten werden können und geeignet oder bestimmt sind, dem Schutz von Menschen, Tieren oder Sachen zu dienen. Bauliche Anlagen sind mit dem Erdboden verbundene, aus Baustoffen und Bauteilen hergestellte Anlagen. Eine Verbindung mit dem Erdboden besteht auch dann, wenn die Anlage durch eigene Schwere auf dem Boden ruht oder auf ortsfesten Bahnen begrenzt beweglich ist oder wenn die Anlage nach ihrem Verwendungszweck dazu bestimmt ist, überwiegend ortsfest benutzt zu werden.

(3) In einem geringeren Abstand darf nur mit schriftlicher Einwilligung des Eigentümers des Nachbargrundstücks gebaut werden. Die Einwilligung darf nicht versagt werden, wenn keine oder nur geringfügige Beeinträchtigungen zu erwarten sind.

Erläuterungen

1. Nach §§ 903 ff. BGB kann der Eigentümer einer Sache grundsätzlich mit dieser nach Belieben verfahren. Das Recht des Grundstückseigentümers wird jedoch sowohl durch privatrechtliche als auch öffentlich-rechtliche Normen eingeschränkt. Die Abstandsvorschriften des Nachbarrechtsgesetzes weichen von den Regelungen des Bauordnungsrechts (vgl. § 6 BauO NRW, siehe Anhang) ab. Abstandsflächen sind nach Absatz 1 von oberirdischen Gebäuden freizuhalten. Der **Gebäudebegriff** ergibt sich aus § 1 Abs. 2 NachbG NRW. Es wird unterschieden zwischen baulichen Anlagen, die von Menschen betreten werden können, und nicht zum Betreten bestimmten Gebäudeteilen. Die festgelegten Abstände von 2 m bzw. 1 m sind Mindestabstände; sofern das öffentliche Baurecht größere Abstände erlaubt, können die Nachbarn auch abweichende Vereinbarungen treffen. Die Tiefe der Abstandsfläche bemisst sich nach der Wandhöhe. Diese wird senkrecht zur Wand gemessen (vgl. zum Verfahren § 6 Abs. 4 ff. BauO NRW). Die Abstandsflächen müssen auf dem Grundstück selbst liegen. Der Nachbar kann aus der Verletzung der Vorschriften über Abstandsflächen Rechte ableiten, da die Missachtung nachbarschützenden Charakter hat (vgl. BGH, NJW 1985 S. 2825; OVG Lüneburg, NVwZ-RR 1996 S. 278). Demzufolge kann der Nachbar gegen Abstandsverletzungen sowohl zivilrechtlich (vgl. § 1004 BGB) vorgehen als auch die Verletzung subjektiv-öffentlichen Rechts vor den Verwaltungsgerichten geltend machen.

2. Absatz 2 regelt den **Gebäudebegriff.** Gebäude sind **selbständig überdachte bauliche Anlagen,** die von Menschen betreten werden können und geeignet oder bestimmt sind, dem Schutz von Menschen, Tieren oder Sachen zu dienen. So z. B. **Wohnhäuser, Bau- oder**

Verkaufsbuden, Gartenlauben, ggf. auch Traglufthallen. Erforderlich ist, dass die Anlage mit dem Erdboden verbunden ist und auch selbständig nutzbar und überdacht ist. Keine baulichen Anlagen sind demzufolge Schwimmbecken, Brücken, Schleusen, freistehende Mauern oder Hecken. Die bauliche Anlage muss auch von Menschen betreten werden können. Hierzu zählen z. B. auch Taubenhäuser, Hundezwinger, Gewächshäuser. Zu den nicht zum Betreten bestimmten Gebäudeteilen gehören Dachrinnen, Dachfirste, Eingangsüberdachungen, Kamine, nicht aber Balkone, Erker oder Laubengänge. Ein Spielturm für Kinder stellt kein Gebäude im Sinne von § 1 Abs. 1 dar, wenn er den Eintritt eines erwachsenen, normal großen Menschen nicht gestattet (OLG Hamm, Urt. vom 19.5.2014 – 5 U 190/ 13 –).

3. Die vorgeschriebenen Abstände dürfen nur mit **Einwilligung des Nachbarn** unterschritten werden. Einwilligung bedeutet vorherige Zustimmung (vgl. § 182 BGB). Sie bedarf der Schriftform (§ 126 BGB). Die nicht formgerechte Einwilligung ist nach § 125 BGB nichtig. Die privatrechtliche Einwilligung kann nicht durch eine Befreiung der Baubehörde von der Einhaltung der nach öffentlichem Recht vorgeschriebenen Abstände ersetzt werden (so auch *Schäfer,* § 1 Rn. 29 m. w. N.). Die Einwilligung in die Abstandsunterschreitung bindet grundsätzlich nur den Nachbarn bzw. den Gesamtrechtsnachfolger (z. B. der Erbe). Soll auch der Einzelrechtsnachfolger an die Einwilligung gebunden sein, so muss zugunsten des Nachbarn eine Grunddienstbarkeit (§§ 1018, 873 BGB) bestellt werden. Die Bindung des Einzelrechtsnachfolgers tritt auch dann ein, wenn von der Einwilligung bei Eintritt der Rechtsnachfolge bereits umfassend Gebrauch gemacht worden ist, d. h. das Gebäude bereits mit dem geringeren Abstand errichtet wurde. Der Widerruf der schriftlich erteilten Einwilligung in die Abstandsunterschreitung ist auch vor Errichtung des Gebäudes grundsätzlich unzulässig, es sei denn, der Nachbar hätte sich ein besonderes Widerrufsrecht vorbehalten. Eine Anfechtung der Einwilligung ist jedoch aus Gründen des Irrtums (§ 119 BGB), Drohung oder arglistiger Täuschung (§ 123 BGB) denkbar. Die Einwilligung darf nicht versagt werden, wenn keine oder nur geringfügige Beeinträchtigungen zu erwarten sind (vgl. § 1 Abs. 3 letzter Satz NachbG NRW). Als Beeinträchtigungen kommen z. B. der Licht- und Luftentzug, Geräuschbelästigungen oder auch die Behinderung der Aussicht in Betracht. Maßgebend ist die gegenwärtige Nutzung. Verweigert der Nachbar die Einwilligung grundlos, so kann der Nachbar auf Einwilligung klagen.

Natürlich kann der **Nachbar Verstöße** gegen das **Abstandsflächengebot** auch vor den **Verwaltungsgerichten** geltend machen, da die entsprechenden Bestimmungen gleichzeitig **nachbarschützende Normen** im Sinne des Baurechts sind. Ist eine **Baugenehmigung** erteilt, so bestehen hier die Möglichkeit von **Anfechtungswiderspruch und -klage** nach den Vorgaben der Verwaltungsgerichtsordnung. Bei Abstandsunterschreitungen ist in der Regel **nicht erforderlich,** dass neben der reinen Verletzung der nachbarschützenden Vorschrift auch **eine tatsächliche Beeinträchtigung vorliegt** (vgl. hierzu auch BVerwG, NVwZ 1985 S. 39; OVG Münster, BauR 1996 S. 35). Nach Auffassung des OVG Münster (NVwZ-RR 1999 S. 714) steht dem Nachbarn in diesen Fällen regelmäßig sogar ein Beseitigungsanspruch zu, es sein denn, das Abwehrbegehren führt zu keinem faktischen Vorteil des Nachbarn und würde letztlich nur auf eine Schädigung des Bauherrn hinauslaufen.

Liegt **keine Baugenehmigung** vor, weil das Vorhaben keiner Genehmigung bedarf, so kann per **Verpflichtungsklage** gemäß § 113 Abs. 5 VwGO die **Baubehörde zum Einschreiten aufgefordert** werden. Der Nachbar hat gegenüber der Baubehörde grundsätzlich jedoch nur einen Anspruch auf eine ermessensfehlerfreie Entscheidung. Je nach Fallgestaltung kann sich allerdings eine Ermessensreduzierung auf Null und damit ein Rechtsanspruch auf Tätigwerden der Baubehörde ergeben. Hierzu zählen insbesondere hohe Störungs- und Gefährdungsgrade der Nachbarschaft. **Rechtschutz** im Wege einer **einstweiligen Anordnung** im Sinne von § 123 VwGO kommt insbesondere gegen Bauarbeiten bei genehmigungsbedürftigen, aber **nicht genehmigten Vorhaben** in Betracht.

Das **öffentliche Abwehrrecht** kann jedoch **verwirken,** wenn der Nachbar seine Einwendungen verspätet erhebt oder aber durch sein Verhalten beim Bauherrn den berechtigten

Eindruck erweckt, er werde keine Einwendungen gegen das Bauvorhaben vorbringen (BVerwG, NVwZ 1991 S. 1182). Darüber hinaus können **Abwehrrechte** auch **durch Verzicht ausgeschlossen** sein, wenn also der Nachbar im Vorfeld dem Bauvorhaben (z. B. durch Unterzeichnung der Lagepläne) zugestimmt hat. Der Verzicht bindet auch den Rechtsnachfolger, wenn sich das Abwehrrecht aus Normen ergibt, deren nachbarschützende Wirkungen sich auf das Grundstück beziehen (OVG Münster, Urt. vom 2.9.2010 – 10 A 2616/08 –).

§ 2
Ausnahmen

§ 1 Abs. 1 Satz 1 gilt nicht

a) soweit nach öffentlich-rechtlichen Vorschriften an die Grenze gebaut werden muß;

b) für gemäß § 6 Abs. 8 der Landesbauordnung 2018 vom 21. Juli 2018 (GV. NRW. S. 421) in der jeweils geltenden Fassung zulässige bauliche Anlagen sowie für überdachte Sitzplätze, oberirdische Nebenanlagen für die örtliche Versorgung und für den Wirtschaftsteil einer Kleinsiedlung,

c) gegenüber Grenzen zu öffentlichen Verkehrsflächen, zu öffentlichen Grünflächen und zu oberirdischen Gewässern von mehr als 3 m Breite (Mittelwasserstand);

d) wenn das Gebäude bei Inkrafttreten dieses Gesetzes öffentlich-rechtlich genehmigt ist und die Abstände dem bisherigen Recht entsprechen oder wenn an die Stelle eines solchen Gebäudes ein anderes tritt, mit dem der Mindestgrenzabstand von 2 m nur in dem bisherigen Umfang unterschritten wird;

e) soweit nach den bei Inkrafttreten dieses Gesetzes geltenden öffentlich-rechtlichen Vorschriften anders gebaut werden muß.

Erläuterungen

Vom Grundsatz der Einhaltung von Abstandsvorschriften nach § 1 Abs. 1 Satz 1 NachbG NRW werden verschiedene Ausnahmen zugelassen. Die erste gesetzliche Ausnahme betrifft im Prinzip das öffentliche Bauordnungs- und -planungsrecht. Bestehen hier zwingende baurechtliche Vorgaben (z. B. durch entsprechende Festsetzungen im Bebauungsplan), finden die nachbarrechtlichen Grenzabstandsregelungen keine Anwendung..

Durch die zwischenzeitlich eingetretenen Änderungen der nordrhein-westfälischen Bauordnung zum 1.1.2019, ist der bisherige Verweis in § 2 Buchst. b NachbG NRW überholt. Mit der Änderung von § 2 Buchst. b NachbG NRW wird auf den neugefassten § 6 Abs. 8 BauO NRW 2018 Bezug genommen, mit der Folge, dass die dort genannten baulichen Anlagen auch nach dem privaten Nachbarrecht hinsichtlich der einzuhaltenden Grenzabstände privilegiert werden. Diese nach den Voraussetzungen des § 6 Abs. 8 BauO NRW 2018 zulässigen Gebäude bzw. Gebäudeteile dürfen den grundsätzlich einzuhaltenden Mindestabstand nach § 1 Abs. 1 NachbG NRW unterschreiten. Auf diese Weise wird erneut ein Gleichauf mit den öffentlich-rechtlichen Vorgaben aus der Bauordnung erreicht.

Gegenüber der bisherigen Regelung, die Garagen, Gewächshäuser und Gebäude zu Abstellzwecken erfasste, wurde der Katalog privilegierter baulicher Anlagen durch den Verweis auf § 6 Abs. 8 BauO NRW 2018 erweitert auf sämtliche der dort aufgeführten baulichen Anlagen. Dies sind Gebäude ohne Aufenthaltsräume und Garagen (Nr. 1), Feuerstätten und Wärmepumpen (Nr. 2), Zufahrten zu Tiefgaragen und überdachte Stellplätze (Nr. 3), Aufzüge zu Tiefgaragen (Nr. 4), Solaranlagen (Nr. 5) sowie Stützmauern und geschlossene Einfriedigungen (Nr. 6). Damit erfasst die Regelung nicht nur eigenständige Gebäude, sondern auch Gebäudeteile.

Von der bisherigen Aufzählung dieser nach der Bauordnung privilegierten Gebäudetypen, wird bei der Anpassung des Verweises abgesehen. Aufgrund der Erweiterung des Kataloges der baurechtlich privilegierten baulichen Anlagen würde eine vollständige Aufzählung zu Lasten der Verständlichkeit gehen. Neben den Ausnahmen nach der Bauordnung werden im privaten Nachbarrecht weiterhin überdachte Sitzplätze sowie oberirdische Nebenanlagen für die örtliche Versorgung und der Wirtschaftsteil einer Kleinsiedlung abstandsrechtlich privilegiert.

§ 1 Abs. 1 Satz 1 NachbG NRW gilt ferner nicht gegenüber Grenzen zu öffentlichen Verkehrsflächen, zu öffentlichen Grünflächen und zu oberirdischen Gewässern von mehr als 3 m Breite (Mittelwasserstand). Öffentliche Verkehrsflächen sind öffentliche Straßen, Wege und Plätze, die dem öffentlichen Verkehr gewidmet sind (§ 2 StrWG). Öffentliche Grünflächen sind öffentliche Parkanlagen, Spielplätze, Rasenflächen, aber auch Friedhöfe, soweit sie im Gemeingebrauch stehen. Gewässer im Sinne der Regelung sind alle stehenden und fließenden oberirdischen Gewässer ohne Rücksicht darauf, ob es im Einzelfall ein öffentliches oder privates Gewässer ist. Maßgeblich ist hier der Mittelwasserstand von mehr als 3 m Breite. Das ist der durchschnittliche Wasserstand, den das Gewässer während des Jahres hat. Vgl. hierzu auch § 5 Abs. 3 LWG. Für Gebäude, die bereits vor Inkrafttreten des Gesetzes errichtet worden sind oder deren Errichtung bereits behördlich genehmigt ist, gelten die Grenzabstandsregelungen ebenfalls nicht. Dies gilt auch für Gebäude, die durch ein anderes ersetzt werden, sofern der Mindestabstand von 2 m nur in dem bisherigen Umfang unterschritten wird. Es handelt sich um Fälle der Besitzstandswahrung. Vgl. zur Abweisung eines Beseitigungsanspruchs in Zusammenhang einer baurechtlich genehmigten Erhöhung einer Gebäudeabschlusswand und die Errichtung einer Terrassenüberdachung, VG Gelsenkirchen, Beschl. vom 2.1.2014 – 5 K 1658/13 –.

§ 3
Ausschluß des Anspruchs

(1) Der Anspruch auf Beseitigung eines Gebäudeteils, mit dem ein geringerer als der in § 1 Abs. 1 Satz 1 vorgeschriebene Abstand eingehalten wird, ist ausgeschlossen, wenn

a) der Eigentümer des Nachbargrundstücks den Bau- und den Lageplan über den Gebäudeteil, mit dem der Abstand unterschritten werden soll, erhalten und er nicht binnen drei Monaten schriftlich gegenüber dem Bauherrn, dessen Name und Anschrift aus dem Bauplan ersichtlich sein muß, die Einhaltung des Abstands verlangt hat;

b) der Eigentümer des bebauten Grundstücks, der Bauherr, der Architekt oder der Bauunternehmer den nach § 1 Abs. 1 Satz 1 vorgeschriebenen Abstand bei der Bauausführung weder vorsätzlich noch grob fahrlässig nicht eingehalten hat, es sei denn, daß der Eigentümer des Nachbargrundstücks sofort nach der Abstandsunterschreitung Widerspruch erhoben hat;

c) das Gebäude länger als drei Jahre in Gebrauch ist.

Der Anspruch unterliegt nicht der Verjährung.

(2) Der Eigentümer des bebauten Grundstücks hat dem Eigentümer des Nachbargrundstücks, der die Nichteinhaltung des Abstands nur aus den Gründen des Absatzes 1 Buchstabe b) oder c) hinnehmen muß, den durch die Verringerung der Nutzbarkeit des Nachbargrundstücks eingetretenen Schaden zu ersetzen. Mindestens ist eine Entschädigung in Höhe der Nutzungsvorteile zu zahlen, die auf dem bebauten Grundstück durch die Abstandsunterschreitung entstehen. Der Anspruch wird fällig, sobald die Abstandsunterschreitung hinzunehmen ist.

Erläuterungen

1. Die Gebäudeerrichtung unter **Missachtung** der **Grenzabstandsregelung** löst in der Regel einen **Beseitigungsanspruch nach § 1004 BGB** aus. Dieses Beseitigungsrecht wird nach § 3 NachbG NRW in drei Fällen ausgeschlossen. Im ersten Fall erlischt der Anspruch, wenn der Eigentümer des Nachbargrundstücks den Bau- und Lageplan über den Gebäudeteil, mit dem der Abstand unterschritten wird, erhalten hat und die Einhaltung des gesetzlichen Abstandes nicht innerhalb von drei Monaten schriftlich gegenüber dem Bauherrn verlangt wird. Der Fristlauf beginnt also hier mit dem Erhalt (Übergabe) des Bau- und Lageplanes. Die reine Kenntnis der Baupläne löst keinen Fristlauf aus. Zur Begriffsdefinition des Bau- und des Lageplanes kann auf die Vorgaben des Bauordnungsrechts zurückgegriffen werden. Aus den Plänen muss sich die Unterschreitung des Grenzabstandes ergeben. Werden die Pläne nach Übergabe geändert, so muss der Nachbar die geänderten Pläne erhalten, wodurch gleichzeitig ein neuer Fristlauf in Gang gesetzt wird. Wesentlich ist auch, dass die Planunterlagen den Namen und die Anschrift des Bauherrn enthalten müssen. Ähnlich wie bei der Verwirkung von Nachbarrechten kann ein Grundstücksnachbar bei Kenntnis der Baupläne seinen Anspruch verlieren, wenn er durch positives Tun signalisiert, dass er mit der Unterschreitung der Grenzabstände einverstanden ist.

> *Beispiel:*
>
> *Grundstückseigentümer Listig ist seinem Grundstücksnachbarn bei der Errichtung eines Gebäudeteiles behilflich, das unter Verletzung der Grenzabstandsregelung entsteht, obwohl ihm das rechtswidrige Verhalten ausdrücklich bekannt ist.*

Die Bestimmung verlangt im Übrigen, dass die Einhaltung der Grenzabstände schriftlich eingefordert wird. Insoweit gelten die Formvorschriften des Bürgerlichen Gesetzbuches (vgl. § 125 BGB) und die Folgen der Unterlassung.

Die zweite Ausnahme ist angelegt an die Vorgaben des rechtmäßigen Überbaus im Sinne von § 912 BGB (vgl. hierzu *Stollenwerk,* DWW 1997 S. 375). Auf die entsprechenden Voraussetzungen kann im Einzelfall zurückgegriffen werden. Die dritte Ausnahme umfasst Fälle, die aus Gründen der Rechtssicherheit und des Rechtsfriedens aufgenommen wurden. Der Beseitigungsanspruch wird ausgeschlossen, wenn der Nachbar nicht binnen drei Jahren nach Ingebrauchnahme des Gebäudeteils diesen geltend macht. Die Frist wird nur gewahrt, wenn die Klageschrift vor Fristablauf bei dem zuständigen Gericht eingegangen ist. Die Fristberechnung erfolgt nach §§ 187 ff. BGB. Die Beweislast für die Übergabe der Bau- und Lagepläne trägt im Falle des Abs. 1 Buchst. a derjenige, der den Grenzabstand nicht eingehalten hat. Er muss auch beweisen, dass der Nachbar nicht oder nicht rechtzeitig Widerspruch erhoben hat. In der Praxis kann es schwierig sein den letztgenannten Nachweis zu erbringen. Hierbei darf jedoch nicht unberücksichtigt bleiben, dass der Bauherr den Grenzabstand unterschreiten will ohne zuvor die Abstimmung mit dem Nachbarn zu suchen (so auch *Schäfer,* § 3 Rn. 21). Im Falle Buchst. b trägt der bauende Eigentümer die Beweislast dafür, dass ihn bzw. den Bauausführenden kein Verschulden im Sinne der Vorschrift trifft. Im Falle Buchst. c hat der Überbauende die Beweislast für den Beginn des Fristenlaufs.

2. Ein **Entschädigungsanspruch** im Sinne von Absatz 2 entsteht nur, wenn die Unterschreitung des Grenzabstandes geduldet werden muss. Die Anspruchshöhe bemisst sich nach der Minderung des Grundstücks durch die Unterschreitung des gesetzlichen Abstandes. In aller Regel wird hier eine Entschädigung in Geld erfolgen, da eine Naturalrestitution im Sinne von §§ 249 ff. BGB im Prinzip nur durch einen Gebäudeabriss erfolgen könnte. Die Entschädigung erfolgt durch eine **Einmalzahlung,** da eine analoge Anwendung des § 912 Abs. 2 BGB nicht gesetzlich geregelt wird (vgl. hierzu *Büchel,* ZMR 1968 S. 1).

II. ABSCHNITT
FENSTER- UND LICHTRECHT

§ 4
Umfang und Inhalt

(1) In oder an der Außenwand eines Gebäudes, die parallel oder in einem Winkel bis zu 60° zur Grenze des Nachbargrundstücks verläuft, dürfen Fenster, Türen oder zum Betreten bestimmte Bauteile wie Balkone und Terrassen nur angebracht werden, wenn damit ein Mindestabstand von 2 m von der Grenze eingehalten wird. Das gilt entsprechend für Dachfenster, die bis zu 45° geneigt sind.

(2) Von einem Fenster, das

a) mit Einwilligung des Eigentümers des Nachbargrundstücks,

b) vor mehr als 3 Jahren im Rohbau oder

c) gemäß dem bisherigen Recht angebracht worden ist,

muß mit später errichteten Gebäuden ein Mindestabstand von 2 m eingehalten werden. Dies gilt nicht, wenn das später errichtete Gebäude den Lichteinfall in das Fenster nicht oder nur geringfügig beeinträchtigt.

(3) Die Abstände sind waagerecht vom grenznächsten Punkt der Einrichtung oder des Gebäudes aus rechtwinklig zur Grenze zu messen.

(4) Die Abstände dürfen nur mit schriftlicher Einwilligung des Eigentümers des Nachbargrundstücks unterschritten werden. Die Einwilligung darf nicht versagt werden, wenn keine oder nur geringfügige Beeinträchtigungen zu erwarten sind.

(5) Lichtdurchlässige, jedoch undurchsichtige und gegen Feuer ausreichend widerstandsfähige Bauteile von Wänden, die weder auf noch unmittelbar an der Grenze errichtet sind, gelten nicht als Fenster.

Erläuterungen

1. Unter **Fensterrecht** versteht man Regelungen, die festlegen, ob und wie der Grundstückseigentümer Fenster anlegen darf bzw. inwieweit er von seinem Nachbarn verlangen kann, dass dieser die Fenster und Balkone in besonderer Weise ausgestaltet. Der Grundgedanke des Fensterrechts ist, dass ein Grundstückseigentümer vor Beeinträchtigungen geschützt werden soll, wobei der Gesetzgeber entweder an eine Beeinträchtigung durch Einsichtnahme oder durch Hinauswerfen von Gegenständen u. Ä. aus dem Fenster dachte. Als **Fenster** werden **Lichtöffnungen jeder Art** bezeichnet, wobei es irrelevant ist, welchen Zweck sie erfüllen. Aus diesem Grunde werden auch Glasbausteine als Fenster angesehen, ebenso Kellerfenster, sofern sie einen Blick über den Kellerschacht hinaus gewähren. Dem Fenster werden Türen gleichgestellt, ebenso Balkone, Terrassen und ähnliche Bauteile (demnach Loggien, Galerien, Erker, Veranden, auch Sitzplätze unter einem Dachüberstand), die einen Ausblick zum Nachbargrundstück gewähren. Hierzu gehören aber keine Kraftfahrzeugstellplätze (AG Bernkastel-Kues, Urt. vom 6.11.1997 – 4 C 354/97 –). Überflüssig ist auch die Diskussion über die Frage, ob auch Luken oder sonstige Lichtöffnungen den Türen zugerechnet werden können, weil sie im Zweifelsfalle zu den Fenstern gehören. Mit den genannten Bauteilen ist grundsätzlich ein Abstand zur Nachbargrenze von 2 m einzuhalten; der Abstand wird waagerecht von der grenznächsten Stelle dieses Bauteils bis zur eigenen Grundstücksgrenze rechtwinklig gemessen. Erfasst werden nur die Bauteile in Außenwänden, die parallel oder in einem Winkel bis 60 Grad zur Grenze des Nachbarn verlaufen. Ist der Winkel größer, greifen die Beschränkungen nicht ein. Eine Unterschreitung des Mindestabstandes ist nur mit Einwilligung des Nachbarn zulässig. Eine Schriftform ist sicherlich sinnvoll, bedarf es aber nach der Gesetzeslage nicht (OLG

Düsseldorf, Urt. vom 12.4.2010 – 9 U 155/09 –). Das BGB enthält keine Regelungen zum Fenster- und Lichtrecht, weshalb ein Grundstückseigentümer nach Bundesrecht grundsätzlich nicht verpflichtet ist, von einem Bauvorhaben abzusehen, weil dadurch dem Nachbargrundstück Licht entzogen werde. In besonderen Härtefällen könnte sich evtl. eine solche Verpflichtung aus dem nachbarlichen Gemeinschaftsverhältnis ergeben.

2. Absatz 2 spricht das Lichtrecht an. Hierdurch soll der Grundstückseigentümer vor einer unzumutbaren Beeinträchtigung des Lichteinfalls in Fenster geschützt werden (BGH, MDR 1979 S. 1009). Einschränkungen des Lichteinfalls werden durch später errichtete Gebäude ausgelöst, wobei die Bestimmung auch auf Fälle anwendbar ist, die ähnliche Beeinträchtigungen verursachen (so etwa Eisenträger oder durch eine ortsfeste Krananlage, vgl. hierzu BGH, MDR 1979 S. 1009 und NJW 1992 S. 2570). Eine etwaige Zustimmung des Grundstückseigentümers wirkt nicht nur gegen den Gesamtrechtsnachfolger, sondern auch gegen den Einzelrechtsnachfolger (Käufer), wenn das Fenster beim Eintritt in die Rechtsnachfolge bereits angelegt war. Hier ist die Fertigstellung des Rohbaus maßgebend. Der Gesetzgeber sieht eine Rechtfertigung der Vorschrift in dem Umstand des Vertrauensschutzes des Nachbarn, der sich auf eine einmal abgegebene formgebundene und formgerechte Einwilligung verlassen können will. Eine erteilte Einwilligung bezieht sich, vorbehaltlich besonderer anderer Vereinbarungen, ausschließlich auf ursprünglich angelegte Fenster und nicht auf Ersatzbauten. Ohne Einwilligung sind die Fenster geschützt, die vor mehr als drei Jahren im Rohbau oder nach dem bisherigen Recht entsprechend angebracht worden sind, ohne Rücksicht darauf, ob der Eigentümer bereits ein Lichtrecht erworben hatte oder nicht. Ein Fenster im Rohbau ist angebracht, sobald Aussparungen im Mauerwerk erkennen lassen, dass es sich um eine Fensteröffnung handelt. Geschützt sind darüber hinaus nur Fenster.

Vgl. zur Verjährung des Fenstereinbaus, der gegen nachbarrechtliche Bestimmungen verstößt und für den keine Baugenehmigung vorliegt, OLG Köln, DWW 1994 S. 184; im Übrigen auch BGH, NJW 1982 S. 2382. Beim Fensterrecht gibt es grundsätzlich keinen Bestandsschutz (OLG Bbg, NJ 2007 S. 224).

3. Absatz 3 regelt wie zu messen ist. Der **Abstand wird waagerecht von der grenznächsten Stelle der Einrichtung** oder des Gebäudes bis zur eigenen Grundstücksgrenze rechtwinklig gemessen. Mit dem Begriff „Einrichtung" sind hier das in Betracht kommende Fenster, die Tür, der Balkon usw. gemeint. Der grenznächste Punkt dieser Einrichtung ist für den 2 m-Abstand maßgeblich. Messpunkt ist der Fenster- oder Türrahmen, nicht das Mauerwerk, das die Wandöffnung umschließt. Bei Balkonen und Terrassen wird von der Außenkante des Teils der Fläche an gemessen, der noch betreten werden kann. Die Außenwand selbst braucht nicht von jedem Punkt der Grenze aus den Mindestabstand einzuhalten.

4. Da der Grenzabstand ausschließlich dem Interesse des Nachbarn, nicht aber öffentlichen Interessen dient, kann auch mit **geringerem Abstand gebaut** werden, wenn der Eigentümer des Nachbargrundstücks seine **schriftliche Einwilligung** erklärt hat. Die an die Schriftform zu stellenden Anforderungen ergeben sich aus § 126 BGB. Da die Schriftform gesetzlich vorgeschrieben ist, ist eine nur mündlich erteilte Einwilligung nichtig (vgl. § 125 BGB). Wenn § 183 BGB die Einwilligung als vorherige Zustimmung definiert, ist hier gleichwohl eine nachträgliche Zustimmung, die nach § 184 BGB als Genehmigung bezeichnet wird, möglich und zulässig, wenn sie nur dem Erfordernis der Schriftform genügt. Eine schriftliche Zustimmung kann noch nicht ohne weiteres darin gesehen werden, dass der Nachbar die vom Erbauer erstellten und die Abstandsunterschreitung sichtbar machenden Lagepläne und Bauzeichnungen unterschrieben hat. Es besteht ein einklagbarer Anspruch auf die Zustimmung, wenn durch die Abstandsunterschreitung keine oder nur geringfügige Beeinträchtigungen zu erwarten sind. Zu berücksichtigen ist jedes private Interesse des Nachbarn, auch ideelle oder immaterielle Interessen (vgl. BGH, DB 1976 S. 1057), so etwa der Entzug von Licht, Einblick in das Nachbargrundstück, aber auch

Geruchs- und Geräuschbelästigungen, Mithörmöglichkeiten. Geringfügigkeit kann bejaht werden, wenn die Beeinträchtigungen auch bei Einhaltung des Abstandes nicht geringer wären (vgl. LG Lübeck, Urt. vom 19.11.1971 – 1 S 65/71 –). Die Zustimmung gilt, sofern keine besonderen Vereinbarungen getroffen worden sind, nicht für Ersatzbauten nach Abriss oder Zerstörung. Auch die baubehördliche Genehmigung des Fensters kann die fehlende Zustimmung nicht ersetzen. Fenster, Türen usw., die ohne Einwilligung des Nachbarn nicht den gesetzlich vorgeschriebenen Grenzabstand haben, sind auf Verlangen des Nachbarn zu beseitigen, sofern die §§ 5 und 6 NachbG NRW nicht greifen. In diesen Fällen besteht ein nach § 1004 BGB einklagbarer Anspruch.

5. Lichtdurchlässige undurchsichtige Bauteile erfüllen nach Absatz 5 nicht den Begriff eines Fensters, sofern also keine anderen Gründe entgegenstehen, sind sie im dichteren Abstand zulässig.

§ 5
Ausnahmen

§ 4 Abs. 1 und 2 gilt nicht

a) soweit nach öffentlich-rechtlichen Vorschriften anders gebaut werden muß;

b) gegenüber Grenzen zu öffentlichen Verkehrsflächen, zu öffentlichen Grünflächen und zu oberirdischen Gewässern von mehr als 3 m Breite (Mittelwasserstand);

c) für Stützmauern, Hauseingangstreppen, Kellerlichtschächte, Kellerrampen und Kellertreppen;

d) wenn die Einrichtung oder das Gebäude bei Inkrafttreten dieses Gesetzes öffentlich-rechtlich genehmigt ist und die Abstände dem bisherigen Recht entsprechen oder wenn an deren Stelle eine andere Einrichtung oder ein anderes Gebäude tritt, mit denen der Mindestgrenzabstand von 2 m nur in dem bisherigen Umfang unterschritten wird.

Erläuterungen

Die Vorschriften über das **Fenster- und Lichtrecht finden keine Anwendung**

a) wenn nach öffentlich-rechtlichen Vorschriften anders gebaut werden muss. Die Ausnahmeregelung soll verhindern, dass öffentlich-rechtliche Vorgaben (z. B. durch Bebauungsplan) im Widerspruch zum privaten Nachbarrecht stehen können.

b) gegenüber Grenzen zu öffentlichen Verkehrsflächen, öffentlichen Grünflächen und oberirdischen Gewässern von mehr als 3 m Mittelwasserstand. Das Nachbarrecht dient lediglich dem Schutz des individuellen Nachbarn. Bzgl. der Begriffsdefinitionen kann auf die Erl. zu § 2 NachbG NRW Bezug genommen werden.

c) für Stützmauern, Hauseingänge, Kellerlichtschächte, -rampen- und -treppen. Durch die genannten Anlagen wird gesetzlich vermutet, dass sie keine wesentlichen Beeinträchtigungen auslösen.

d) wenn die Einrichtung oder das Gebäude bereits bei Inkrafttreten des Gesetzes öffentlich-rechtlich genehmigt ist und die bisherigen Abstände eingehalten wurden. Demnach besteht ein Beseitigungsrecht gegenüber Einrichtungen, wenn diese weder dem alten noch dem neuen Nachbarrecht entsprechen. Zum Beseitigungsausschluss vgl. § 6 NachbG NRW.

§ 6
Ausschluß des Beseitigungsanspruchs

Für den Ausschluß des Anspruchs auf Beseitigung einer der in § 4 Abs. 1 genannten Einrichtungen oder eines Gebäudes, mit denen ein geringerer als der vorgeschriebene Abstand (§ 4 Abs. 1, 2) eingehalten wird, gilt § 3 entsprechend.

Erläuterungen

Durch die entsprechende Anwendung von § 3 NachbG NRW wird ein Anspruch auf Beseitigung von Störungen des Fenster- und Lichtrechts nach § 4 NachbG NRW unter den gleichen Voraussetzungen ausgeschlossen wie bei der Unterschreitung von Grenzabständen.

III. ABSCHNITT
NACHBARWAND

§ 7
Begriff

Nachbarwand ist die auf der Grenze zweier Grundstücke errichtete Wand, die den auf diesen Grundstücken errichteten oder zu errichtenden baulichen Anlagen als Abschlußwand oder zur Unterstützung oder Aussteifung dient oder dienen soll.

Erläuterungen

Eine **Nachbarwand** ist die auf der Grenze stehende Wand, welche früher als **„Kommunmauer"** (gemeinsame Mauer) bezeichnet wurde. Rechtsfragen im Zusammenhang mit Grenz- oder Nachbarwänden tauchen zwar im „alltäglichen Nachbarrecht" nicht gerade häufig auf. Wenn sie aber zum Thema werden, dann sollten sich die Betroffenen auf jeden Fall fachkundig beraten lassen. Vor allem mit der Errichtung der Nachbarwand bindet man sich sehr eng an seinen Nachbarn. Eine **Nachbarwand** ist die auf der **Grenze zweier Grundstücke errichtete Wand,** die den auf diesen Grundstücken errichteten oder zu errichtenden Gebäuden als Anschlusswand oder zur Unterstützung oder Aussteifung dienen soll. Der Begriff der baulichen Anlage wird im § 1 Abs. 2 Satz 2 NachbG NRW definiert und umfasst die mit dem Erdboden verbundenen, aus Baustoffen und Bauteilen hergestellten Anlagen.

Zur Unterstützung dient die Wand, wenn sie Kräfte aus anderen Bauteilen aufnehmen soll; das wird bei einem Anbau etwa der Fall sein, wenn Decke oder Dach in die Wand eingelegt oder auf sie aufgelegt wird (*Bauer/Schlick,* § 3 Rdn. 16 zur vergleichbaren Vorschrift im NRG Rheinland-Pfalz/Saarland). Zur „Aussteifung" dient die Wand, wenn sie beiden Bauwerken zur Unterstützung ihrer Anschlusswände dient, die neben der Grundstücksgrenze errichtet werden, sonst aber nicht hinreichend standsicher wären. Eine Nachbarwand liegt demnach nicht vor, wenn ein Teil der Wand ganz auf dem Grundstück des Erbauers liegt. Nicht erforderlich ist, dass die betroffenen Grundstücke im Eigentum verschiedener Personen stehen. Die Eigentumsverhältnisse an der Nachbarwand regeln sich nach den Vorgaben des Bürgerlichen Gesetzbuches, insbesondere der §§ 921 ff.

§ 8
Voraussetzungen der Errichtung

Der Eigentümer eines Grundstücks darf eine Nachbarwand errichten, wenn

1. **die Bebauung seines und des benachbarten Grundstücks bis an die Grenze vorgeschrieben oder zugelassen ist und**

2. der Eigentümer des Nachbargrundstücks schriftlich einwilligt.

Erläuterungen

Die **Befugnis,** eine **Nachbarwand zu errichten,** ist an **zwei Voraussetzungen** geknüpft:

1. Die Bebauung bis an die Grenze muss öffentlich-rechtlich vorgeschrieben oder zulässig sein
   und
2. der Eigentümer des Nachbargrundstücks willigt schriftlich ein.

In erster Linie sind zu Nr. 1 die Festsetzungen im Bebauungsplan maßgebend. Die baurechtliche Zulässigkeit orientiert sich am formellen (Vorliegen einer Baugenehmigung) und materiellen (bauplanungsrechtliche Zulässigkeit) Baurecht und die Ausführung darf nicht im Widerspruch zum öffentlichen Baurecht stehen.

Der Begriff der **Einwilligung** orientiert sich an den Vorgaben des § 183 BGB. Vor Errichtung des Bauwerkes ist die Zustimmung zu erklären. Das bedeutet allerdings nicht, dass auch eine nachträgliche Zustimmung (Genehmigung) unzulässig ist, sofern sie schriftlich erfolgt. Auch die Unterzeichnung der vom Nachbarn vorgelegten Baupläne und Bauzeichnungen durch den Grundstückseigentümer kann eine schriftliche Zustimmung darstellen. Bis zur Erteilung einer Genehmigung handelt es sich nicht um eine Nachbarwand im Sinne des Gesetzes. Die Einwilligung ist eine empfangsbedürftige Willenserklärung. Sie ist wegen der weitreichenden Bedeutung nicht frei widerruflich, jedoch gelten die Bestimmungen über Willensmängel nach §§ 118 ff. BGB entsprechend. Es steht im freien Belieben des Nachbarn, ob er seine Einwilligung zur Errichtung einer Nachbarwand erteilt. Die Rechtsnatur der Zustimmung ist umstritten. Sie ist als ein schuldrechtlicher Gestattungsvertrag anzusehen, der mit Erteilung der Zustimmung stillschweigend geschlossen wird (vgl. hierzu auch *Bassenge/Olivet*, Rn. 4 zu § 4). Sie kann auch unter Bedingungen und Auflagen erteilt werden.

Ist eine Nachbarwand ohne Einwilligung errichtet worden und wird auch nachträglich die Zustimmung nicht erteilt, so liegt ein Überbau im Sinne von § 912 BGB vor. Ihn hat der Nachbar nur zu dulden, wenn er als so genannter entschuldigter Überbau anzusehen ist. Andernfalls besteht ein Beseitigungsanspruch nach § 1004 BGB. Bei Gesamtrechtsnachfolge wirkt die einmal erteilte Einwilligung für und gegen den Rechtsnachfolger. Bei Sonderrechtsnachfolge (bei Kauf) wirkt die vom oder gegenüber dem Voreigentümer erklärte Einwilligung grundsätzlich nicht weiter, es sei denn, die Errichtung ist bereits vollendet bzw. mit ihr wurde bereits begonnen.

§ 9
Beschaffenheit

(1) Die Nachbarwand ist in der für ihren Zweck erforderlichen Art und Dicke auszuführen.

(2) Auf Verlangen des Eigentümers des Nachbargrundstücks ist der Erbauer einer Nachbarwand verpflichtet, die Wand in einer solchen Bauart zu errichten, daß bei der Bebauung des Nachbargrundstücks zusätzliche Baumaßnahmen vermieden werden. Der Eigentümer des Nachbargrundstücks kann das Verlangen nur so lange dem Bauherrn gegenüber stellen, bis der Bauantrag eingereicht ist.

Erläuterungen

1. In Absatz 1 ist davon abgesehen werden, eingehende Regelungen für die Ausführung der Nachbarwand zu treffen. Die **„erforderliche Art und Dicke"** der Wand ergibt sich aus den **beabsichtigten Vorhaben** beider Nachbarn. Öffentlich-rechtliche Bauvorschriften sind zu beachten. Die Nachbarwand soll beiden Nachbarn dienen und muss deshalb den

Erfordernissen beider Bauvorhaben gerecht werden. Oft steht zur Zeit der Errichtung der Nachbarwand noch nicht fest, ob und wie das Nachbargrundstück bebaut werden kann. Dann braucht der Erbauer die Wand nur so herzurichten (Dicke, Gründungstiefe, Standfestigkeit, Material und alle anderen bautechnischen Einzelheiten und Eigenschaften), dass ein gleiches Bauwerk wie sein eigenes angebaut wird. Dient sie z. B. dem eigenen Bauwerk nicht als tragende Wand, so braucht sie auch dem Bauwerk auf dem Nachbargrundstück nur als Verwandung und nicht als tragende Wand zu dienen (vgl. OLG Düsseldorf, NJW 1966 S. 2313). Entspricht die Wand nicht der gesetzlichen oder vereinbarten Beschaffenheit, so wird sie nicht durch die Zustimmung des Nachbarn gedeckt und ist damit keine Nachbarwand, sondern Überbau.

2. Absatz 2 zielt insbesondere auf den Fall ab, dass der Nachbar ein **andersartiges Vorhaben** als der erste Bauherr plant und dadurch die Nachbarwand weiteren Anforderungen genügen muss, als sie sich aus dem Vorhaben des Bauherrn ergeben. Bei Auslegungsfragen im Einzelfall ist von dem Sinn der Vorschrift auszugehen, wonach aus Gründen der Wirtschaftlichkeit kostenaufwendige Änderungen für die Nachbarwand, die durch den späteren Anbau erforderlich werden könnten, vermieden werden sollen. Die Erstattung entstehender Mehrkosten erfolgt nach § 11 NachbG NRW. Hiernach wird auch geregelt, dass der Erbauer die besondere Errichtungsart von der Zahlung eines Vorschusses abhängig machen kann (vgl. § 11 Abs. 1 letzter Satz NachbG NRW). Das Verlangen einer besonderen Bauart kann jedoch nur bis zur Einreichung des Bauantrages gestellt werden, es sei denn, zu diesem Zeitpunkt wurde noch keine Einwilligung nach § 8 Nr. 2 NachbG NRW eingeholt. Liegen die Voraussetzungen für die besondere Gründung nach § 9 Abs. 2 NachbG NRW vor und kommt der Nachbar dem Verlangen nicht nach, wird er schadensersatzpflichtig nach den Grundsätzen der Nichterfüllung (§§ 280, 249 BGB).

§ 10
Standort

Erfordert keines der beiden Bauvorhaben eine größere Dicke der Wand als das andere, so darf die Nachbarwand höchstens mit der Hälfte ihrer notwendigen Dicke auf dem Nachbargrundstück errichtet werden. Erfordert der auf dem einen der Grundstücke geplante Bau eine dickere Wand, so ist die Wand mit einem entsprechend größeren Teil ihrer Dicke auf diesem Grundstück zu errichten.

Erläuterungen

§ 10 NachbG NRW macht Aussagen zum **Standort der Nachbarwand.** Sind die beiderseitigen Bauvorhaben gleichartig, so darf die Nachbarwand mit der Hälfte ihrer Dicke (mittig) auf die Grenze gestellt werden. Aus dem Wort „höchstens" folgt, dass der Erbauer sie auch weiter auf sein Grundstück stellen darf. Der Erbauer muss weiter auf seinem Grundstück bleiben, wenn er die Wand dicker als erforderlich macht oder wenn sein Bauvorhaben eine dickere Wand erfordert. Die Wand darf dann nur mit dem Teil ihrer Dicke auf dem Nachbargrundstück stehen, der der halben Dicke einer Wand entspricht, die sich nach den Erfordernissen des Bauvorhabens auf dem Nachbargrundstück bemisst. Erfordert das Bauvorhaben auf dem Nachbargrundstück eine dickere Wand, so muss die Einrichtung einer dickeren Wand vereinbart werden. Der Erbauer ist dann berechtigt, die Wand so weit auf das Nachbargrundstück zu stellen, dass sein eigenes Grundstück nur in einem Umfang beansprucht wird, das der halben Dicke einer nach den Erfordernissen des Bauvorhabens bemessenen Wand entspricht. Aus dem Wort „höchstens" folgt auch hier, dass der Erbauer sie auf sein Grundstück stellen darf.

Beispiel:

Der Grundstückseigentümer der Fläche A benötigt für die Errichtung eines Gebäudes auf dem Grundstück und einem gleichartigen Anbau auf dem Nachbargrund-

stück B eine Wanddicke von 30 cm. Mit Rücksicht auf die besonderen Baupläne des Eigentümers des Grundstücks B ist eine Wanddicke von 36 cm erforderlich. Die Wand ist demnach mit einer Dicke von 15 cm auf dem Grundstück A und mit einer Dicke von 21 cm auf dem Grundstück B zu errichten.

Abweichende Vereinbarungen über den Standort sind **zulässig.** § 10 NachbG NRW gilt auch, wenn die Nachbarwand nachträglich erhöht wird. Wird die Nachbarwand absprachewidrig mit einem größeren Teil ihrer Dicke auf dem Nachbargrundstück errichtet, so liegt bezüglich des mehr als zulässig in Anspruch genommenen Streifens ein Überbau vor, der die Rechtsfolgen im Sinne von § 912 BGB auslöst.

§ 11
Besondere Bauart

(1) Erfordert die spätere bauliche Anlage eine besondere Bauart der Nachbarwand, insbesondere eine tiefere Gründung, so sind die dadurch entstehenden Mehrkosten dem Erbauer der Nachbarwand zu erstatten, sobald gegen diesen der Vergütungsanspruch des Bauunternehmers fällig wird. In Höhe der voraussichtlich erwachsenden Mehrkosten ist auf Verlangen binnen zwei Wochen Vorschuß zu leisten. Der Vorschuß ist bis zu seiner Verwendung mit 4 % zugunsten der Zahlenden zu verzinsen. Der Anspruch auf die besondere Bauart erlischt, wenn der Vorschuß nicht fristgerecht geleistet wird.

(2) Soweit der Bauherr die besondere Bauart auch zum Vorteil seiner baulichen Anlage ausnutzt, beschränkt sich die Erstattungspflicht des Eigentümers des Nachbargrundstücks entsprechend. Bereits erbrachte Leistungen können zurückgefordert werden.

Erläuterungen

1. In § 11 NachbG NRW wird eine wesentliche Konsequenz aus § 9 NachbG NRW gezogen, wonach die Nachbarwand in der erforderlichen Art und Dicke auszuführen ist und der **Nachbar besondere Maßnahmen fordern kann.** Für die Frage, welche Art der Ausführung der Nachbarwand erforderlich ist, kommt es entscheidend auf die Höchstanforderungen an, die sich aus einem der beiden Bauvorhaben ergeben. Weiß der Nachbar des Bauherrn, dass für sein später geplantes Bauvorhaben die Wand, die dem ersten Bauherrn durchaus genügt, nicht ausreicht (z. B. in Bezug auf Statik, Tiefengründung usw.), so kann er gemäß § 9 Abs. 2 NachbG NRW zusätzliche Baumaßnahmen, insbesondere eine tiefere Gründung verlangen. Es wäre nun unbillig, den Bauherrn zu kostenerhöhenden, für ihn selbst nicht notwendigen Baumaßnahmen zu verpflichten, ohne ihm die zusätzliche finanzielle Last sofort abzunehmen. Er hat nach Absatz 1 deshalb einen entsprechenden Erstattungsanspruch gegen den Nachbarn. Dieser Anspruch wird im Augenblick fällig, in dem der Vergütungsanspruch des Bauunternehmers gegen ihn fällig wird. Deshalb kann der Bauherr seinen Anspruch gegen den Nachbarn auch an den Bauunternehmer zu dessen Befriedigung abtreten. Um den Gepflogenheiten auf dem Baumarkt gerecht werden zu können, kann der Bauherr vom Nachbarn auch einen Vorschuss verlangen, der bis zu seiner Verwendung mit 4 % verzinst werden muss. Der Nachbar verliert seinen Anspruch auf aufwändigere Ausführung der Nachbarwand, wenn er den Vorschuss nicht fristgerecht zahlt.

2. Absatz 2 verhindert eine **ungerechtfertigte Bereicherung** des Bauherrn. Die Vorschrift gewinnt vor allem praktische Bedeutung, wenn der Bauherr die verstärkte Nachbarwand zwar zunächst nicht benötigte, sie jetzt aber doch selber zu seinem Vorteil mit ausnutzt. In diesem Fall vermindert sich sein Erstattungsanspruch nach Absatz 1 im Ausmaß der tatsächlichen Nutzung. Ergibt sich erst später für den Erbauer der Wand eine erhöhte Nutzung z. B. durch eine ursprünglich nicht beabsichtigte stärkere Belastung der Wand durch Umbau oder Aufbau des Gebäudes, und zwar unter Ausnutzung der besonderen Bauart, sind zu viel erbrachte Geld- oder Sachleistungen zurückzugewähren. Der Anspruch wird fällig, sobald der Vergütungsanspruch des Bauunternehmers gegen den Bauherrn fällig ist. Einen Zeitpunkt, von dem an das Verlangen nach einem Vorschuss gestellt werden kann, legt das Gesetz nicht fest. Der Vorschuss kann jedoch mindestens zwei Wochen vor Erteilung des ersten Auftrags zur Ausführung der Mehrarbeiten gefordert werden.

§ 12
Anbau

(1) Der Eigentümer des Nachbargrundstücks ist berechtigt, an die Nachbarwand anzubauen. Anbau ist die Mitbenutzung der Nachbarwand als Abschlußwand oder zur Unterstützung oder Aussteifung der neuen baulichen Anlage.

(2) Der anbauende Eigentümer des Nachbargrundstücks ist zur Zahlung einer Vergütung in Höhe des halben Wertes der Nachbarwand verpflichtet, soweit sie durch den Anbau genutzt wird.

(3) Die Vergütung wird mit der Fertigstellung des Anbaus im Rohbau fällig. Bei der Berechnung des Wertes der Nachbarwand ist von den zu diesem Zeitpunkt üblichen Baukosten auszugehen. Abzuziehen sind die durch eine besondere Bauart bedingten Mehrkosten; § 11 bleibt unberührt. Das Alter, der bauliche Zustand und ein von § 10 abweichender Standort der Wand sind zu berücksichtigen. Auf Verlangen ist Sicherheit in Höhe der voraussichtlich zu gewährenden Vergütung zu leisten; der Anbau darf dann erst nach Leistung der Sicherheit begonnen oder fortgesetzt werden. Die Sicherheit kann in einer Bankbürgschaft bestehen.

Erläuterungen

1. § 12 NachbG NRW regelt das **Anbaurecht** an die Nachbarwand. Es besteht nur dann, wenn es sich um eine Nachbarwand handelt. Anbau im Sinne der Vorschrift ist die Mitbenutzung der Nachbarwand zur Unterstützung (oder Aussteifung) des neuen Gebäudes, es umfasst jedoch nicht die Möglichkeit der Verlängerung ohne Zustimmung des Nachbarn. Eine besondere Anbauverpflichtung schreibt das Gesetz nicht vor. Besonderheiten gelten, wenn eine Anbaupflicht vertraglich vereinbart wurde. Eine solche schuldrechtliche Vereinbarung bindet jedoch einen Sonderrechtsnachfolger (so etwa einen Käufer) nur dann, wenn er diese Verpflichtung ausdrücklich übernommen hat. Das Anbaurecht kann nach Abbruch oder Zerstörung des Anbaus erneut ausgeübt werden. Wenn das zuerst errichtete Bauwerk abgebrochen oder zerstört worden ist, kann der Eigentümer des zuerst bebauten Grundstücks ebenfalls anbauen. In die Nachbarwand dürfen auch Leitungen für Strom oder Heizung verlegt werden, jedoch haftet der Eigentümer der beschädigten Rohrleitung für Schäden auf Grund eines Wasserrohrbruchs innerhalb einer gemeinsamen Giebelwand (OLG Düsseldorf, NJW-RR 1990 S. 1040). Die **Beschaffenheit des Anbaus** wird **gesetzlich nicht vorgeschrieben,** klar sein dürfte allerdings, dass durch den Anbau keine Beeinträchtigungen der Nachbarwand entstehen dürfen. Für Schäden infolge nicht sachgemäßen Anbaus haftet der Nachbar nach § 823 BGB, wobei *Bassenge/Olivet* (§ 6 Anm. 3) in Bezug auf eine ähnliche Regelung im Nachbarrecht Schleswig-Holstein auch eine Gefährdungshaftung unterstellen. Stürzt die Giebelwand eines in Brand geratenen Gebäudes auf das angrenzende Grundstück und zerstört dort Gegenstände, so kann der geschädigte Nachbar unabhängig von einem Verschulden des anderen Wertersatz fordern (AG Darmstadt, MDR 1998 S. 647).

2. Der Anbau an die Nachbarwand löst einen **Vergütungsanspruch** aus. Dieser besteht nicht, sofern die Nachbarwand schon beim In-Kraft-Treten des Gesetzes (1.7.1969) vorhanden war. Gläubiger ist der bisherige Alleineigentümer der Nachbarwand, Schuldner ist der nunmehrige Miteigentümer der Nachbarwand; bauen Miteigentümer an, so haften sie nicht gesamtschuldnerisch, sondern nur anteilig (OLG Düsseldorf, NJW-RR 1987 S. 531). Der Vergütungsanspruch wird fällig, wenn der Anbau im Rohbau fertiggestellt ist (vgl. § 12 Abs. 3 NachbG NRW). Bei der Berechnung des Vergütungsanspruchs ist zunächst der

Ausgangswert der Nachbarwand zu ermitteln. Dies sind die Kosten zu der Zeit, zu der der Anbau im Rohbau fertiggestellt ist, die für die Herstellung der Nachbarwand aufgewendet werden müssten. Die tatsächlichen Baukosten sind hierbei unerheblich. Zu den **Baukosten** gehören auch die **Kosten eines vorhandenen Außenputzes,** auch wenn dieser für die Zwecke des Anbaus unbrauchbar ist. Von den gedachten Baukosten sind entsprechend dem Alter und dem Zustand der Wand angemessene Abschläge zu machen, nicht jedoch für erforderliche Maßnahmen des Anbaues (so bspw. ein notwendiger Abschlag des Putzes). Schallschutzmaßnahmen, die auch dem Erstbauenden wesentliche Vergünstigungen verschaffen, können auch Berücksichtigung finden (vgl. OLG Düsseldorf, ZMR 1969 S. 20). Nach Ermittlung des Umfanges, in welchem die Nachbarwand genutzt wird, ergibt sich der Vergütungsumfang.

Beispiel:

Die Nachbarwand wird umgerechnet in halber Breite und halber Höhe genutzt. Demzufolge beträgt der Nutzungsumfang ein Viertel, sodass schließlich ein Achtel des Ausgangswertes vergütungspflichtig sind. Anders gerechnet: Umfasst die Gesamtfläche der Nachbarwand 80 qm und werden hiervon nur 40 qm genutzt, so wird die Nachbarwand nur hälftig genutzt und die Vergütung beträgt ein Viertel des Wertes der Nachbarwand.

3. Der **Vergütungsanspruch** ist fällig, wenn der **Anbau im Rohbau** fertiggestellt ist. Das bedeutet, sobald die tragenden Teile wie Schornstein, Brandwände, Treppenräume und die Dachkonstruktion vollendet sind. Auf Verlangen ist Sicherheit zu leisten, d. h. der Anbau darf erst mit Leistung der Sicherheit begonnen oder fortgesetzt werden. Die Sicherheitsleistung regelt sich nach §§ 232 ff. BGB. Sie kann durch Hinterlegung von Geld oder Wertpapieren, durch Bestellung von Hypotheken oder auch in Form einer Bankbürgschaft erfolgen.

§ 13
Nichtbenutzung der Nachbarwand

(1) Wird die spätere bauliche Anlage nicht an die gemäß § 8 errichtete Nachbarwand angebaut, obwohl das möglich wäre, so hat der anbauberechtigte Eigentümer des Nachbargrundstücks für die durch die Errichtung der Nachbarwand entstandenen Mehraufwendungen gegenüber den Kosten der Herstellung einer Grenzwand (§ 19) Ersatz zu leisten. Dabei ist zu berücksichtigen, daß das Nachbargrundstück durch die Nachbarwand teilweise weiter genutzt wird. Höchstens ist der Betrag zu erstatten, den der Eigentümer des Nachbargrundstücks im Falle des Anbaus nach § 12 Abs. 2 und 3 zu zahlen hätte. Der Anspruch wird mit der Fertigstellung der späteren baulichen Anlage im Rohbau fällig.

(2) Der anbauberechtigte Eigentümer des Nachbargrundstücks ist ferner verpflichtet, den zwischen der Nachbarwand und seiner an die Nachbarwand herangebauten baulichen Anlage entstandenen Zwischenraum auf seine Kosten in geeigneter Weise so zu schließen, daß Schäden im Bereich des Zwischenraumes, insbesondere durch Gebäudebewegungen und Witterungseinflüsse, an der zuerst errichteten baulichen Anlage vermieden werden. Die hierzu notwendigen Anschlüsse haben sich hinsichtlich der verwendeten Werkstoffe der vorhandenen baulichen Anlage anzupassen.

(3) Ist der Anbau wegen einer Veränderung der Rechtslage unmöglich geworden, so hat der Eigentümer des Nachbargrundstücks lediglich die Hälfte des Betrages zu zahlen, der nach Absatz 1 zu zahlen gewesen wäre. Absatz 2 gilt sinngemäß.

Erläuterungen

1. § 13 Abs. 1 NachbG NRW regelt einen **Ausgleich** für den Fall, dass der Nachbar zwar auf seinem Grundstück ein Bauwerk errichtet, aber nicht an die Nachbarwand anbaut. Die Bestimmung findet danach keine Anwendung, wenn der Nachbar überhaupt keine bauliche Anlage errichtet. Die Ausgleichspflicht besteht deshalb, weil der Erbauer der Nachbarwand auf Grund der Einwilligung des Nachbarn davon ausgehen konnte, dass später eine Vergütung anfallen würde. Es entspricht daher der Billigkeit, wenn eine Ersatzpflicht eintritt. Die Höhe der Ersatzleistung errechnet den Unterschiedsbetrag zwischen den Herstellungskosten für die Nachbarwand und den Aufwendungen, die dem Erbauer der Nachbarwand bei der Errichtung lediglich einer Grenzwand erwachsen wären. Da die Nachbarwand zum Teil auf dem Grundstück des Nachbarn steht, ist von der zu zahlenden Vergütung ein entsprechender Abzug zu machen. Obere Grenze des Vergütungsanspruchs ist der Betrag, der im Fall des Anbaus zu zahlen gewesen wäre. Nicht jede ohne Anbau an die Nachbarwand durchgeführte Baumaßnahme löst einen Vergütungsanspruch aus. Der Bau einer untergeordneten baulichen Anlage, so etwa eine Garage, muss nicht zum Entstehen des Ausgleichsanspruchs führen. Der Anspruch nach Absatz 1 wird fällig, wenn die spätere bauliche Anlage im Rohbau fertig ist. Anders als die Berechnung des Anspruchs nach § 12 NachbG NRW kommt es hier grundsätzlich nicht auf den Zustand der Wand im Augenblick der Fälligkeit des Anspruchs an. Maßgebend ist nur der Mehrbetrag, den der Bauherr seinerzeit bei Errichtung der Nachbarwand gegenüber dem Bau einer Grenzwand aufzuwenden hatte. Mangels einer gesetzlichen Regelung ist der Erstattungsanspruch nach Absatz 1 für die Zeit vor der Fälligkeit nicht zu verzinsen. Eine Zinspflicht kann erst nach den allgemeinen Regeln (Verzug, Prozesszinsen) in Betracht kommen.

2. Hat der Nachbar die Nachbarwand nicht zum Anbau benutzt, sein Gebäude aber an die Nachbarwand herangebaut, so ist er nach Absatz 2 auch verpflichtet, den Raum zwischen der Nachbarwand und seinem Gebäude zu verschließen, damit Schäden im Bereich des Zwischenraumes vermieden werden. Das kann bspw. dadurch erreicht werden, dass die Fuge zwischen Nachbarwand und seinem Gebäude bündig verschlossen wird. Die vorgenannte Verpflichtung gilt auch, wenn der Nachbar sein Anbaurecht wegen Veränderung der Rechtslage verliert (vgl. § 13 Abs. 3 Satz 2 NachbG NRW). **Anderslautende Parteienvereinbarungen** sind **möglich.** Vgl. OLG Köln, Urt. vom 15.3.2021, – 5 U 100/20 – zur Schadensersatzpflicht desjenigen, der es verabsäumt hat, den genannten Zwischenraum fachgerecht zu verschließen.

3. Wenn der Anbau wegen einer Veränderung der Rechtslage unmöglich geworden ist, soll die finanzielle Last nach Absatz 3 auf beide Nachbarn je zur Hälfte verteilt werden. Hat jemand eine Nachbarwand mit Einwilligung des Nachbarn, die dieser regelmäßig auf Grund eigener Bauabsichten erteilt, errichtet, so erscheint es unbillig, den finanziellen Nachteil, der sich aus einer späteren Änderung der Rechtslage ergibt, allein dem Erbauer aufzubürden. Ist dem um Einwilligung gebetenen Nachbarn die künftige Entwicklung zu unsicher, so mag er die Einwilligung versagen oder gemäß § 49 NachbG NRW die Rechtsfolgen des § 13 Abs. 3 NachbG NRW vertraglich ausschließen.

§ 14

Beseitigung der Nachbarwand

(1) Der Eigentümer der Nachbarwand ist berechtigt, die Nachbarwand ganz oder teilweise zu beseitigen, solange und soweit noch nicht angebaut ist.

(2) Das Recht zur Beseitigung besteht nicht, wenn der anbauberechtigte Eigentümer des Nachbargrundstücks die Absicht, die Nachbarwand ganz oder teilweise durch Anbau zu nutzen, dem Eigentümer der Nachbarwand schriftlich anzeigt und spätestens binnen sechs Monaten den erforderlichen Bauantrag einreicht.

(3) Das Recht zur Beseitigung bleibt jedoch bestehen, wenn der Eigentümer der Nachbarwand, bevor er eine Anzeige nach Absatz 2 erhalten hat, die Absicht, die Nachbarwand ganz oder teilweise zu beseitigen, dem Eigentümer des Nachbargrundstücks schriftlich anzeigt und spätestens binnen sechs Monaten den erforderlichen Antrag auf Genehmigung des Abbruchs einreicht.

(4) Gehen die Anzeigen nach Absätzen 2 und 3 ihren Empfängern gleichzeitig zu, so hat die Anzeige nach Absatz 3 keine Rechtswirkung.

(5) Macht der Eigentümer der Nachbarwand von seinem Recht zur Beseitigung Gebrauch, so hat er dem Eigentümer des Nachbargrundstücks

1. **für die Dauer der Nutzung des Nachbargrundstücks durch den hinübergebauten Teil der Nachbarwand eine angemessene Vergütung zu leisten und**
2. **eine gemäß § 11 erbrachte Leistung zu erstatten und mit 4 % vom Zeitpunkt der Zahlung an zu verzinsen; bereits gezahlte Zinsen sind anzurechnen.**

(6) Beseitigt der Eigentümer der Nachbarwand diese ganz oder teilweise, obwohl gemäß Absatz 2 ein Recht hierzu nicht besteht, so hat er dem anbauberechtigten Eigentümer des Nachbargrundstücks Ersatz für den durch die völlige oder teilweise Beseitigung der Anbaumöglichkeit zugefügten Schaden zu leisten. Der Anspruch wird fällig, wenn die spätere bauliche Anlage in Gebrauch genommen wird.

Erläuterungen

1. § 14 NachbG NRW regelt die **Voraussetzungen** für den **Abbruch einer Nachbarwand** durch den Eigentümer und die Rechtsfolgen, die sich an den Abbruch knüpfen. Nach Absatz 1 ist der Eigentümer grundsätzlich befugt, die Nachbarwand ganz oder teilweise zu beseitigen, weil ein schutzwürdiges Interesse des Nachbarn an der Erhaltung der Nahbarwand im Allgemeinen nicht vorhanden ist. Dieser Grundsatz wird bei Vorliegen der Voraussetzungen nach Absatz 2 durchbrochen, weil der Nachbar hier schon Aufwendungen hinsichtlich der ihm zustehenden Nutzung der Nachbarwand gemacht hat.

2. Das **Beseitigungsrecht** erlischt, sofern der anbauberechtigte Eigentümer seine Absicht, die Nachbarwand zu nutzen, dem Eigentümer zum einen schriftlich angezeigt hat und spätestens sechs Monate danach den erforderlichen Bauantrag gestellt hat. Problematisch ist, wie zu verfahren ist, wenn keine Baugenehmigung erforderlich ist. Im Zweifel wird man davon ausgehen müssen, dass in den genannten Fällen zwischen Anzeige und Maßnahmebeginn nur ein Zeitraum von sechs Monaten liegen darf. In diesen Fällen besteht allerdings ein Unterschied zwischen baugenehmigungspflichtigen Vorhaben. Hier bedarf es lediglich der Antragstellung innerhalb eines Zeitraumes von sechs Monaten. Wann nach Genehmigungserteilung die Arbeiten durchgeführt werden müssen, schreibt das Gesetz nicht vor. In diesen Fällen muss eine Verwirkung der Rechtsstellung eintreten, wenn eine Baugenehmigung erloschen ist. In den Fällen, in welchen der Bauantrag abschlägig beschieden wurde, muss die Frist ab Unanfechtbarkeit der Ablehnung laufen.

3. Das Beseitigungsrecht erlischt nach Absatz 3 nicht, wenn der Eigentümer der Nachbarwand, bevor er eine Anzeige nach Absatz 2 erhalten hat, die Absicht, die Nachbarwand zu beseitigen, dem Nachbarn schriftlich mitgeteilt hat und innerhalb von sechs Monaten nach der Anzeige einen Antrag auf Abbruchgenehmigung bei der zuständigen Baubehörde einreicht. Die Frage des Zugangs der Anzeige regelt sich nach §§ 130 ff. BGB.

4. Bei **gleichzeitigem Zugang** von schriftlichen Anzeigen nach den Absätzen 2 und 3 geht die Anzeige nach Absatz 2 vor, so dass das Beseitigungsrecht entfällt. Stellt jedoch der Eigentümer innerhalb der Sechsmonatsfrist nicht den notwendigen Bauantrag, kann der anbauberechtigte Nachbar erneut nach Absatz 2 vorgehen.

5. Absatz 5 regelt den **Vergütungsanspruch** für den anbauberechtigten Nachbarn für die Benutzung seines Grundstücks durch den Erbauer der Wand. Die Höhe der Vergütung kann sich an den Regeln des § 913 BGB orientieren. Die Rentenbeträge sind auf die Dauer des Vorhandenseins der Nachbarwand zu addieren und als einmalige Vergütung zu zahlen. Im Übrigen sind die aufgrund von § 11 NachbG NRW erbrachten Geld- und sonstigen Leistungen zurückzuerstatten. **Geldleistungen sind mit 4 % zu verzinsen.** Sofern ein Haus abgerissen wird, können weitere Kosten (z. B. für Stützungs- oder Isolierungsmaßnahmen) anfallen. Diese Kosten hat nach Ansicht des BGH (NJW 1989 S. 2541) jedenfalls derjenige zu tragen, der den Abbruch ohne Zustimmung des Nachbareigentümers vornimmt, der sein an der gemeinsamen Giebelmauer angebautes Haus abreißt. Kommt der Nachbar dieser Verpflichtung nicht nach, kann der Anspruch nach den Regeln der ungerechtfertigten Bereicherung nach §§ 812 ff. BGB eingeklagt werden.

6. Beseitigt der Eigentümer die Nachbarwand, ohne eine Befugnis dazu zu haben, so muss er dem Nachbarn gemäß Absatz 6 Schadensersatz leisten. Der Schaden besteht in den Mehraufwendungen, die dem Nachbarn bei Errichtung einer baulichen Anlage dadurch entstehen, dass er die Nachbarwand nicht mehr nutzen kann. Bei Berechnung der Mehraufwendungen ist zu berücksichtigen, dass der Nachbar die Vergütung nach § 12 NachbG NRW nicht mehr zu zahlen braucht. Der Schadensersatz wird fällig, wenn der Nachbar seine bauliche Anlage in Gebrauch nimmt.

§ 15
Erhöhen der Nachbarwand

(1) Jeder Grundstückseigentümer darf die Nachbarwand in voller Dicke auf seine Kosten nach den allgemein anerkannten Regeln der Baukunst erhöhen, wenn dadurch keine oder nur geringfügige Beeinträchtigungen für den anderen Grundstückseigentümer zu erwarten sind. Für den erhöhten Teil der Nachbarwand gelten die §§ 12, 13 Abs. 2 sowie § 14 Abs. 1 bis 4 und 6 entsprechend.

(2) Setzt die Erhöhung eine tiefere Gründung der Nachbarwand voraus, so darf diese unterfangen werden, wenn das

1. nach den allgemein anerkannten Regeln der Baukunst notwendig und

2. öffentlich-rechtlich zulässig ist.

Erläuterungen

1. Die **Erhöhung** der Nachbarwand ist **grundsätzlich ohne Zustimmung** des Nachbarn zulässig, falls keine oder nur geringfügige Beeinträchtigungen für den anderen Grundstückseigentümer zu erwarten sind. Als **Beeinträchtigungen** kommen in erster Linie **bautechnische Auswirkungen** auf die Nachbarwand und die angebauten Bauwerke in Betracht (so etwa Senkschäden infolge zu schwacher Fundamente usw.). Das Recht der Erhöhung steht also nicht nur dem Erbauer, sondern auch dem Nachbarn zu. **Geringfügige Beeinträchtigungen** sind z. B. Putzschäden oder unvermeidbare Lärmbelästigungen. Verlangt wird, dass die Erhöhung nach den allgemein anerkannten Regeln der Baukunst erfolgt. Offen wird jedoch gelassen, falls die Nachbarwand nicht in voller Dicke erhöht wird, wo auf der Nachbarwand die Erhöhung vorzunehmen ist. Der BGH (NJW 1970 S. 97) geht davon aus, dass in diesem Falle eine Erhöhung mittig vorzunehmen ist.

2. Absatz 2 gestattet das **Unterfangen der Nachbarwand** zum Zwecke der Erhöhung, wenn diese nach den allgemeinen Regeln der Baukunst notwendig ist und sofern sie öffentlich-rechtlich zulässig ist. Stehen andere bautechnische unbedenkliche Maßnahmen zur Verfügung, sind diese zu wählen. Unerheblich ist im Einzelfall, ob diese Maßnahmen umfangreicher oder kostspieliger sind. Strittig ist die Frage, ob ein Unterfangen auch dann zulässig ist, wenn hierdurch eine Gefährdung der Nachbarwand ausgelöst werden kann.

Hier ist vom Normalfall auszugehen, dass, wenn ein Unterfangen nach den allgemeinen Regeln der Baukunst erfolgt und sich die Nachbarwand in gutem Zustand befindet, keine Schäden zu erwarten sind. Unzulässig ist jedoch ein Unterfangen, wenn aufgrund des schlechten Zustandes der Nachbarwand erhebliche Schäden zu erwarten sind. Im Zweifel wird hier eine gutachterliche Stellungnahme von demjenigen zu fordern sein, der die Maßnahme durchführt. Das Unterfangen muss auch öffentlich-rechtlich zulässig sein, demnach den Vorgaben des formellen und materiellen Baurechts entsprechen.

§ 16
Anzeige

(1) Das Recht gemäß § 15 besteht nur, wenn die Absicht, das Recht auszuüben, dem Eigentümer und dem Nutzungsberechtigten des betroffenen Grundstücks mindestens einen Monat vor Beginn der Arbeiten schriftlich angezeigt worden ist.

(2) Die Anzeige an einen der Genannten genügt, wenn der andere nicht bekannt, nur schwer feststellbar oder unbekannten Aufenthalts ist oder wenn er infolge Aufenthalts im Ausland nicht alsbald erreichbar ist und er auch keinen Vertreter bestellt hat. Treffen diese Voraussetzungen sowohl für den Eigentümer als auch für den Nutzungsberechtigten zu, so genügt die Anzeige an den unmittelbaren Besitzer.

Erläuterungen

1. Eine Nachbarwand darf nur erhöht werden, wenn die Absicht dieses Recht auszuüben, **mindestens einen Monat vor Beginn der Arbeiten schriftlich angezeigt** wird. Dies soll sicherstellen, da die Erhöhung keiner Einwilligung des Nachbarn bedarf, dass dieser das Vorhaben prüfen und ggf. auch Maßnahmen zur Vermeidung von Schäden ergreifen kann. Aus diesem Grund muss sich aus der Anzeige vor allem Art und Umfang der Baumaßnahmen ergeben, um die erforderlichen Kontrollen durchführen zu können. Erfordert bspw. die Erhöhung eine tiefere Gründung, so muss dieser Umstand auch Gegenstand der Anzeige sein. Arbeiten, die ohne die erforderliche Anzeige begonnen werden, sind rechtswidrig und können mit einer Unterlassungsklage nach § 1004 BGB angegangen werden. Hiervon ausgenommen sind natürlich notwendige Vorarbeiten auf dem eigenen Grundstück, die jedoch die Nachbarwand noch nicht berühren. Mit der Erhöhung der Nachbarwand darf nicht vor Fristablauf begonnen werden, es sei denn, der Nachbar hat einer Fristverkürzung ausdrücklich zugestimmt.

2. Die **Anzeige** ist grundsätzlich an den **Eigentümer** bzw. den **Erbbauberechtigten** (vgl. § 52 NachbG NRW) zu richten. Sofern sie nicht selbst Grundstücksnutzer sind, ist die Anzeige an den Mieter, Pächter usw. zu richten. Die Anzeige bedarf der Schriftform unter den Voraussetzungen des § 126 BGB. Ist der Aufenthalt des Eigentümers bzw. des Nutzungsberechtigten nicht ermittelbar, genügt die Anzeige an den unmittelbaren Besitzer.

§ 17
Schadensersatz

Schaden, der in Ausübung des Rechts gemäß § 15 den zur Duldung Verpflichteten entsteht, ist ohne Rücksicht auf Verschulden zu ersetzen. Auf Verlangen ist in Höhe des voraussichtlichen Schadensbetrages Sicherheit zu leisten, die auch in einer Bankbürgschaft bestehen kann. Dann darf das Recht erst nach Leistung der Sicherheit ausgeübt werden. Eine Sicherheitsleistung kann nicht verlangt werden, wenn der voraussichtliche Schaden durch eine Haftpflichtversicherung gedeckt ist.

Erläuterungen

Schäden, die in Ausübung des Rechts nach § 15 NachbG NRW entstehen, sind ohne Rücksicht auf ein Verschulden **(Gefährdungshaftung)** zu ersetzen. Der Umfang des Anspruchs ergibt sich aus §§ 249 ff. BGB. Infrage kommen Setzschäden, auch Mietausfälle bzw. den kaufmännisch errechenbaren Minderwert, der nach einer Instandsetzung verbleibt (vgl. hierzu BGH, NJW 1997 S. 2596). Schäden, die nicht in Ausübung des Rechts, sondern gelegentlich der Maßnahme entstehen (z. B. Diebstähle durch Arbeiter), fallen nicht unter § 17 NachbG NRW. Ersatzverpflichtet ist der Eigentümer bzw. der Erbbauberechtigte.

Auf Verlangen kann der Nachbar in Höhe des voraussichtlichen Schadensbetrages eine Sicherheitsleistung verlangen. Sofern ein etwaiger Schaden durch eine **Haftpflichtversicherung** gedeckt ist, ist keine Sicherheitsleistung erforderlich. Beginnt der Nachbar die Arbeiten ohne geforderte Sicherheitsleistung, besteht ein Unterlassungsanspruch. Die Sicherheitsleistung kann auch während der Arbeiten noch verlangt werden, insbesondere dann, wenn sich herausstellt, dass mit Schäden zu rechnen ist.

§ 18
Verstärken der Nachbarwand

Jeder Grundstückseigentümer darf die Nachbarwand auf seinem Grundstück auf seine Kosten verstärken. §§ 15 Abs. 2, 16 und 17 gelten entsprechend.

Erläuterungen

Jeder der beiden Nachbarn darf die Nachbarwand auf seinem Grundstück verstärken. Eine **Verstärkung** liegt nur dann vor, wenn Wand und Verstärkung fest miteinander verbunden werden. Die Verstärkung erfolgt in die Regel, um einen größeren Wärme- oder Schallschutz zu bewirken. Die Verstärkung, mit der der Eigentümer auf seiner Grundstücksseite bleibt, kann er ohne Einwilligung des Nachbarn vornehmen. Im Fall des Anbaus nach der Verstärkung der Nachbarwand tritt eine Wertverschiebung des Miteigentumsanteils ein. Bis zum Anbau an die verstärkte Nachbarwand steht diese einschließlich der Verstärkung im Alleineigentum des Erbauers der Nachbarwand, selbst wenn die Verstärkung von dem anderen (benachbarten) Grundstückseigentümer im Hinblick auf seine späteren Anbaupläne vorgenommen wurde. In diesem Falle erfolgt kein Wertausgleich. Nimmt der Nachbar später von seinen Anbauplänen wieder Abstand, kann er die Verstärkung beseitigen. Wird dabei die Wand beschädigt, was die Regel sein dürfte, ist er zum Schadensersatz verpflichtet. Setzt die Verstärkung der Nachbarwand eine tiefere Gründung voraus, so darf sie unter denselben Voraussetzungen unterfangen werden wie bei einer Erhöhung nach § 15 NachbG NRW. Der Nachbar darf die von einem anderen Grundstückseigentümer errichtete Wand auf seinem Grundstück nur verstärken, wenn ein Anbau beabsichtigt ist (vgl. hierzu *Bassenge/Olivet*, § 10 Rn. 10).

IV. ABSCHNITT
GRENZWAND

§ 19
Begriff

Grenzwand ist die unmittelbar an der Grenze zum Nachbargrundstück auf dem Grundstück des Erbauers errichtete Wand.

Erläuterungen

Bei der so genannten **Grenzwand** (§§ 19 ff. NachbG NRW) errichtet der Nachbar seine bauliche Anlage unmittelbar an die bestehende Wand des Nachbarn, ohne hierbei die

Grundstücksgrenze zu überschreiten. Zahlreiche Nachbarrechtsgesetze enthalten z. T. unterschiedliche Voraussetzungen und Rechtsfolgen zur Nachbarwand. Die **Grenzwand** ist **keine Grenzeinrichtung** im Sinne des BGB, da sie von der Grenze nicht geschnitten wird. Aus den gleichen Gründen stellt sie auch keine Nachbarwand dar (BGH, NJW 1977 S. 1447). Die Grenzwand steht im Übrigen im alleinigen Eigentum des Grundstückseigentümers, auf dessen Grundstück sie errichtet wurde. Sie bleibt auch dann im Eigentum des Errichtenden, wenn sie später ohne sein Zutun verschoben wird (OLG Frankfurt, NJW-RR 1992 S. 464). Der Bau einer Wand, die ohne eine auf dem Nachbargrundstück als Grenzwand errichtete Giebelwand nicht standfest ist, führt nicht zum Entstehen von Miteigentum an der aus beiden Wänden gebildeten einheitlichen Wand (BGH, NJW-RR 2001 S. 1528). Sie ist demzufolge auch keine Grenzeinrichtung im Sinne von § 921 BGB. Nach Abbruch oder Zerstörung des Anbaus des Nachbarn entspricht die Rechtslage der vor dem Anbau. Die Grenzwand bleibt Alleineigentum des Grundstückseigentümers, auf dessen Grundstück sie errichtet ist. Dieser darf sie alleine nutzen (z. B. als Werbefläche) und wieder anbauen. Ein Grundstückseigentümer, der eine auf dem Nachbargrundstück errichtete Grenzwand beschädigt, indem er ein auf seinem eigenen Grundstück direkt an die Grenzwand angebautes Gebäude abreißt, haftet nach § 823 Abs. 1 BGB für die Putz- und Mauerschäden der Grenzwand, die nicht auf einem Fehlverhalten des beauftragten Unternehmens beruhen, sondern aufgrund der baulichen Verbindung der Gebäude unvermeidliche Folge des Abrisses waren, den der Grundstückseigentümer in Auftrag gegeben hat. Durch den Abriss verursachte Feuchtigkeitsschäden an der Grenzwand hat der Grundstückseigentümer im Rahmen eines nachbarrechtlichen Ausgleichsanspruchs zu ersetzen (BGH, Urt. vom 18.12.2015 – V ZR 55/15 –).

§ 20
Anbau

(1) Der Eigentümer des Nachbargrundstücks darf eine Grenzwand durch Anbau nutzen, wenn der Eigentümer der Grenzwand schriftlich einwilligt und der Anbau öffentlich-rechtlich zulässig ist. Anbau ist die Mitbenutzung der Grenzwand als Abschlußwand oder zur Unterstützung oder Aussteifung der neuen baulichen Anlage.

(2) Der anbauende Eigentümer des Nachbargrundstücks hat eine Vergütung in Höhe des halben Wertes der Grenzwand, soweit sie durch den Anbau genutzt ist, zu zahlen und ferner eine Vergütung dafür zu leisten, daß er den für die Errichtung einer eigenen Grenzwand erforderlichen Baugrund einspart.

(3) Die Vergütung wird mit der Fertigstellung des Anbaus im Rohbau fällig. Bei der Berechnung des Wertes der Grenzwand ist von den zu diesem Zeitpunkt üblichen Baukosten auszugehen. Abzuziehen sind die durch eine besondere Bauart bedingten Mehrkosten. Das Alter und der bauliche Zustand der Wand sind zu berücksichtigen. Auf Verlangen ist Sicherheit in Höhe der voraussichtlich zu gewährenden Vergütung zu leisten; der Anbau darf dann erst nach Leistung der Sicherheit begonnen oder fortgesetzt werden. Die Sicherheit kann in einer Bankbürgschaft bestehen.

(4) Nach dem Anbau sind die Unterhaltskosten für den gemeinsam genutzten Teil der Grenzwand von den beiden Grundstückseigentümern zu gleichen Teilen zu tragen.

Erläuterungen

1. Das Recht des Nachbarn, eine Grenzwand durch Anbau zu nutzen, ist an zwei Voraussetzungen geknüpft:

a) der **Eigentümer** muss **schriftlich** seine **Einwilligung** erklären (vgl. auch BGH, NJW-RR 2001 S. 1528) und

b) der **Anbau** muss **öffentlich-rechtlich zulässig** sein. Diese Regelung weicht entscheidend vom Anbaurecht nach § 12 NachbG NRW bei der Nachbarwand ab. § 12 Abs. 1

NachbG NRW billigt bei bestehender Nachbarwand dem Nachbarn ein Anbaurecht zu, das nicht an die Zustimmung des Erbauers gebunden ist. Dieser Anspruch ist gerechtfertigt, weil bei der Nachbarwand der Erbauer das Grundstück des Nachbarn auf Grund dessen Einwilligung für die Errichtung der Wand mitbenutzt. Bei Errichtung einer Grenzwand nutzt der Grundstückseigentümer ausschließlich sein Grundstück in zulässiger Weise, ohne an die Zustimmung des Nachbarn gebunden zu sein. Es kommt also nicht zu einer Verzahnung nachbarlicher Rechte beider Grundstückseigentümer. Anders ist die Situation beim Anbau einer Grenzwand, weil hier die Mitbenutzung der Grenzwand als Anschlusswand oder zur Unterstützung oder Aussteifung des neuen Gebäudes erfolgt. Deshalb ist auch kein Grund ersichtlich, wonach dem Nachbarn ein Recht auf Anbau an die Grenzwand ohne Zustimmung des Eigentümers zuzubilligen wäre. Die **Zustimmung ist unwiderruflich** und bindet den Gesamtrechtsnachfolger des Grundstücks.

2. Soweit der Nachbar die Grenzwand durch Anbau nutzt, muss er gemäß Absatz 2 eine Vergütung zahlen. Für die Vergütung sind zwei Faktoren maßgeblich:

Der halbe Wert der Grenzwand, soweit sie in Anspruch genommen ist, und die Ersparnis, die der Nachbar bei der Ausnutzung seines Grundstücks erzielt, weil er keine eigene Wand mehr zu errichten braucht.

3. Bzgl. der Berechnung des Wertes der Wand, der Fälligkeit des Anspruchs und der Sicherheitsleistung übernimmt Absatz 3 die Regelung des § 12 Abs. 3 NachbG NRW. Es kann daher auf die dortigen Ausführungen Bezug genommen werden. Die Wertberechnung wegen der Einsparung des Baugrundes ist im Gesetz nicht näher erläutert. Im Allgemeinen wird es gerechtfertigt sein, für die **erweiterte Nutzfläche** einen **kapitalisierten Mietwert** zugrunde zu legen.

Auf Verlangen ist in Höhe der voraussichtlich zu zahlenden Vergütung Sicherheit zu leisten. In diesem Fall darf der Anbau erst nach Leistung der Sicherheit begonnen oder fortgesetzt werden.

4. Da die Grenzwand auch nach Nutzung durch Anbau im alleinigen Eigentum desjenigen verbleibt, der Eigentümer des Grundstücks ist, auf dem die Grenzwand steht, gilt nicht die **Unterhaltungsregelung** nach dem Bürgerlichen Gesetzbuch (Grenzeinrichtung, vgl. auch BGH, ZMR 1978 S. 122), die für die Nachbarwand anzuwenden ist. Mangels bundesgesetzlicher Regelung ist der Landesgesetzgeber demnach frei, eine eigenständige Bestimmung über die Unterhaltung der Grenzwand zu treffen. Das ist in Absatz 4 geschehen. Die Unterhaltungskosten sind von beiden Grundstückseigentümern zu gleichen Teilen zu tragen, jedoch begrenzt auf den gemeinsam genutzten Teil der Grenzwand. Ohne ausdrückliche Verweisung ist auch der in Absatz 3 Satz 3 enthaltene Gedanke anzuwenden, d. h. Unterhaltungskosten, die für die Erhaltung einer besonderen, nur dem Interesse des Eigentümers dienenden Bauart notwendig sind, sind auch nur von diesem Eigentümer zu tragen. Man kann diese Auslegung auch schon aus den Worten „für den gemeinsam genutzten Teil" herleiten. Die gemeinsame Nutzung ist zwar in erster Linie flächenmäßig zu verstehen. Wenn beispielsweise der Anbau nicht die Höhe des bestehenden Nachbargebäudes erreicht, bleibt der nicht genutzte, höherrangige Teil der Grenzwand bei der Verteilung der Unterhaltungskosten außer Betracht. In gleicher Weise kann man aber auch von einer Nichtbenutzung sprechen, wenn statische Verstärkungen nur für ein Gebäude notwendig waren. Wird ein Gebäude, an dessen Grenzwand inzwischen ein anderes Gebäude angebaut worden war, unter Bestehenlassen der Grenzwand abgebrochen und entsteht dadurch die Gefahr von Feuchtigkeitsschäden, so hat derjenige die erforderlichen Schutzmaßnahmen zu treffen, der sein Gebäude abgebrochen hat (OLG Frankfurt, OLGZ 1982 S. 353). Wird eine benachbarte Grenzwand abgerissen, die aber nicht an die andere angebaut war, so haftet der Nachbar nicht dafür, dass durch den Abbruch seines Hauses die andere Grenzwand nunmehr unverputzt frei liegt und Schaden nimmt (OLG Köln, NJW-RR 1987 S. 529 und auch OLG Hamm, NJW-RR 1991 S. 851).

§ 21
Besondere Gründung der Grenzwand

(1) Auf Verlangen des Eigentümers des Nachbargrundstücks hat der Erbauer die Grenzwand so zu gründen, daß bei der Bebauung des Nachbargrundstücks zusätzliche Baumaßnahmen vermieden werden.

(2) Der Eigentümer des zur Bebauung vorgesehenen Grundstücks hat dem Eigentümer des Nachbargrundstücks unter Übersendung des Bau- und des Lageplans sowie unter Mitteilung des Namens und der Anschrift des Bauherrn schriftlich anzuzeigen, daß eine Grenzwand errichtet werden soll. Die Anzeige an den Nutzungsberechtigten oder den unmittelbaren Besitzer des Nachbargrundstücks genügt, wenn dessen Eigentümer nicht bekannt, nur schwer feststellbar oder unbekannten Aufenthalts ist oder wenn er infolge Aufenthalts im Ausland nicht alsbald erreichbar ist und er auch keinen Vertreter bestellt hat. Wird die Anzeige schuldhaft unterlassen, so hat der Eigentümer des zur Bebauung vorgesehenen Grundstücks dem Eigentümer des Nachbargrundstücks den daraus entstehenden Schaden zu ersetzen.

(3) Der Eigentümer des Nachbargrundstücks kann das Verlangen nach Absatz 1 nur innerhalb von zwei Monaten seit Erstattung der Anzeige dem Bauherrn gegenüber stellen.

(4) Die durch das Verlangen nach Absatz 1 entstehenden Mehrkosten sind dem Bauherrn zu erstatten, sobald der Vergütungsanspruch des Bauunternehmers gegen den Bauherrn fällig wird. In Höhe der voraussichtlich erwachsenden Mehrkosten ist auf Verlangen binnen zwei Wochen Vorschuß zu leisten. Der Vorschuß ist bis zu seiner Verwendung mit 4 % zugunsten des Zahlenden zu verzinsen. Der Anspruch auf die besondere Gründung erlischt, wenn der Vorschuß nicht fristgerecht geleistet wird.

(5) Soweit der Bauherr die besondere Gründung auch zum Vorteil seiner baulichen Anlage ausnutzt, beschränkt sich die Erstattungspflicht des Eigentümers des Nachbargrundstücks entsprechend. Bereits erbrachte Leistungen können zurückgefordert werden.

Erläuterungen

1. Bei der Nachbarwand hat der Nachbar das Recht, später an die Nachbarwand anzubauen. Deshalb muss die Nachbarwand so errichtet werden, dass sie als Anbauwand benutzt werden kann. Bei der Grenzwand hat der Nachbar nicht ohne weiteres ein Anbaurecht. Er darf die Grenzwand nur mit Einwilligung des Eigentümers benutzen. § 21 Abs. 1 NachbG NRW bezieht sich aber nicht nur auf diesen Fall, bei welchem der Eigentümer schon den späteren Anbau gestattet, sondern auf jeden Fall der Errichtung einer Grenzwand. Deshalb will diese Vorschrift lediglich verhindern, dass bei späterer Bebauung des Nachbargrundstücks mit Rücksicht auf das Vorhandensein der Grenzwand zusätzliche Aufwendungen gemacht werden müssen. Es kommt also darauf an, ob ohne Vorhandensein der Grenzwand der Nachbar mit geringerem Aufwand würde bauen können. Praktisch kann dieses Problem z. B. dann werden, wenn der Nachbar später sein Gebäude tiefer unterkellern will und deshalb die Grenzwand zur Wahrung der Standsicherheit unterfangen muss. Das in Absatz 1 geregelte „Verlangen" des Nachbarn besteht also unabhängig von der Frage, ob er später an die Grenzwand anbauen darf oder nicht.

2. Damit der Nachbar seinen Anspruch nach Absatz 1 geltend machen kann, trifft den Erbauer der Grenzwand eine Anzeigepflicht in der in Absatz 2 geregelten Form. Bei schuldhafter Verletzung der Anzeigepflicht ist der Bauherr dem Nachbarn schadensersatzpflichtig. Dies gilt auch bei unvollständiger Anzeige. Der Schaden kann insbesondere darin bestehen, dass bei späterer Bebauung des Nachbargrundstücks Aufwendungen erforderlich werden, die bei der Geltendmachung eines Anspruchs nach § 21 Abs. 1 NachbG NRW nicht notwendig gewesen wären.

3. Die **Anzeige** ist eine **zugangsbedürftige Willenserklärung.** Für den Beginn der Frist nach Absatz 3 ist der nach den §§ 130 bis 132 BGB festzustellende Zeitpunkt maßgeblich. Fraglich ist, ob der Grundstücksnachbar, sofern keine Reaktion erfolgt, erst nach Fristablauf mit der Errichtung der Grenzwand beginnen darf. Obwohl dies im Gesetz nicht ausdrücklich vorgeschrieben ist, spricht Sinn und Zweck der Regelung dafür, dass im genannten Fall vor Fristablauf nicht mit der Maßnahme begonnen werden kann (a. A. *Dehner*, Anm. B § 8 a).

4. Wegen des **Vergütungsanspruchs,** den der Erbauer der Nachbarwand wegen der vom Nachbarn geforderten besonderen Gründungsmaßnahmen gegen diese hat, greift Absatz 4 die Regelung des § 11 Abs. 1 NachbG NRW auf. Die Mehrkosten für die besondere Gründung sind zu ersetzen, sobald der Vergütungsanspruch des Bauunternehmers gegen den Bauherrn fällig geworden ist. Die Wahl des Unternehmers steht dem Bauherrn frei, jedoch können nicht völlig überzogene Kosten gefordert werden.

5. Absatz 5 entspricht der Regelung des § 11 Abs. 2 NachbG NRW.

§ 22
Errichten einer zweiten Grenzwand

(1) Steht auf einem Grundstück eine bauliche Anlage unmittelbar an der Grenze und wird später auf dem Nachbargrundstück an dieser Grenze eine bauliche Anlage errichtet, aber ohne konstruktiven Verband angebaut, so ist deren Erbauer verpflichtet, den entstandenen Zwischenraum auf seine Kosten in geeigneter Weise so zu schließen, daß Schäden im Bereich des Zwischenraumes, insbesondere durch Gebäudebewegungen und Witterungseinflüsse, an der zuerst errichteten baulichen Anlage vermieden werden. Die hierzu notwendigen Anschlüsse haben sich hinsichtlich der verwendeten Werkstoffe der vorhandenen baulichen Anlage anzupassen.

(2) Der Erbauer ist berechtigt, auf eigene Kosten durch übergreifende Bauteile einen den öffentlich-rechtlichen Vorschriften entsprechenden Anschluß an die bestehende bauliche Anlage herzustellen.

(3) Muß der Nachbar zur Ausführung seines Bauvorhabens seine Grenzwand tiefer als die zuerst errichtete Grenzwand gründen, so darf er diese unterfangen, wenn

1. dies nach den allgemein anerkannten Regeln der Baukunst notwendig und

2. das Bauvorhaben öffentlich-rechtlich zulässig ist.

(4) In den Fällen der Absätze 2 und 3 gelten §§ 16 und 17 entsprechend.

Erläuterungen

1. Ist auf einem Grundstück bereits eine Grenzwand vorhanden, so ist der Nachbar weder berechtigt, ohne Zustimmung des Eigentümers der Grenzwand diese durch Anbau zu nutzen, noch ist er zum Anbau verpflichtet. Es steht in seinem Belieben, eine eigene Grenzwand zu errichten, sofern andere Vorschriften, insbesondere § 1 Abs. 1 NachbG NRW oder öffentlich-rechtliche Bestimmungen nicht entgegenstehen. Bei der Errichtung einer zweiten Grenzwand können für die frühere Wand Gefahren auftreten, weil sich z. B. Witterungseinflüsse in dem Zwischenraum schädlich auswirken. Derartigen Gefahren will Absatz 1 entgegentreten. Der Erbauer der zweiten Wand muss den Zwischenraum schließen, so dass Schäden, die insbesondere durch Gebäudebewegungen und Witterungseinflüsse verursacht werden können, vermieden werden. Wenn Satz 1 diese Pflicht auf die

Fälle, in denen ohne konstruktiven Verbund gebaut wird, beschränkt, so ist damit gemeint, dass die zweite Wand statisch in jeder Weise unabhängig von der ersten errichtet wird. Liegt ein konstruktiver Verband vor, so handelt es sich gar nicht um eine zweite Grenzwand, sondern die bestehende Grenzwand wird durch Anbau genutzt. Die Zulässigkeitsvoraussetzungen dafür ergeben sich aus § 20 NachbG NRW. Die Kosten für die Schließung fallen ausschließlich dem Erbauer der zweiten Grenzwand zur Last. § 22 NachbG NRW gilt dann nicht, wenn beide Gebäude gleichzeitig errichtet werden, was häufig bei neu erschlossenen Wohngebieten vorkommt. Dann kann beiderseitigen Bauherren nur empfohlen werden, sich frühestens über die Art und Weise der Grenzbebauung zu einigen.

2. Absatz 2 erlaubt dem **Erbauer der zweiten Grenzwand,** seiner **Schließungspflicht** nach Absatz 1 durch übergreifende Bauteile zu genügen. Insoweit wird er also berechtigt, über die Grundstücksgrenze hinauszubauen. Das wird vor allem hinsichtlich der Dachkonstruktion praktisch werden können. Voraussetzung ist die öffentlich-rechtliche Zulässigkeit der Maßnahme. Die Kosten treffen den Bauherrn allein. Durch diese Regelung wird gleichzeitig den nachbarrechtlichen Interessen und baugestalterischen Gründen entsprochen. Die Regelung in den Absätzen 1 und 2 enthält einen Nachteil. Sie gilt nach ihrem Wortlaut in jedem Fall der Errichtung einer zweiten Grenzwand. Die Gründe für die Errichtung einer solchen zweiten Grenzwand können jedoch sehr unterschiedlich sein. Der spätere Bauherr kann insbesondere zu dieser Bauweise veranlasst worden sein, weil der Eigentümer der bestehenden Wand seine Einwilligung zum Anbau nach § 20 NachbG NRW versagt hat. In einem solchen Fall erscheint es unbillig, den späteren Bauherrn mit den gesamten Mehrkosten nach den Absätzen 1 und 2 zu belasten. Deshalb wird man aus dem auf den Grundsatz von Treu und Glauben gegründeten nachbarrechtlichen Gemeinschaftsverhältnis gerechterweise eine Kostenbeteiligung des Eigentümers der ersten Wand herleiten können.

3. Absatz 3 regelt die schwierige Frage, wie zu **verfahren** ist, wenn die **zweite Grenzwand tiefer als die bestehende gegründet** werden muss. In derartigen Fällen wird die bestehende Wand in ihrer Standfestigkeit möglicherweise gefährdet. § 909 BGB verbietet, ein Grundstück in der Weise zu vertiefen, dass das Nachbargrundstück die erforderliche Stütze verliert. § 909 Satz 2 BGB erlaubt allerdings eine Vertiefung, wenn für eine genügende anderweitige Befestigung gesorgt wird. Eine derartige anderweitige Befestigung darf jedoch nicht in den Bereich des Nachbargrundstücks übergreifen. Verfährt der Erbauer der zweiten Wand ausschließlich nach § 909 BGB, führt dies zu einem unverhältnismäßig hohen Kostenaufwand. Der einfachste und billigste Weg, der ersten Wand bei tieferer Gründung der zweiten Wand den notwendigen Halt zu geben ist, die frühere Wand zu unterfangen. Das gestattet Absatz 3 dem Erbauer der zweiten Wand, wenn es nach den allgemeinen Regeln der Baukunst notwendig und öffentlich-rechtlich zulässig ist. Stehen andere, weniger einschneidende Maßnahmen zur Verfügung, insbesondere die nicht in das Nachbargrundstück eingreifen, sind diese zu wählen (BGH, NJW 1997 S. 2595). Besondere Gründungsituationen können auch die Einschaltung eines **Bodensachverständigen** erforderlich machen (vgl. OLG Hamm, Rechtsreport Hamm 1993 S. 192). Eine Einwilligung des Eigentümers der bestehenden Wand ist nicht erforderlich. Er hat eine Duldungspflicht nach den Vorgaben des nachbarrechtlichen Gemeinschaftsverhältnisses. Die Darlegungs- und Beweislast für die Umstände, aus denen sich die Duldungspflicht ergeben soll, hat derjenige, der sich auf diese beruft (BGH, NJW 1997 S. 2595). Der Anspruch kann eingeklagt werden.

4. Der Erbauer der zweiten Wand muss gemäß Absatz 4 seinem Nachbarn die Vorhaben nach den Absätzen 2 und 3 **anzeigen.** Vor Fristablauf darf mit den Arbeiten nicht begonnen werden, es sei denn, der betroffene Grundstücksnachbar hat der Maßnahme zugestimmt. Außerdem ist er für den dem Duldungspflichtigen entstehenden Schaden ersatzpflichtig, ohne Rücksicht darauf, ob er schuldhaft handelt. Eine Sicherheitsleistung kann nicht gefordert werden, wenn eine ausreichende Haftpflichtversicherung besteht. Der

Bauherr, der die Arbeiten im Auftrag des Grundstückseigentümers ausführt, ist nicht Erbauer im Sinne der Vorschrift (vgl. OLG Hamm, NJW-RR 1991 S. 851), allerdings der Bauherr, der das Recht nach § 22 NachbG NRW in Anspruch nimmt (OLG Hamm, NJW-RR 1997 S. 146).

§ 23

Einseitige Grenzwand

Bauteile, die in den Luftraum eines Grundstücks übergreifen, sind zu dulden, wenn

1. **nach den öffentlich-rechtlichen Vorschriften nur auf dem Nachbargrundstück bis an die Grenze gebaut werden darf,**
2. **die übergreifenden Bauteile öffentlich-rechtlich zulässig sind,**
3. **sie die Benutzung des anderen Grundstücks nicht oder nur unwesentlich beeinträchtigen und**
4. **sie nicht zur Vergrößerung der Nutzfläche dienen.**

Erläuterungen

Nach den Vorschriften der §§ 905 und 912 BGB darf ein Grundstückseigentümer auch mit Teilen seines Bauwerkes die Grundstücksgrenze nicht überschreiten. § 905 Satz 2 BGB begründet jedoch eine Ausnahme für Einwirkungen im Luftraum, die im Bereich einer solchen Höhe stattfinden, dass der Eigentümer am Ausschluss der Einwirkungen kein Interesse mehr hat. Diese Duldungspflicht wurde in § 23 NachbG NRW modifiziert. Die Voraussetzungen der Duldungspflicht nach § 19 NachbG NRW sind:

a) dass nach **öffentlich-rechtlichen Vorschriften** nur auf dem Grundstück, von dem aus die Bauteile übergreifen, bis an die Grenze gebaut werden darf. Das kann z. B. dann der Fall sein, wenn der Bebauungsplan für das eine Grundstück eine geschlossene und für das andere Grundstück eine offene Bauweise vorsieht, oder wenn der Bebauungsplan die übertragbaren Grundstücksflächen so festlegt, dass sie nur auf dem einen Grundstück bis zur Grenze reichen. Die Duldungspflicht besteht nicht, wenn auf beiden Grundstücken bis an die Grenze gebaut werden darf, oder wenn auf dem einen Grundstück nur aus privatrechtlichen Gründen (z. B. durch Grunddienstbarkeit) nicht bis an die Grenze gebaut werden darf;

b) die übergreifenden Bauteile dürfen **öffentlich-rechtlichen Vorschriften nicht widersprechen.** Sie müssen also den Anforderungen der Bauordnung entsprechen (z. B. kein Verstoß gegen das Verunstaltungsgebot nach § 12 BauO NRW);

c) dass der **Duldungspflichtige** in der Benutzung seines Grundstücks nicht oder nur unwesentlich beeinträchtigt wird. Ob dies der Fall ist, hängt von der vorhandenen oder beabsichtigten Bebauung und Nutzung des Grundstücks ab und kommt ganz auf den Einzelfall an;

d) dass die **Bauteile nicht zur Vergrößerung der Nutzflächen dienen,** insbesondere nicht zum Betreten bestimmt sind. Zu dulden sind z. B. Dachrinnen, Fenstersimse, Dach- und Mauervorsprünge. Nicht aber Erker, Balkone oder Außentreppen.

Der unter den Voraussetzungen dieser Vorschrift vorgenommene Eingriff in den Luftraum des Nachbarn ist rechtmäßig. Er stellt eine nach § 906 BGB zu duldende Einwirkung dar. Aus der Rechtmäßigkeit folgt weiterhin, dass kein Überbau nach § 912 BGB vorliegt, so dass keine Überbaurente verlangt werden kann. Ebenfalls entsteht kein nachbarrechtlicher Ausgleichsanspruch etwa nach § 906 Abs. 1 BGB.

§ 23 a
Wärmedämmung und Grenzständige Gebäude

(1) Der Eigentümer bzw. die Eigentümerin eines Grundstücks hat die Überbauung seines bzw. ihres Grundstücks aufgrund von Maßnahmen, die an bestehenden Gebäuden für Zwecke der Wärmedämmung vorgenommen werden, zu dulden, wenn diese über die Bauteileanforderungen in der Energiesparverordnung vom 24. Juli 2007 (BGBl. I S. 1519), geändert durch Verordnung vom 29. April 2009 (BGBl. I S. 954), in der jeweils geltenden Fassung nicht hinausgeht, eine vergleichbare Wärmedämmung auf andere Weise mit vertretbarem Aufwand nicht vorgenommen werden kann und die Überbauung die Benutzung des Grundstücks nicht oder nur unwesentlich beeinträchtigt. Eine wesentliche Beeinträchtigung ist insbesondere dann anzunehmen, wenn die Überbauung die Grenze zum Nachbargrundstück in der Tiefe um mehr als 0,25 m überschreitet. Die Duldungspflicht nach Satz 1 erstreckt sich auch auf die mit der Wärmedämmung zusammenhängenden notwendigen Änderungen von Bauteilen.

(2) Im Falle der Wärmedämmung ist der bzw. die duldungsverpflichtete Nachbar/in berechtigt, die Beseitigung der Wärmedämmung zu verlangen, wenn und soweit er bzw. sie selbst zulässigerweise an die Grenzwand anbauen will.

(3) Der bzw. die Begünstigte muss die Wärmedämmung in einem ordnungsgemäßen und funktionsgerechten Zustand erhalten. Er bzw. sie ist zur baulichen Unterhaltung der wärmegedämmten Grenzwand verpflichtet.

(4) Die §§ 21 Abs. 2 und 3, 23 Nr. 2. bis 4. und § 24 gelten entsprechend mit der Maßgabe, dass die Anzeige nach Art und Umfang der Baumaßnahme umfassen muss.

(5) Dem bzw. der Eigentümer/in des betroffenen Grundstücks ist ein angemessener Ausgleich in Geld zu leisten. Die Ausgleichszahlung darf die Höhe des Bodenrichtwertes nicht übersteigen. Sofern nichts anderes vereinbart wird gelten die §§ 912 Abs. 2, 913, 914 und 915 BGB entsprechend.

(6) Die Absätze 1 bis 5 gelten für die Nachbarwand gemäß §§ 7, 8 entsprechend.

Erläuterungen

Für Zwecke der Wärmedämmung darf nunmehr der Eigentümer einer Grenzwand unter eingeschränkten Voraussetzungen das eigene Gebäude über diese Grenze hinaus auf das Nachbargrundstück „ausbauen". Umgekehrt bedeutet dies aber auch, dass der Grundstückseigentümer, in dessen Grundstück die Wärmedämmungsmaßnahmen des Nachbarn über die Grundstücksgrenze hinaus eingebaut werden sollen, dies dulden muss. Das fragliche Gebäude muss also bereits bestehen. Die Wärmedämmungsmaßnahmen dürfen nicht über die Bauteileanforderungen in der jeweils maßgeblichen Energiesparverordnung hinausgehen. Der Überbau ist erlaubt, wenn eine vergleichbare Wärmedämmung nicht auf andere Weise mit vertretbarem Aufwand vorgenommen werden kann. Fachleute beurteilen eine „Innen-Wärmedämmung" vielfach als problematisch, da im Haus Schimmelbildung und Schäden drohen. Ein nicht vertretbarer Aufwand liegt nicht vor, wenn im Gebäudeinneren durch die Wärmedämmung merklich Wohnfläche verloren geht. Die Überbauung darf die Nutzung des überbauten Grundstücks nur unwesentlich beeinträchtigen. Eine wesentliche Überbauung wird jedoch gesetzlich angenommen, wenn die Überbauung die Grenze in der Tiefe um mehr als 25 cm überschreitet. Reißt der Nachbar einen Anbau an einer ansonsten wärmegedämmten Grenzwand ab, so hat dessen Eigentümer gegen den Nachbarn keinen Anspruch auf Vervollständigung des Witterungsschutzes (BGH, NJW-RR 2011 S. 515; BGH, NJW 2010 S. 1808 m. w. N.).

Der Eigentümer des in Anspruch genommenen Grundstücks darf einen finanziellen Ausgleich verlangen. Wenn sich der Bauherr nicht anderweitig mit ihm einigt, geschieht dies nach den Grundsätzen der „Überbaurente". Mehr als den Grundstückswert der überbauten Fläche gemäß Bodenrichtwert kann er als Ausgleichszahlung aber auf keinen Fall verlangen. Der Bodenrichtwert ist beim örtlichen Gutachterausschuss für Grundstückswerte oder für NRW über das Internetportal www.boris.nrw.de zu ermitteln.

Wenn der Nachbar des wärmegedämmten Gebäudes später seinerseits ein Gebäude bis direkt an die Grundstücksgrenze neu errichten will, so ist dies zulässig. In diesem Fall muss in dem Anbaubereich die vorhandene Wärmedämmung beseitigt werden. Ein Gestattungsvertrag zur Duldung einer Fassadendämmung, der auf der Grundlage des Straßen- und Wegegesetzes abgeschlossen worden ist, ist nicht deshalb unwirksam, weil § 23 a NachbG NRW nunmehr besondere Regelungen zur Wärmedämmung geschaffen hat. § 23 a NachbG NRW schafft in diesem Bereich nur eine weitere Anspruchsgrundlage (AG Dortmund, Urt. vom 26.11.2013 - 512 C 6/13 -). Bestätigung der Duldung einer Wärmedämmung nach den Vorgaben des § 23 a NachbG NRW (im besagten Fall 0,25 m Grenzüberschreitung), siehe AG Köln, Urt. vom 2.10.2019 - 127 C 551/17 –. Zudem hat der BGH (Urt. vom 12.11.2021 – V ZR 115/20 –, a. A. offenbar LG Köln, Urt. vom 14.5.2020 – 29 X 223/ 19 –) bestätigt, dass Regelungen, die den Grundstückseigentümer zur Duldung einer nachträglichen grenzüberschreitenden Wärmedämmung des Nachbargebäudes verpflichten, aufgrund des Vorbehalts in Art. 124 EGBGB von der Gesetzgebungskompetenz der Länder umfasst sind.

Praxishinweis:

Bei allen grenznahen Baumaßnahmen sollten im Vorfeld Gespräche mit dem Nachbarn stattfinden. Oftmals gibt es Kompromisslösungen aufgrund von verschiedenen technischen Varianten. Gibt es keine Gesprächsbereitschaft mit dem Nachbarn, ist die Maßnahme fristgerecht dem Nachbarn schriftlich anzuzeigen (vgl. hierzu Erl. zu § 23a Abs. 4 NachbG NRW).

Bei umfangreichen und womöglich kostspieligen Baumaßnahmen sollte der Bauherr grundsätzlich sicherstellen, dass die Grundstücksgrenze exakt ausgemessen ist.

V. ABSCHNITT
HAMMERSCHLAGS- UND LEITERRECHT

§ 24
Inhalt und Umfang

(1) Der Eigentümer und die Nutzungsberechtigten müssen dulden, daß ihr Grundstück einschließlich der baulichen Anlagen zum Zwecke von Bau- oder Instandsetzungsarbeiten auf dem Nachbargrundstück vorübergehend betreten und benutzt wird, wenn und soweit

1. **die Arbeiten anders nicht zweckmäßig oder nur mit unverhältnismäßig hohen Kosten durchgeführt werden können,**
2. **die mit der Duldung verbundenen Nachteile oder Belästigungen nicht außer Verhältnis zu dem von dem Berechtigten erstrebten Vorteil stehen,**
3. **ausreichende Vorkehrungen zur Minderung der Nachteile und Belästigungen getroffen werden und**
4. **das Vorhaben öffentlich-rechtlichen Vorschriften nicht widerspricht.**

(2) Das Recht ist so schonend wie möglich auszuüben. Es darf nicht zur Unzeit geltend gemacht werden.

(3) Für die Anzeige und die Verpflichtung zum Schadensersatz gelten die §§ 16 und 17 entsprechend.

(4) Absatz 1 findet auf die Eigentümer öffentlicher Verkehrsflächen keine Anwendung.

Erläuterungen

1. In § 24 NachbG NRW wird das **Hammerschlags- und Leiterrecht** abschließend geregelt. Ein Rückgriff auf die Vorgaben des nachbarschaftlichen Gemeinschaftsverhältnisses (siehe Einleitung) sind demzufolge unzulässig. Das Recht umfasst **sämtliche Bau- und Instandsetzungsarbeiten** auf dem Nachbargrundstück. Unter Bauarbeiten sind alle **Arbeiten zur Herstellung** (z. B. Verputzen einer Außenwand) und **Veränderung** (z. B. Umbauten) zu verstehen. **Instandsetzungsarbeiten** dienen der **Beseitigung von Schäden** (z. B. Erneuerung von Fenstergittern) oder auch reine Unterhaltungs- (etwa Erneuerung des Außenanstrichs) und auch Reinigungsarbeiten (z. B. Säuberung der Dachrinnen, nicht aber das routinemäßige Fensterputzen). Zu den Instandsetzungsarbeiten gehören Arbeiten zur Aufbringung einer Wärmedämmung (LG Duisburg, Urt. vom 4.9.2007 – 13 S 75/07 –). Zu den Unterhaltungsarbeiten gehören nicht reine Verschönerungsmaßnahmen, bei denen lediglich das Aussehen der Baulichkeit verändert wird, ohne dass dafür eine objektive Notwendigkeit besteht. Der bloße Wunsch des Eigentümers nach einer solchen Veränderung rechtfertigt nicht den Eingriff in das von der Rechtsordnung geschützte Eigentums- und Besitzrecht (vgl. hierzu LG Bonn, Urt. vom 5.1.2021 – 5 T 94/20 –).

Zur Frage, ob das Hammerschlags- und Leiterrecht auch einen Eingriff in die Bodensubstanz beinhaltet, vgl. OLG Düsseldorf, Urt. vom 4.12.2019 – 9 U 48/19 –. Auch wenn man diese Frage verneint, könnte sich eine Verpflichtung zur Duldung aus dem Rechtsgrundsatz von Treu und Glauben nach § 242 BGB ergeben. Das Recht zur Benutzung des Nachbargrundstücks ist nicht auf Handlungen im rein oberirdischen Raum beschränkt. Das Hammerschlags- und Leiterrecht schließt auch nicht die vorhabenbezogene Beseitigung von Anpflanzungen aus, sofern diese nicht unverhältnismäßig sind (vgl. OLG Köln, Urt. vom 20.5.2021 – 18 U 17/20 –).

Zur Durchführung der Arbeiten darf das Nachbargrundstück betreten und benutzt werden. Zum **Benutzen** gehört auch das **Aufstellen von Baugerüsten**, das **vorübergehende Lagern** von Baustoffen einschl. das **Aufstellen von Baumaschinen**, ebenfalls das **Befahren des Grundstücks** zum Zwecke des An- oder Abtransports notwendiger Materialien. Erforderlichenfalls dürfen auch die baulichen Anlagen des Nachbarn betreten werden, nicht jedoch Wohnräume (a. A. *Schäfer*, § 24 Rn. 1). Das Benutzungsrecht erstreckt sich auch auf den Raum unterhalb der Erdoberfläche, so etwa zum Aushub von Erdreich, um eine Grenzwand zu errichten bzw. diese zu isolieren (BGH, VersR 1980 S. 651). Das Schwenken des Auslegers eines Krans in größerer Höhe wird nicht von der Vorschrift erfasst (siehe hierzu OLG Düsseldorf, MDR 1989 S. 993, OLG Karlsruhe, NJW-RR 1993 S. 91). § 24 ist auch unanwendbar für das Beschneiden einer Hecke, da es sich hierbei weder um Bau- noch um Instandsetzungsarbeiten handelt (a. A. *Schäfer* m. w. N., § 24 Rn. 2).

Das Hammerschlags- und Leiterrecht ist an folgende **Voraussetzungen** geknüpft:

a) Die beabsichtigten **Arbeiten dürfen anders nicht, nicht zweckmäßig oder nur mit unverhältnismäßigen hohen Kosten** durchgeführt werden können. Die Alternativen stehen gleichwertig nebeneinander. Bestehen mehrere zweckmäßige Möglichkeiten, so ist die Variante zu wählen, die das Nachbargrundstück am geringsten beeinträchtigt. Unverhältnismäßig hoch sind die Kosten, wenn sie bei Ausführung der Arbeiten unter Inanspruchnahme des Hammerschlags- und Leiterrechts erheblich niedriger sein würden. Die Differenz muss so bedeutsam sein, dass die andere Ausführungsart nicht mehr als wirtschaftlich anzusehen ist.

b) Die mit der Duldung verbundenen **Nachteile oder Belästigungen** nicht außer Verhältnis zu dem vom Berechtigten erstrebten Vorteil stehen. Vor- und Nachteile sind gegeneinander abzuwägen. Hierzu gehören sowohl geschmackliche Belästigungen als auch Liebhaberinteressen. Ein Nachbar darf nach dem Sinn des Gesetzes nur in dem unbedingt notwendigen Rahmen belastet werden, auch wenn damit höhere Kosten für den Berechtigten verbunden sind. Bei der vorzunehmenden Abwägung sind Arbeiten stets als unverhältnismäßig anzusehen, wenn vorher abzusehen ist, dass durch die Ausübung des sogenannten Hammerschlags- und Leiterrecht substantielle Beeinträchtigungen des Nachbarn nötig werden (LG Detmold, Urt. vom 31.1.2014 – 10 S 133/13 –).

c) Es müssen **ausreichende Vorkehrungen** zur Minderung der Nachteile und Belästigungen getroffen werden.

d) Das Vorhaben darf **öffentlich-rechtlichen Vorschriften nicht widersprechen.** Demzufolge muss das Vorhaben dem formellen und materiellen Baurecht entsprechen. Bei genehmigungspflichtigen Vorhaben muss die erforderliche Baugenehmigung erteilt sein. Ein etwaiger Einwand, die Ablehnung einer Baugenehmigung sei rechtswidrig, ist unzulässig und auch von der ordentlichen Gerichtsbarkeit nicht nachzuprüfen. Hat das zuständige Verwaltungsgericht über die Rechtmäßigkeit der Baugenehmigung entschieden, so ist das ordentliche Gericht an diese Entscheidung gebunden (vgl. BGH, NJW 1979 S. 34 f.). Im Zweifel wird der Nachbar die Vorlage der Bauunterlagen verlangen können. Unzulässig sind trotz ausdrücklicher Erwähnung auch Arbeiten, die privatrechtliche Vorschriften verletzen (bspw. wenn die Baumaßnahme zu einem Grenzüberbau oder zu einer Verletzung privatrechtlicher Grenzabstände führt, so auch *Schäfer*, § 24 Rn. 10).

e) Das **Hammerschlags- und Leiterrecht** darf nur ausgeübt werden, wenn der Berechtigte sein Vorhaben dem Eigentümer bzw. Erbbauberechtigten und den Nutzungsberechtigten mindestens einen Monat vor **Beginn der Arbeiten schriftlich angezeigt** hat (vgl. § 24 Abs. 2 i. V. m. § 16 NachbG NRW). Das Benutzungsrecht entsteht erst mit dem Ablauf der gesetzlichen Frist nach der Anzeige der beabsichtigten Nutzung (OLG Frankfurt, Beschl. vom 11.1.2011 – 4 W 43/10 –). Anzeigeverpflichtet ist derjenige, der die Arbeiten ausführen möchte. Empfänger der Anzeige sind der Grundstückseigentümer und die Nutzungsberechtigten (Mieter, Pächter). Die Anzeige hat detailliert die Art und den Umfang der geplanten Rechtsausübung zu enthalten. Das OLG Hamm (Urt. vom 1.6.1978 – 5 U 312/77 –) vertrat in einer Entscheidung die Ansicht, dass die Anzeige neben dem Tag auch die Stunde des Arbeitsbeginns enthalten sollte. Der Verfasser hält die genaue Angabe dieses Zeitpunktes für überzogen, da in der Praxis solche Angaben nur schwer bestimmbar sind. **Schäden,** die dem Eigentümer des Nachbargrundstücks bei Ausübung der Rechte entstehen, sind **ohne Rücksicht auf Verschulden zu ersetzen** (vgl. § 24 Abs. 3 i. V. m. § 17 NachbG NRW, siehe hierzu auch LG Bonn, Urt. vom 9.6.2006 – 2 O 33/06 –). Der Umfang des Schadensersatzes richtet sich nach §§ 249 ff. BGB, auch ein Mitverschulden des Geschädigten ist denkbar, so dass eine Verringerung des Ersatzbetrages aus diesen Gründen in Betracht kommt. Die Gefährdungshaftung beschränkt sich jedoch nur auf die Ausübung des Rechts, so dass für gelegentlich der Rechtsausübung entstehende Schäden (z. B. Diebstähle auf dem Nachbargrundstück) dem Betroffenen ein Verschulden nachzuweisen ist. Die Vorschriften des Hammerschlags- und Leiterrechts sind Schutzgesetze im Sinne von § 823 Abs. 2 BGB, deren schuldhafte Verletzung Schadensersatzansprüche auslösen (OLG Düsseldorf, NZM 1998 S. 346 f.). Der Grundstückseigentümer begeht keine Pflichtverletzung und ist nicht schadensersatzpflichtig, wenn er die Ausübung des Hammerschlags- und Leiterrechts des Nachbarn davon abhängig macht, dass dieser seine Grenzwand gründet (vgl. OLG Düsseldorf, NJW-RR 1999 S. 102).

Formulierungsbeispiel:

Wir beabsichtigten am 15.6.2003 einen Neuanstrich unseres Wohnhauses in ... durchzuführen. Zur Stellung eines Gerüstes sind wir aus Platzgründen gezwungen, Ihr Grundstück im Bereich ... auf einer Breite von 1 m in Anspruch zu nehmen. Die Dauer der Gesamtmaßnahme beträgt vierzehn Tage.

Nicht vom Hammerschlags- und Leiterrecht erfasst werden Besitzstörungen, die durch das Eindringen eines Schwenkarms eines Baukrans in den Luftraum des Nachbargrundstücks entstehen (vgl. hierzu OLG Düsseldorf, MDR 1989 S. 993; OLG Karlsruhe, NJW-RR 1993 S. 91). Nach Ansicht des LG Duisburg (Urt. vom 9.10.2008 – 3 O 449/06 –) muss ein

Grundstückseigentümer allerdings dulden, wenn die Tragarme von zwei Hochbaukränen, die auf dem Nachbargrundstück zum Zwecke von Bauarbeiten vorübergehend eingesetzt werden, hin und wieder geräuschlos über seinem Grundstück schweben und die Kosten für die Einschränkung des Schwenkbereichs der Kräne unverhältnismäßig hoch sind (LG Duisburg, Beschl. vom 9.10.2008 – 3 O 449/06 –).

Die Pflicht zur Duldung des Hammerschlags- und Leiterrechts entsteht mit der Erfüllung der gesetzlichen Voraussetzungen. Daraus folgt, dass der in Anspruch genommene Nachbar für die Arbeiten keine ausdrückliche Zustimmung erteilen muss. Bei Streit über die Berechtigung kann jedoch der Grundstückseigentümer das Recht nicht im Wege der Selbsthilfe durchsetzen, sondern muss den Nachbarn auf Duldung verklagen (vgl. hierzu auch LG Detmold, Urt. vom 31.1.2014 – 10 S 133/13 –). Ein aus dem Nachbarrecht abgeleiteter Duldungsanspruch kann so lange nicht zur Rechtfertigung einer Besitzstörung vorgebracht werden, wie ein solcher Anspruch nicht tituliert ist (OLG Hamm, Beschl. vom 13.10.2011 – 5 W 48/11 –). Etwas anderes gilt nur für Notstandsfälle. Die Beweislast dafür, dass die Voraussetzungen für die Ausübung des Rechts vorliegen, trifft denjenigen, der die Arbeiten durchführen möchte. Das Hammerschlags- und Leiterrecht befreit im Übrigen nicht von der Einholung anderweitiger Genehmigungen. Andererseits kann die grundlose Verweigerung des Rechts Schadensersatzansprüche nach den Grundsätzen der positiven Forderungsverletzung auslösen.

> *Beispiel:*
>
> *Nachbar Freundlich hat seine Garage verklinkert. Durch die grundlose Verweigerung des Betretungsrechts kann er die vierte Garagenseite erst nach Durchführung eines Verfahrens auf den Weg bringen. Hierzu müssen die erforderlichen Gerätschaften (Gerüst usw.) nochmals aufgestellt werden, was zusätzliche Kosten verursacht.*

2. Das Hammerschlags- und Leiterrecht ist insbesondere, weil es einen Eingriff in das Nachbargrundstück darstellt, so **schonend** wie möglich auszuüben. Bei Missachtung des Grundsatzes kann u. U. ein Unterlassungsanspruch geltend gemacht werden. Das bedeutet, dass das Nachbargrundstück nur in dem absolut notwendigen räumlichen und zeitlichen Ausmaß unter Vermeidung jeglicher Schäden beansprucht werden soll. Das kann bspw. die Beschäftigung fachkundiger Handwerker statt Eigenarbeit bedeuten. Sofern zwischen den Nachbarn erhebliche Spannungen bestehen, kann es die schonende Ausübung des Rechts gebieten, dass der Berechtigte selbst das Nachbargrundstück nicht persönlich betritt, sondern das Recht einem Dritten überlässt (so *Bassenge/Olivet,* § 17 Rn. 6). Das Recht darf nicht zur Unzeit geltend gemacht werden. Es dürfen demzufolge keine Beete kurz vor der Ernte benutzt werden, wenn die Arbeiten auch nach der Ernte ausgeführt werden können. Ein Hotel- oder Ausflugslokal darf nicht in der Saison benutzt werden, wenn die Arbeiten auch außerhalb der Saison ausgeführt werden können. Es widerspricht auch diesem Grundsatz, dass die Einräumung des Rechts zu dem Zeitpunkt gefordert wird, wenn der Nachbar selbst in Ausübung eigener Baumaßnahmen den benötigten Raum benötigt (vgl. hierzu *Schäfer,* § 24 Rn. 12). Die Interessen und Bedürfnisse aller Beteiligten sind abzuwägen. Bei unzeitiger Geltendmachung besteht das Recht nicht (vgl. OLG Braunschweig, NdsRpfl. 1971 S. 231). Eine Anwendung zu einer gewerblichen Tätigkeit wird ebenfalls ausgeschlossen (so OLG Düsseldorf, NJW-RR 1989 S. 1421).

3. Aus der Anwendbarkeit des § 16 NachbG NRW ergibt sich zunächst, dass die Einzelheiten der geplanten Bau- und Instandsetzungsarbeiten spätestens **einen Monat vor Beginn der Arbeiten** dem Eigentümer und dem in seinem Besitz betroffenen Nutzungsberechtigten des Nachbargrundstücks **schriftlich anzuzeigen** sind. Die schriftliche Anzeige ist auch dann ordnungsgemäß, wenn diese aus Sicherheitsgründen rein vorsorglich unter dem Hinweis erfolgt, dass es zu einer tatsächlichen Beeinträchtigung des Nachbargrundstücks wohl nicht kommen werde (LG Essen, Beschl. vom 4.5.2011 – 1 O 101/11 –). Zum Inhalt der Anzeige vgl. LG Wuppertal, Urt. vom 7.2.2012 – 16 S 33/11 –. So ist in der

Anzeige der vorgesehene Beginn der Arbeiten nach Tag und Stunde anzugeben, damit die Anzeige ihren Zweck erfüllen kann, der darin liegt, dass sich der Verpflichtete auf Behinderungen und Belästigungen einstellen kann und darauf, in welchem Umfang er sein Grundstück freihalten muss und schadensmindernde Vorkehrungen treffen kann.

Eine Anzeigepflicht entfällt unter den Voraussetzungen des § 904 BGB, wenn zur Abwendung einer akuten Gefahr (z. B. nach schweren Unwetterschäden) ein sofortiges Eingreifen notwendig ist. Aus der Anwendbarkeit des § 17 NachbG NRW folgt, dass der Berechtigte den Duldungspflichtigen unabhängig von einem Verschulden den Schaden zu ersetzen hat, der ihnen bei Ausübung des Rechts entstanden ist. Bei einem Eingriff unter den Voraussetzungen des § 904 BGB ergibt sich ein möglicher Schadensersatzanspruch aus § 904 Satz 2 BGB. Es kann in Höhe voraussichtlicher Schäden auch Sicherheitsleistung verlangt werden. Schäden im Sinne der Regel können sowohl Sachschäden als auch Schäden für entgangene Nutzungen sein. Bzgl. der Einzelheiten wird auf die Erl. zu § 17 NachbG NRW verwiesen.

4. Das Hammerschlags- und Leiterrecht besteht gegenüber dem Eigentümer und damit auch dem Nutzungsberechtigten **öffentlicher Verkehrsflächen** nicht. Öffentliche Verkehrsflächen sind die dem öffentlichen Verkehr gewidmeten Straßen, Wege und Plätze. Es handelt sich hiermit um die straßenrechtliche Begriffsbestimmung. Die Benutzung öffentlicher Verkehrsflächen für Arbeiten am eigenen Grundstück richtet sich nach dem öffentlichen Straßenrecht und erfüllt regelmäßig den Begriff der erlaubnisbedürftigen Sondernutzung (vgl. § 18 StrWG, so etwa für die Aufstellung eines Gerüstes auf dem Gehweg entlang der Hausfront). Die Erteilung einer solchen Erlaubnis liegt im pflichtgemäßen Ermessen des zuständigen Straßenbaulastträgers und kann gebührenpflichtig sein.

§ 25
Nutzungsentschädigung

(1) Wer ein Grundstück länger als einen Monat gemäß § 24 benutzt, hat für die darüber hinausgehende Zeit der Benutzung eine Entschädigung in Höhe der ortsüblichen Miete für einen dem benutzten Grundstücksteil vergleichbaren Lagerplatz zu zahlen. Die Entschädigung ist nach Ablauf je eines Monats fällig.

(2) Die Entschädigung kann nicht verlangt werden, soweit Ersatz für entgangene anderweitige Nutzung gefordert wird.

Erläuterungen

1. Im Gegensatz zu den Nachbarrechtsgesetzen anderer Bundesländer hat Nordrhein-Westfalen lediglich eine **Entschädigung** für die Inanspruchnahme des Nachbargrundstücks für den Fall geregelt, dass die Nutzung einen Zeitraum von einem Monat überschritten wird. Der Gesetzgeber geht davon aus, dass dieser Zeitraum in aller Regel ausreichend ist, um notwendige Instandsetzungs- oder Schönheitsreparaturen durchzuführen. Durch die Entschädigungspflicht nach Ablauf der Monatsfrist wird der Nutzer auch in die Lage versetzt seine Arbeiten möglichst ohne Verzögerung durchzuführen. Die Nutzungsentschädigung ist fällig, ohne dass ein besonderer Nachweis eines etwaigen Schadens wegen entgangener Nutzungen erbracht werden muss. Die Berechnung der Monatsfrist wird nach §§ 187 ff. BGB abgewickelt. Die Höhe des Anspruchs richtet sich nach der **ortsüblichen Miete** für einen dem benutzten Grundstücksteil vergleichbaren Lagerplatz. Ist der entstandene Nutzungsverlust tatsächlich höher, so besteht ein Erstattungsanspruch, sofern ein derartiger Nachweis geführt werden kann. Da das Gesetz nicht regelt, an wen die Nutzungsentschädigung zu zahlen ist, falls der Eigentümer und Nutzungsberechtigte auseinanderfallen, ist maßgebend, wessen Rechte tatsächlich beeinträchtigt werden.

2. Eine Nutzungsentschädigung entfällt für den Fall, dass der Nachbar eine Schadensersatzleistung als Ausgleich für eine entgangene anderweitige Nutzung seines Grundstücks verlangt. Ansonsten würde der Nachbar u. U. einen doppelten Wertersatz erhalten, welcher gerade durch die Formulierung des Absatzes 2 vermieden werden soll.

Beispiel:

Ein Nachbar verlangte im Rahmen des Hammerschlags- und Leiterrechts von dem Betroffenen für die Inanspruchnahme seines Grundstücks Schadensersatz, weil er sein Grundstück während dieser Zeit nicht gewinnbringend verpachten konnte. Er kann in diesem Falle keine Nutzungsentschädigung fordern. Eine Besitzstörung kann bereits dann gegeben sein, wenn ein Eigentümer schriftlich darauf hingewiesen wird, einen bestimmten Bereich seines Grundstücks während der Dauer der Abbrucharbeiten auf dem Nachbargrundstück nicht zu betreten, da von den Abbrucharbeiten Gefahren ausgehen könnten (OLG Hamm, Beschl. vom 13.10.2011 – 5 W 48/11 –).

VI. ABSCHNITT
HÖHERFÜHREN VON SCHORNSTEINEN, LÜFTUNGSLEITUNGEN UND ANTENNENANLAGEN

§ 26
Inhalt und Umfang

(1) Der Eigentümer und die Nutzungsberechtigten eines Grundstücks müssen dulden, daß an ihrem höheren Gebäude der Eigentümer und die Nutzungsberechtigten des angrenzenden niederen Gebäudes ihre Schornsteine, Lüftungsleitungen und Antennenanlagen befestigen, wenn

1. die Erhöhung der Schornsteine und Lüftungsleitungen für die notwendige Zug- und Saugwirkung und die Erhöhung der Antennenanlagen für einen einwandfreien Empfang von Sendungen erforderlich ist und

2. die Befestigung der höhergeführten Schornsteine, Lüftungsleitungen und Antennenanlagen anders nicht zweckmäßig oder nur mit unverhältnismäßig hohen Kosten durchgeführt werden kann.

(2) Der Eigentümer und die Nutzungsberechtigten des betroffenen Grundstücks müssen ferner dulden,

1. daß die unter den Voraussetzungen des Absatzes 1 höhergeführten und befestigten Schornsteine, Lüftungsleitungen und Antennenanlagen des Nachbargrundstücks von ihrem Grundstück aus unterhalten und gereinigt werden, soweit das erforderlich ist, und

2. daß die hierzu notwendigen Einrichtungen angebracht werden.

(3) Für die Anzeige und die Verpflichtung zum Schadensersatz gelten die §§ 16 und 17 entsprechend. Die Absicht, notwendige Wartungs- und Reparaturarbeiten auszuführen, braucht nicht angezeigt zu werden. Zur Unzeit brauchen diese Arbeiten nicht geduldet zu werden.

(4) Absätze 1 und 2 gelten für Antennenanlagen nicht, wenn dem Eigentümer und den Nutzungsberechtigten des niederen Gebäudes die Mitbenutzung der dazu geeigneten Antennenanlage des höheren Gebäudes gestattet wird.

Erläuterungen

1. Es kommt verschiedentlich vor, dass entweder durch die baurechtliche Genehmigung von höheren Wohnhäusern bzw. durch die Erhöhung einer vorhandenen baulichen Anlage der Fernsehempfang eines niedrigen Gebäudes gestört wird. Die Rechtsprechung (BGH, NJW 1984 S. 729 bzw. OLG Hamm, MDR 1996 S. 1118) hat Abwehransprüche gegen die so genannte „Abschattung von Funkwellen o. Ä." abgelehnt, weil es sich hierbei um negative Einwirkungen handelt. Zum Anspruch des Nachbarn gegen den Betrieb einer Mobilfunkanlage auf dem Nachbargrundstück vgl. LG München, NJW-RR 1997 S. 465 f. Zur Störung des Fernsehempfanges durch einen Rundfunksender vgl. OLG Karlsruhe, NJW-RR 1992 S. 93.

Viele Nachbarrechtsgesetze versuchen diesem unglücklichen Zustand entgegenzuwirken. Das Problem besteht darin, dass unmittelbar neben einem kleineren Haus ein erheblich größeres Haus errichtet wird und hierdurch eine Störung des Hörfunk- und Fernsehempfanges eintritt. Gleichzeitig führt die genannte Situation oftmals dazu, dass die Schornsteine und Lüftungsanlagen des kleineren Gebäudes die Zug- und Saugwirkung verlieren.

Nach § 26 Abs. 1 NachbG NRW muss der Eigentümer und Nutzungsberechtigte eines Grundstücks dulden, dass der Nachbar an dem Gebäude Schornsteine, Lüftungsschächte und Antennenanlagen seines angrenzenden niedrigen Gebäudes befestigt, wenn

a) die Höherführung der Schornsteine und Lüftungsschächte zur Betriebsfähigkeit oder die Erhöhung der Antennenanlage für einen einwandfreien Empfang von Sendungen erforderlich ist. Betriebsfähigkeit bedeutet, dass die Anlage die notwendige Zug- und Saugwirkung besitzen muss. An sich mangelhafte Anlagen begründen keine Duldungspflicht;

b) die Befestigung der höher geführten Schornsteine, Lüftungsschächte und Antennenanlagen (gilt gleichwohl für Rundfunk- und Fernsehantenne, nicht aber für Mobilfunkantennen) ohne Inanspruchnahme des Nachbargrundstücks nicht zweckmäßig oder nur mit unverhältnismäßig hohen Kosten durchgeführt werden kann. Bei dem Begriff der Zweckmäßigkeit reicht es nicht aus, dass es keine zweckmäßigere Lösung gibt. Die Befestigung ist nur zulässig, wenn andere Möglichkeiten technisch nicht vertretbar sind bzw. nur mit unverhältnismäßig hohen Kosten durchgeführt werden können. Ist die Befestigungsart an dem höheren Gebäude zulässig und stehen mehrere Befestigungsmöglichkeiten zur Verfügung, ist die zu wählen, die den Nachbarn am wenigsten tangiert.

2. Die in Absatz 1 normierte Gestattungsverpflichtung wird in Absatz 2 in der Weise erweitert, dass dem Eigentümer eingeräumt wird, Maßnahmen zur Erhaltung der Funktionstüchtigkeit der Anlagen durchzuführen. Eigentümer und Nutzungsberechtigte sind verpflichtet, das Betreten des Grundstücks durch den Berechtigten oder Beauftragte zu dulden, um die erhöhte und befestigte Anlage zu unterhalten bzw. zu reinigen. Voraussetzung jedoch ist, dass die Maßnahme erforderlich ist. Erforderlich ist die Maßnahme nicht, wenn die Arbeiten ohne besondere Schwierigkeiten auch vom eigenen Grundstück aus durchgeführt werden können. In diesem Zusammenhang dürfen auch die für Unterhaltung erforderlichen Anlagen (Steigleitern, Gerüst) auf eigene Kosten an dem höheren Gebäude angebracht werden.

3. Absatz 3 verweist auf die **Anzeige- und Schadensersatzpflicht** nach den §§ 16 und 17 NachbG NRW. Ein Anspruch auf Nutzungsentschädigung besteht jedoch nicht.

4. Der Nachbar kann nach Absatz 4 die Anbringung einer Antennenanlage verhindern, wenn er die Mitbenutzung seiner Antenne gestattet, und die Mitbenutzung für den Empfang in dem niedrigen Gebäude geeignet ist. Erfordert die Benutzung der Anlage durch weitere Teilnehmer den Einbau eines Verstärkers, so kann der Eigentümer die Nachbarn erst dann auf seine Anlage verweisen, wenn er durch Einbau eines Verstärkers die Voraussetzung für die Benutzung geschaffen hat. In dem Gestattungsvertrag kann man die Begründung eines gesellschaftsähnlichen Verhältnisses oder einer Gemeinschaft sehen. Nach gesellschaftsrechtlichen Vorschriften oder dem nach § 748 BGB für die Lastentragung der Gemeinschaft geltenden Grundsatz sind die Kosten gleichmäßig auf alle Benutzer aufzuteilen. Die Kosten des Anschlusses an die Gemeinschaftsantenne trägt der Anschlussberechtigte (BGH, NJW 1984 S. 729; vgl. zu Thematik auch AG Köln, NJW 1974 S. 999).

VII. ABSCHNITT
DACHTRAUFE

§ 27
Niederschlagwasser

(1) Bauliche Anlagen sind so einzurichten, daß Niederschlagwasser nicht auf das Nachbargrundstück tropft, auf dieses abgeleitet wird oder übertritt.

(2) Absatz 1 findet keine Anwendung auf freistehende Mauern entlang öffentlicher Verkehrsflächen und öffentlicher Grünflächen.

Erläuterungen

1. Der **Eigentümer** oder der Nutzungsberechtigte eines Grundstücks darf **durch seine baulichen Anlagen keine Voraussetzungen** dafür schaffen, dass **Niederschlagswasser** auf das Nachbargrundstück eindringt. § 27 Abs. 1 NachbG NRW gewährt nur Schutz davor, dass Niederschlagswasser auf das Nachbargrundstück oberirdisch zufließt, nicht aber dagegen, dass der Niederschlag in den Boden einsickert und dabei den Boden des Nachbargrundstücks durchfeuchtet. Die Errichtung der baulichen Anlage muss dazu geführt haben, dass auf das Nachbargrundstück Niederschlagswasser abfließt, das bisher auf dem eigenen Grundstück verblieb (OLG Köln, Urt. vom 14.5.2010 – 19 U 120/09 –). Die Vorschrift behandelt zudem nicht das Niederschlagswasser, das als Regen, Schnee oder Hagel unmittelbar auf den Boden niederschlägt, sich sammelt und von dort aus als wild fließendes Wasser abströmt. Für derartige Niederschläge (Oberflächenwasser) hat der Grundstückseigentümer grundsätzlich keine besonderen Verpflichtungen zum Auffang (vgl. hierzu BGH, UPR 1991 S. 376 f.). Niederschlagswasser im Sinne des Gesetzes ist nur das Regen- und Schneewasser, das zunächst auf eine bauliche Anlage eines Grundstücks fällt und von dort auf den Boden gelangt. Unerheblich ist, ob das Niederschlagswasser unmittelbar von der baulichen Anlage auf das Nachbargrundstück tropft oder von dieser zunächst auf das eigene Grundstück und dann erst auf das Nachbargrundstück abläuft. § 27 ist im Übrigen Schutzgesetz im Sinne von § 823 Abs. 2 BGB zugunsten der Eigentümer tieferliegender Grundstücke (OLG Hamm, VersR 1985 S. 648; LG Paderborn, ZMR 1991 S. 300). Aus diesem Grunde kann der Nachbar, der seine baulichen Anlagen schuldhaft so errichtet, dass Niederschlagswasser auf das Nachbargrundstück übertritt, schadensersatzpflichtig werden. Das OVG Lüneburg (NVwZ-RR 1995 S. 190) bejaht einen bauordnungsrechtlichen Abwehranspruch, falls ein genehmigtes Bauvorhaben zu einer unzumutbaren Behinderung des Niederschlagsabflusses von einem höheren Nachbargrundstück führt. Vgl. zur Haftung der Gemeinde für Überflutung von Kellerräumen bei fehlender Rückstausicherung OLG Köln, NVwZ-RR 2000 S. 651. Der Grundstückseigentümer hat auf Grund der Verkehrssicherungspflicht für eine Abwasseranlage auf seinem Grundstück dafür zu sorgen, dass anfallendes Regenwasser nicht auf ein Nachbargrundstück übertritt; er hat die Abwasseranlage auch dann zu unterhalten, wenn er verpflichtet ist, das Niederschlagswasser vom Nachbargrundstück aufzunehmen (OLG Düsseldorf, NJW-RR 2002 S. 306). Nach § 115 Abs. 1 LWG darf der Grundstückseigentümer den Ablauf des wild abfließenden Wassers nicht künstlich so ändern, dass tieferliegende Grundstücke belästigt werden. Im Falle der künstlichen Veränderung des wild abfließenden Wassers kann der Eigentümer eines Grundstücks von dem Eigentümer eines tieferliegenden Grundstücks die Aufnahme des wild abfließenden Wassers verlangen, wenn er es durch Anlagen von seinem Grundstück nicht oder nur mit unverhältnismäßig hohem Aufwand abführen kann. Abwehransprüche gegen wild abfließendes Niederschlagswasser sind entsprechend dem Vorbehalt in Art. 65 EGBGB in den Bestimmungen des Wassernachbarrechts abschließend geregelt und schließen auch einen Anspruch nach § 907 BGB aus (OLG Düsseldorf, Urt. vom 4.12.2006 – I-9 U 76/06 –).

Die Veränderung des Wasserlaufs infolge veränderter wirtschaftlicher Nutzung des Grundstücks fällt nicht unter dieses Verbot (§ 115 Abs. 1 Satz 2 LWG; BGH, NJW 1991 S. 2770). Eine solche Veränderung kann z. B. darin liegen, dass ein Grundstück einem anderen Unternehmer zum Abkippen von Straßenbau- und sonstigem Schutt vermietet und durch das Anschütten der Wasserlauf verändert wird (BGH, WM 1980 S. 656). Der Unterlieger kann aber auch entsprechende Vorkehrungen treffen, um zu verhindern, dass wild abfließendes Wasser auf sein Grundstück gelangt (BGH, NJW 1991 S. 2772). Das Gesetz regelt nicht, auf welche Art entsprechende Vorkehrungen zu treffen sind, damit Niederschlagswasser nicht durch bauliche Anlagen auf das Nachbargrundstück abgeleitet wird. Neben der Ableitung in den Kanal ist die Anlegung von Sickerschächten, aber auch die Inanspruchnahme eines Leitungsnotweges denkbar. Zur Frage des Ausgleichsanspruchs bei Überschwemmung des Nachbargrundstücks infolge gebrochener Wasserversorgungsleitung vgl. BGH, ZfS 2003 S. 445 ff. Ein durch Wasser – das entgegen § 27 Abs. 1 NachbG NRW auf ein Nachbargrundstück umgeleitet wurde und dadurch Koniferen beschädigt haben soll – entstandener Schaden lässt sich nicht herleiten, wenn auf einem vom Kläger eingereichten Foto eine Reihe vital aussehender Koniferen zu sehen sind, die die typische Aufgabe einer Grenzbepflanzung, Sicht- und Lärmschutz zu bieten, wirkungsvoll erfüllten, und wenn durch ein Sachverständigengutachten kein Beweis möglich ist, da die Koniferen entfernt wurden, der Freisitz auf dem Nachbargrundstück, von dessen Dachfläche Niederschlagswasser auf das Grundstück geleitet wurde, abgebaut ist und es an für den Sachverständigen erforderlichen Details fehlt (OLG Düsseldorf, Urt. vom 2.12.2013 – 1–9 U 60/13, 9 U 60/13 –).

2. Absatz 2 enthält eine Einschränkung der Verpflichtungen des Absatzes 1 in Bezug auf freistehende Mauern entlang öffentlicher Straßen und öffentlicher Grünflächen. Der Begriff der öffentlichen Straße orientiert sich an den Vorgaben des Straßenrechts und umfasst auch gewidmete Wege und Plätze. Der Straßenanlieger hat auch keinen Anspruch darauf, dass Spritzwasser von der Fahrbahn in jedem Fall von seinem Grundstück ferngehalten wird (VGH München, NVwZ 1998 S. 536). Zur Ablehnung eines Folgenbeseitigungsanspruchs bei Regenwasserzufluss aus dem öffentlichen Bereich vgl. auch OVG Lüneburg, Urt. vom 21.11.1994 – 12 L 980, 93 –.

§ 28

Anbringen von Sammel- und Abflußeinrichtungen

(1) Der Eigentümer und die Nutzungsberechtigten eines Grundstücks, die aus besonderem Rechtsgrund verpflichtet sind, das von den baulichen Anlagen eines Nachbargrundstücks tropfende oder abgeleitete oder von dem Nachbargrundstück übertretende Niederschlagwasser aufzunehmen, sind berechtigt, auf eigene Kosten besondere Sammel- und Abflußeinrichtungen an der baulichen Anlage des traufberechtigten Nachbarn anzubringen, wenn die damit verbundene Beeinträchtigung nicht erheblich ist. Sie haben diese Einrichtung zu unterhalten.

(2) Für die Anzeige und die Verpflichtung zum Schadensersatz gelten die §§ 16 und 17 entsprechend.

Erläuterungen

1. Wer aus besonderem Rechtsgrund (Vertrag, Dienstbarkeit) zur Duldung der so genannten „Traufe" verpflichtet ist, erhält durch Absatz 1 die Befugnis, auf seine Kosten Sammel- und Abflusseinrichtungen, also Dachrinnen und Abflussrohre, die er dann auch unterhalten muss, an der baulichen Anlage des Nachbarn anzubringen. An Vereinbarungen der Voreigentümer sind Sonderrechtsnachfolger (so etwa Käufer) nicht gebunden (OLG Düsseldorf, NJW-RR 1991 S. 403 f.). Ein Recht zur Anbringung besteht nur, wenn damit keine erheblichen Beeinträchtigungen für das Nachbargrundstück verbunden sind. Denkbar sind hier bspw. technische oder gestalterische Störungen, wobei sich der im Gesetz festgeschriebene „Erheblichkeitsbegriff" an dem der „wesentlichen" Grundstücksbeeinträchtigung im Sinne des bürgerlich-rechtlichen Nachbarrechts orientiert.

2. Die Arbeiten nach Absatz 1 dürfen erst dann begonnen werden, wenn sie vorher fristgerecht angezeigt worden sind. Diese Anzeigepflicht besteht auch für Unterhaltungsarbeiten.

VIII. ABSCHNITT
ABWÄSSER

§ 29

Bauliche Anlagen sind so einzurichten, daß Abwässer und andere Flüssigkeiten nicht auf das Nachbargrundstück übertreten.

Erläuterungen

Abwasser ist **Schmutzwasser,** also Wasser, das durch häuslichen, gewerblichen, landwirtschaftlichen oder sonstigen Gebrauch in seinen Eigenschaften verändert ist. Dazu gehören auch die aus Anlagen zum Behandeln, Lagern und Ablagern von Abfällen und Futtermitteln austretenden Flüssigkeiten. Ob das Wasser rein oder verunreinigt ist, ist unerheblich. Zu den anderen Flüssigkeiten gehören etwa Jauche, Öl sowie Chemikalien. Keine Abwässer sind Traufwasser oder wild abfließendes Wasser. Nicht wild abfließendes Wasser, sondern Abwässer sind bspw. Grundwasser, das sich im Keller sammelt, Drainwasser sowie Wasser, das aus gebrochenen Rohren strömt, da es aus einer künstlichen Anlage stammt (vgl. OLG Saarbrücken, VersR 1975 S. 149). Der Nachbar ist gemäß §§ 903 ff. BGB nicht verpflichtet, Abwässer auf seinem Grundstück aufzunehmen. Um unzulässige Einwirkungen auf das Nachbargrundstück nach Möglichkeit auszuschließen, sind bauliche Anlagen von vornherein so einzurichten, dass Abwässer und andere Flüssigkeiten nicht auf das Nachbargrundstück übertreten können. Damit ist sowohl die Zuleitung von Abwässern durch besondere Abflusseinrichtungen als auch das bloße Abfließen solcher Flüssigkeiten von baulichen Anlagen des Grundstücks untersagt. Ein Unterlassungsanspruch besteht auch bereits dann, wenn noch keine konkrete Störung durch den Abfluss oder die Ableitung eingetreten ist.

Beispiel:

Der Grundstückseigentümer Emsig hat nahe der Grundstücksgrenze einen Wasserhahn zur Reinigung seiner Gartengeräte installiert. Da ein besonderer Abfluss nicht besteht und die Abwässer nicht im Boden versickern, kommt es immer vor, dass dieses auf das Nachbargrundstück fließt.

IX. ABSCHNITT

BODENERHÖHUNGEN, AUFSCHICHTUNGEN UND SONSTIGE ANLAGEN

§ 30
Bodenerhöhungen

(1) Wer den Boden seines Grundstücks über die Oberfläche des Nachbargrundstücks erhöht, muß einen solchen Grenzabstand einhalten oder solche Vorkehrungen treffen und unterhalten, daß eine Schädigung des Nachbargrundstücks insbesondere durch Abstürzen oder Abschwemmen des Bodens ausgeschlossen ist. Die Verpflichtung geht auf den Rechtsnachfolger über.

(2) Auf den Grenzabstand ist § 36 Abs. 2 Satz 1 und 2 Buchstabe b), Abs. 3 bis 5 sinngemäß anzuwenden.

Erläuterungen

1. Während § 909 BGB nur die Rechtsfragen regelt, die bei einer Vertiefungsmaßnahme auf dem Nachbargrundstück auftreten, wird die **Bodenerhöhung** nicht behandelt. Bodenerhöhungen bzw. Aufschüttungen müssten demnach vom Nachbarn hingenommen werden, es sei denn, dass es sich um so genannte „gefahrdrohende Anlagen" im Sinne von § 907 BGB handelt (vgl. hierzu *Stollenwerk,* DWW 1995 S. 275 f.). Da die bloße Bodenerhöhung allerdings grundsätzlich keine „Anlage" im Sinne von § 907 BGB ist (vgl. BGH, NJW 1976 S. 1840), wurde § 30 NachbG NRW erforderlich. Die Erhöhung des Grundstücks bis zur Oberfläche der umliegenden Grundstücke ist ohne weiteres erlaubt. Ein Nachteil für die Nachbarn entsteht in aller Regel dann, wenn über deren Oberfläche hinaus aufgeschüttet wird. Bodenerhöhungen im Sinne von § 30 NachbG NRW sind solche, die durch menschliches Zutun geschaffen wurden, also nicht durch den Einfluss von Naturkräften (Unwetter, Erdrutsche oder Anschwemmungen, BGH, NJW 1980 S. 2580) entstehen. **Beispiele** für **Bodenerhöhungen** sind u. a. **künstliche Hügel oder Dämme, Terrassen, Böschungen, Erdwälle zu Einfriedigungszwecken, die Anlage für Auffahrten usw.** Der Eigentümer des Grundstücks, das erhöht werden soll, hat ein Wahlrecht zwischen der Einhaltung eines entsprechenden Abstandes zum Nachbargrundstück oder der Ergreifung von Sicherungsmaßnahmen. Schutzvorkehrungen zur sicheren Befestigung erhöhter Flächen sind bspw. Stützmauern. Die Anbringung entsprechender Schutzvorkehrungen umfasst natürlich auch deren regelmäßige Wartung. Die Unterhaltungspflicht trifft darüber hinaus auch den Rechtsnachfolger (Käufer oder Erben), vgl. hierzu auch § 30 Satz 2 NachbG NRW. Bei auftretenden Schäden am Nachbargrundstück ist die Vorschrift Schutzgesetz im Sinne von § 823 Abs. 2 BGB. Sofern die Aufschüttung baurechtlich genehmigt wurde (entsprechende Vorschrift prüfen), ist der Nachbar an die erteilte Baugenehmigung zwar gebunden, sie entbindet ihn jedoch nicht zur Ergreifung von Sicherungsmaßnahmen zum Schutz vor hierdurch entstehenden schädigenden Einwirkungen auf das Nachbargrundstück.

> *Beispiel:*
>
> *Erwin Stur will ein Pflanzhochbeet anlegen und durch eine Böschung von mehr als 45 Grad Steigung direkt an der Grenze befestigen. Sein Vorhaben verstößt gegen § 30 NachbG NRW, weil eine solche Böschung im Allgemeinen keinen hinlänglichen Schutz vor abrutschendem Erdreich gebietet.*

2. Falls **keine Schutzvorkehrungen getroffen werden,** hat der Nachbar einen **Grenzabstand einzuhalten.** Dieser muss gewährleisten, dass auch bei natürlicher Veränderung der Aufschüttung durch Witterungseinflüsse genügend Freifläche zu der Grundstücksgrenze bleibt, um abgeschwemmtes Erdreich vollständig aufzunehmen. Die Vorschrift verlangt im Falle der Bodenerhöhung die Einhaltung eines Grenzabstandes oder solche Vorkehrungen zu treffen und zu unterhalten, dass eine Schädigung des Nachbargrundstücks ausgeschlossen ist. Die Vorschrift verlangt demzufolge bei nachbarlichen Bodenerhöhungen, dass der verantwortliche Grundstückseigentümer nur geeignete Vorkehrungen zu treffen hat, dass ein Abstürzen oder Abschwemmen des Bodens ausgeschlossen wird. Der Anspruch zielt nicht auf eine generelle Beseitigung einer Bodenerhöhung (vgl. Schäfer/ Reich zu einer vergleichbaren Vorschrift im NRG Sachsen, § 17 Rdn. 2). Absatz 2 nimmt Bezug auf § 36 Abs. 2 bis 5 NachbG NRW. Demzufolge beträgt der Abstand nach § 36 Abs. 2 Satz 1 NachbG NRW 0,50 m, sofern das Nachbargrundstück außerhalb eines im Zusammenhang bebauten Ortsteils liegt und nicht in einem Bebauungsplan als Bauland festgesetzt ist. Gemäß § 36 Abs. 3 NachbG NRW erlischt der Anspruch auf Beseitigung einer Erhöhung, die einen geringeren als den nach Absatz 2 vorgeschriebenen Grenzabstand einhält, wenn der Nachbar nicht binnen drei Jahren nach der Errichtung Klage auf Beseitigung erhoben hat; diese Frist beginnt frühestens mit dem Inkrafttreten des Gesetzes. Stellt die erhöhte Erdoberfläche eine gefahrbringende Anlage im Sinne von § 907 BGB dar, kann der Nachbar gemäß § 1004 in Verbindung mit § 907 BGB Beseitigungs- oder Unterlassungsklage erheben. Da dieser Anspruch bundesrechtlich geregelt ist, kann es auch sein, dass alternativ zur Anbringung besonderer Schutzvorkehrungen die Einhaltung eines Grenzabstandes vereinbart wird, welcher über die Regelung des § 30 NachbG NRW hinausgeht. Es besteht zwar grundsätzlich kein Anspruch darauf, eine bestimmte Maßnahme zu fordern. Ein Sonderfall liegt jedoch vor, wenn faktisch nur ein bestimmtes Handeln zweckmäßig ist.

§ 31
Aufschichtungen und sonstige Anlagen

(1) Mit Aufschichtungen von Holz, Steinen, Stroh und dergleichen sowie sonstigen mit dem Grundstück nicht fest verbundenen Anlagen, die nicht über 2 m hoch sind, ist ein Mindestabstand von 0,50 m von der Grenze einzuhalten. Sind sie höher, so muß der Abstand um so viel über 0,50 m betragen, als ihre Höhe das Maß von 2 m übersteigt.

(2) Absatz 1 gilt nicht

a) für Baugerüste;

b) für Aufschichtungen und Anlagen, die

- **aa) eine Wand oder geschlossene Einfriedigung nicht überragen;**
- **bb) als Stützwand oder Einfriedigung dienen;**

c) für gewerbliche Lagerplätze;

d) gegenüber Grenzen zu öffentlichen Verkehrsflächen, zu öffentlichen Grünflächen und zu oberirdischen Gewässern von mehr als 0,50 m Breite (Mittelwasserstand).

Erläuterungen

1. Aufschichtungen sind Anhäufungen von Holz, Steinen, Stroh und ähnlichem Material sowie Erdaufschüttungen, soweit sie nicht als Erhöhung im Sinne von § 30 NachbG NRW anzusehen sind. Unter § 31 NachbG NRW fallen auch Komposthaufen. Sonstige mit dem Boden nicht fest verbundene Anlagen sind z. B. Gerüste mit Ausnahme von Baugerüsten, vgl. § 31 Abs. 2 Buchst. a NachbG NRW. Anwendbar ist die Vorschrift auch auf ein dem Spielen von Kindern gewidmetes Baumhaus (LG Dortmund, NJW-RR 2008 S. 175).

Für Aufschichtungen und sonstige Anlagen bis zu einer Höhe von 2 m muss kein Grenzabstand eingehalten werden. Sind sie höher, so muss der Abstand so viel über 0,50 m betragen, als ihre Höhe das Maß von 2 m übersteigt. Sonstige Beeinträchtigungen – so etwa Geruchsbelästigungen – können mit Beseitigungs- oder Unterlassungsansprüchen (§ 1004 BGB) angegangen werden. Gemessen wird senkrecht zur Grenze an der zu ihr nächsten Stelle der Aufschichtung.

Beispiel:
Mit einem 2,50 m hohen Holzstapel ist ein Grenzabstand von 0,50 m einzuhalten.

Ein **Verstoß gegen die Abstandsbestimmungen** gibt dem Nachbarn einen **durchsetzbaren Beseitigungsanspruch** (vgl. § 1004 BGB). Eine Brennholzablagerung in Form aufgeschichteter Holzstöße auf einem Wohngrundstück in einem reinen Wohngebiet kann eine nach Baunutzungsverordnung zulässige Nebenanlage sein. Der Nachbar kann unter bestimmten Voraussetzungen einen baurechtlichen Abwehranspruch haben (vgl. OVG Rheinland-Pfalz, Beschl. vom 30.11.1998 – 5 W 810/98 –).

2. Die **Abstandsvorschriften** gelten nicht für **Baugerüste,** ferner nicht für Aufschichtungen oder sonstige Anlagen, die eine Wand oder geschlossene Einrichtung nicht überragen, da dann von ihnen keine besondere Beeinträchtigung ausgeht. In Betracht kommen hier Mauern, Bretter und Wände, aber auch Lattenzäune. Diese sind als geschlossen anzusehen, wenn die Bretter jeweils breiter als die zwischen ihnen liegenden Zwischenräume sind und das aufgeschichtete Material nicht durchfallen kann. Maschendrahtzäune sind demzufolge keine geschlossenen Einfriedigungen. Ragt die Aufschichtung oder Anlage über die Einfriedigung, ist der volle Abstand nach Absatz 1 einzuhalten. Absatz 1 gilt ferner nicht für Anlagen, die als Stützwand oder Einfriedigung dienen bzw. Aufschichtungen für gewerbliche Lagerplätze. § 31 NachbG NRW gilt im Übrigen nicht gegenüber Grenzen zu öffentlichen Verkehrsflächen, zu öffentlichen Grünflächen und zu oberirdischen privaten oder öffentlichen Gewässern von mehr als 0,50 m Breite (Mittelwasserstand). Insoweit bestehen bereits ausreichende öffentlich-rechtliche Vorschriften (vgl. § 11 Abs. 2 FStrG; § 30 Abs. 2 StrWG).

X. ABSCHNITT
EINFRIEDIGUNGEN

§ 32
Einfriedigungspflicht

(1) Innerhalb eines im Zusammenhang bebauten Ortsteils ist der Eigentümer eines bebauten oder gewerblich genutzten Grundstücks auf Verlangen des Eigentümers des Nachbargrundstücks verpflichtet, sein Grundstück an der gemeinsamen Grenze einzufriedigen. Sind beide Grundstücke bebaut oder gewerblich genutzt, so sind deren Eigentümer verpflichtet, die Einfriedigung gemeinsam zu errichten, wenn auch nur einer von ihnen die Einfriedigung verlangt. Wirkt der Nachbar nicht binnen zwei Monaten nach schriftlicher Aufforderung bei der Errichtung mit, so kann der Eigentümer die Einfriedigung allein errichten; die in § 37 Abs. 1 geregelte Verpflichtung zur Tragung der Errichtungskosten wird dadurch nicht berührt.

(2) Stellt das Verlangen nach Absatz 1 Satz 1 der Eigentümer eines Grundstücks, das

a) weder bebaut noch gewerblich genutzt ist, aber innerhalb des im Zusammenhang bebauten Ortsteils liegt oder

b) in einem Bebauungsplan als Bauland festgesetzt ist,

so ist er berechtigt, bei der Errichtung der Einfriedigung mitzuwirken.

(3) Als gewerblich genutzt im Sinne der Absätze 1 und 2 gilt nicht ein Grundstück, das erwerbsgärtnerisch genutzt wird.

Erläuterungen

1. Nach dem Bürgerlichen Gesetzbuch steht es dem Grundstückseigentümer grundsätzlich frei, ob und wie er sein Grundstück einfriedigen will. Nachbarrechtlich kann aber eine

Verpflichtung dazu bestehen. Die Voraussetzungen dafür sind in den §§ 32 und 33 NachbG NRW enthalten. Die **Einfriedigungspflicht** setzt voraus, dass

a) das einzufriedende Grundstück **innerhalb eines im Zusammenhang bebauten Ortsteils** liegt. Was unter einem im Zusammenhang bebauten Ortsteil zu verstehen ist, wird im Gesetz nicht erläutert. Es handelt sich hierbei um einen Begriff aus § 34 BauGB. Der Bebauungszusammenhang erfordert eine tatsächlich aufeinanderfolgende, zusammenhängende Bebauung. Bei der Bewertung der Frage, ob der Bebauungszusammenhang durch Baulücken oder sonstige freie Flächen unterbrochen wird, ist entscheidend, ob die Bebauung trotz Lücken noch den Eindruck der Geschlossenheit vermittelt;

b) das **Grundstück bebaut** ist oder **gewerblich genutzt** wird. Unter Bebauung ist jede bauliche Anlage im Sinne des Bauordnungsrechts zu verstehen. Hierzu zählen auch Baracken oder Wochenendhäuser. Gewerbe ist jede dauernd ausgeübte, auf Gewinnerzielung gerichtete selbständige Tätigkeit. Der Erwerbsgartenbau ist durch Absatz 3 ausdrücklich ausgeschlossen;

c) der **Nachbar** die **Einfriedigung verlangt.** Das Verlangen ist eine empfangsbedürftige Willenserklärung. Sie bedarf der Schriftform. Anspruchsberechtigt ist jeder benachbarte Grundstückseigentümer bzw. Erbbauberechtigte, wenn sein Grundstück mit dem einzufriedigenden Grundstück eine gemeinsame Grenze hat. Die prozessuale Vollstreckung eines solchen Verlangens richtet sich nach den Vorgaben der Zivilprozessordnung.

Wenn beide Grundstücke bebaut sind, kann jeder Eigentümer die Einfriedigung unabhängig vom Willen des anderen verlangen. In diesem Falle sind beide zur gemeinsamen Einfriedigung verpflichtet. Wirkt der zur gemeinsamen Einfriedigung schriftlich aufgeforderte Eigentümer binnen zwei Monaten nicht mit, kann der andere die Einfriedigung alleine herstellen, ohne einen Kostenerstattungsanspruch nach § 37 NachbG NRW zu verlieren. Die gemeinsam auf der Grenze errichtete Einfriedigung ist eine Grenzeinrichtung im Sinne von §§ 921, 922 BGB. Sie steht im gemeinsamen Eigentum der Grundstückseigentümer und wird von ihnen auch gemeinsam verwaltet.

Befindet sich auf dem Grundstück des Nachbarn angrenzend an die Terrasse seines Einfamilienhauses ein Zaun aus drei Holzlamellenelementen, eine schuppenartige Vorrichtung zum Lagern von Holz sowie ein Apfelbaum und im dazwischen liegenden Grenzbereich auf einer Länge von 14 m ein Zaun in 7 cm Abstand zur Grenze, so dass eine durchgehende Einfriedigung besteht, hat der andere Grundstücksnachbar keinen Anspruch auf Beseitigung. Er kann auch nicht verlangen, den Grenzverlauf zusammen mit dem Nachbarn festzulegen und dann mit einem einfachen Maschendrahtzaun zu versehen. Auch Einfriedigungen unterschiedlichster Beschaffenheit können ortsüblich sein. Weder kommt es darauf an, welche Einfriedigung am häufigsten vorkommt, noch ob eine Einfriedigung optisch schön ist (AG Köln, Urt. vom 29.2.2016 – 142 C 360/14 –). Die Frage der Ortsüblichkeit einer Einfriedigung an der Nachbargrenze stellt sich nur, wenn der Nachbar eine Einfriedigung verlangt. Ohne Verlangen besteht die Beschränkung auf ortsübliche Einfriedigungen nicht. Es verbleibt in diesen Fällen beim Recht des Grundstückseigentümers sein Grundstück nach freiem Ermessen einzufrieden. Da es weiter für die Anwendbarkeit des § 32 NachbG NRW allein auf das Stellen eines Einfriedigungsverlangens ankommt, ist unabhängig davon, ob die Einfriedigung vor oder nach dem Verlangen errichtet wurde, zu prüfen, ob angesichts eines solchen Verlangens eine bereits vorhandene oder danach errichtete Einfriedigung ortsüblich ist (BGH, Urt. vom 17.1.2014 – V ZR 292/12, BeckRS 2014, 4356). Ortsüblichkeit liegt vor, wenn die Einfriedigung – in einem zuvor definierten Vergleichsgebiet – häufiger vorkommt. Das bedeutet, dass auch Einfriedigungen von unterschiedlicher Beschaffenheit ortsüblich sein können. Weder kommt es darauf an, welche Einfriedigung am häufigsten vorkommt, noch ob eine Einfriedigung optisch schön ist. Vgl. hierzu AG Leverkusen, Urt. vom 6.3.2018 – 21 C 230/15 – zur Ortsüblichkeit eines Holzflechtzaunes.

2. Absatz 2 behandelt die Fälle, dass das Grundstück desjenigen, der das Einfriedigungsverlangen geltend macht, zwar in einem im Zusammenhang bebauten Ortsteil liegt, aber weder bebaut ist noch gewerblich genutzt wird oder dass das Grundstück gar nicht in einem solchen Gebiet liegt, in einem Bebauungsplan aber als Bauland festgesetzt ist. In diesen beiden Fällen ist der Eigentümer berechtigt, bei der Einfriedigung mitzuwirken, obwohl entgegen der Regelung des Absatzes 1 Satz 2 seine Mitwirkungspflicht noch nicht begründet ist. Der Sinn dieser Vorschrift liegt darin, dass die Eigentümer von Grundstücken der genannten Art üblicherweise schon mit der Bebauung ihres Grundstücks rechnen und deshalb die Einfriedigung schon gemeinsam mit errichten wollen.

3. Nach Absatz 3 gilt ein Grundstück, das dem Erwerbsgartenbau dient, nicht als gewerblich genutzt. Auf die oft schwierige Abgrenzung zwischen Landwirtschaft und Erwerbsgartenbau kommt es nicht an, da der Betrieb einer Landwirtschaft ebenfalls keine gewerbliche Nutzung ist. Unerheblich ist im Rahmen des § 32 NachbG NRW, ob von dem einfriedigungspflichtigen Grundstück konkrete Gefahren oder Belästigungen ausgehen.

§ 33
Einfriedigungspflicht des Störers

Gehen unzumutbare Beeinträchtigungen von einem bebauten oder gewerblich genutzten Grundstück aus, so hat der Eigentümer dieses auf Verlangen des Eigentümers des Nachbargrundstücks insoweit einzufriedigen, als dadurch die Beeinträchtigungen verhindert oder, falls dies nicht möglich oder zumutbar ist, gemildert werden können.

Erläuterungen

Die Behinderung der Zufuhr von Licht und Luft zum Nachbargrundstück durch bauliche Anlagen ist nach dem bürgerlichen Recht ebenso wenig abwehrfähig wie die Zuführung von Immissionen im Sinne von § 906 BGB, sofern sie unwesentlich oder wesentlich, aber ortsüblich sind und nicht durch wirtschaftlich zumutbare Maßnahmen verhindert werden können (vgl. hierzu Einleitung). Über diese Regeln hinaus ist es grundsätzlich weder möglich noch geboten, dem Nachbarn besondere Duldungspflichten abzuverlangen. Weitergehende Ansprüche können sich dann allenfalls aus dem aus § 242 BGB (Treu und Glauben) entwickelten nachbarlichen Gemeinschaftsverhältnis ergeben, welches für die Fälle entwickelt wurde, die nicht durch § 906 BGB abgedeckt sind (so z. B. für das Betreten des Nachbargrundstücks durch Katzen, vgl. zur Problematik *Stollenwerk,* DWW 2002 S. 22). § 33 NachbG NRW schafft eine Sonderregelung im Sinne von § 1004 BGB (vgl. hierzu auch OLG Düsseldorf, NJW-RR 1990 S. 1100) und erfasst die Fälle, in denen eine Einfriedigungspflicht nach § 32 NachbG NRW nicht besteht, in denen aber die von dem Grundstück ausgehenden Beeinträchtigungen eine Einfriedigung erforderlich machen. Diese Einfriedigungspflicht besteht für bebaute oder gewerblich genutzte Grundstücke. **Keine Einfriedigungspflicht** wird demnach für unbebaute nicht gewerblich genutzte Grundstücke ausgelöst. Bebaut ist ein Grundstück, welches mit baulichen Anlagen versehen ist. Gewerblich genutzt wird ein Grundstück, auf dem eine auf Gewinnerzielung gerichtete und auf Dauer angelegte Tätigkeit verrichtet wird, die nicht zur Urproduktion gehört. Es kann hier auf die Begriffsdefinition des Gewerberechts zurückgegriffen werden (vgl. hierzu *Stollenwerk,* Praxishandbuch zum Gewerberecht, Rn. 33 ff.). Eine Einfriedigungspflicht wird ausgelöst, wenn von dem Grundstück unzumutbare Beeinträchtigungen ausgehen. Beeinträchtigungen sind objektiv rechtswidrige Einwirkungen auf das Grundstück des Betroffenen, die durch eine unmittelbar oder mittelbar vom Willen getragene Handlung oder Unterlassung des Nachbarn verursacht oder mitverursacht worden sind (vgl. hierzu OLG Düsseldorf, NJW-RR 1990 S. 1100; durch unbeeinflusste Naturereignisse ausgelöste Beeinträchtigungen sind dem Grundstückseigentümer also nicht zuzurechnen, vgl. BGH, MDR 1991 S. 869). § 33 NachbG NRW formuliert darüber hinaus gleichzeitig eine Verantwortlichkeit des Nachbarn für von seinem Grundstück ausgehende Störungen, wenn er das Grundstück bebaut hat oder gewerblich nutzt, so dass es für den Einfriedigungsanspruch nicht darauf ankommt, ob der Eigentümer die Störung herbeigeführt oder verschuldet hat. Die Verantwortlichkeit braucht also nicht von dem Bau, der Baunutzung oder dem Gewerbebetrieb selbst unmittelbar auszugehen, muss aber zumindest aus der Grundstücksnutzung begünstigt worden sein, so dass der Eigentümer als unmittelbar oder mittelbar Verantwortlicher anzusehen ist. Eine Wildkaninchenplage, die in keinerlei Zusammenhang zur Grundstücksnutzung steht, löst demzufolge kein Einfriedigungsverlangen im Sinne von § 33 NachbG NRW aus. So ist z. B. das Schaffen und Unterhalten von Miethäusern oder die Anlage von Sandkästen für Kinder nahe der Grenze zum Grundstück des Nachbarn kein gefahrträchtiger Zustand, sondern als bestimmungsmäßiger Gebrauch sozialadäquat (vgl. OLG Düsseldorf, NJW-RR 1990 S. 1100). Hat er jedoch eine Einrichtung geschaffen, die einen besonderen Anreiz zum Missbrauch bietet, so sind ihm die aus dem Missbrauch entstehenden Störungen als eigne Störung zuzurechnen (vgl. VGH München, NVwZ 1989 S. 269). Ob die Anlegung eines Gartenteiches bzw. eines Schwimmbeckens eine Einfriedigungspflicht auslöst, ist strittig. Eine solche ist nur dann zu bejahen, wenn anderweitige Möglichkeiten der Sicherung (z. B. das Abdecken der Wasseroberfläche durch Gitterroste) nicht möglich sind (vgl. zur Problematik auch AG Marbach, VersR 1987 S. 852 und BGH, MDR 1995 S. 197, siehe *Stollenwerk*, Brandenburgisches Nachbarrechtsgesetz, S. 75 zu einer vergleichbaren Regelung im brandenburgischen Nachbarrechtsgesetz). Die **Beweislast** für die **Beeinträchtigung** und ihre Unzumutbarkeit trägt der **Anspruchsgegner.** Die mangelnde Ursächlichkeit aus der Bebauung oder Nutzung seines Grundstücks hat der Nachbar zu beweisen. Durch das Erfordernis der Unzumutbarkeit soll gesagt werden, dass kleine Beeinträchtigungen im Rahmen des nachbarlichen Gemeinschaftsverhältnisses wechselseitig ertragen werden müssen. Die Unzumutbarkeit richtet sich nach dem Empfinden eines verständigen Durchschnittsmenschen unter Berücksichtigung der Natur und der Zweckbestimmung des betroffenen Grundstücks (vgl. AG Frankfurt, NJW-RR 1990 S. 1001). Eine nur das ästhetische Empfinden des Nachbarn verletzende sichtbare Nutzung eines Grundstücks ist rechtlich generell ausgeschlossen (vgl. hierzu BGH, NJW 1975 S. 170) und wird auch nicht durch § 33 NachbG NRW begründet, so etwa die Anbringung eines Sichtschutzes.

> *Beispiel:*
>
> *Nachbar Friedsahm unterhält eine Zucht mit freilaufenden Hühnern. Diese überschreiten die Grundstücksgrenze zum Nachbarn und knabbern an dessen Salatanpflanzungen. Der Nachbar kann in einem solchen Fall unter den Vorgaben des § 33 NachbG NRW die Errichtung einer Einfriedigung von Friedsahm verlangen.*

Die Einfriedigung muss geeignet sein, die unzumutbare Beeinträchtigung vom Nachbargrundstück fernzuhalten oder zumindest zu mildern.

> *Beispiel:*
>
> *Das Überfliegen von Hühnern könnte theoretisch durch eine besonders hohe Einfriedigung verhindert werden. Die Schaffung eines derartigen Zaunes würde den Nachbarn aber u. U. unzumutbar belasten. Daher ist in diesen Fällen eine Einfriedigung der Höhe nach erforderlich, die die Beeinträchtigung mindert, jedoch wirtschaftlich angemessen ist.*

Die zu errichtende Einfriedigung muss weiterhin nach öffentlichem Recht zulässig sein. Es wird damit nochmals klargestellt, dass ein Vorrang des öffentlichen Rechts vor anderweitigen Vereinbarungen besteht (vgl. § 49 Abs. 1 NachbG NRW). Ein eingetragenes „Geh-, Fahr- und Leitungsrecht" beinhaltet kein Zaunrecht (OLG Nürnberg, NJW-RR 2000 S. 1257).

§ 34
Ausnahmen

Eine Einfriedigungspflicht besteht nicht, wenn und soweit

a) die Grenze mit Gebäuden besetzt ist,

b) Einfriedigungen nicht zulässig sind oder

c) im Falle des § 32 in dem im Zusammenhang bebauten Ortsteil Einfriedigungen nicht üblich sind.

Erläuterungen

In folgenden Fällen besteht **keine Einfriedigungspflicht:**

a) Soweit die Grenze mit Gebäuden besetzt ist. Hier besteht in aller Regel kein Bedürfnis für eine Einfriedigung. Soweit die Grundstücksgrenze nicht vollständig mit Gebäuden besetzt ist, besteht für die verbleibende Restfläche eine Einfriedigungspflicht.

b) Einfriedigungen sind unzulässig. Öffentlich-rechtliche Vorschriften, die eine Einfriedigung verbieten, gehen dem privaten Nachbarrecht vor. Ein solches Verbot enthält z. B. § 30 Abs. 2 StrWG, soweit die Anlagen die Verkehrssicherheit beeinträchtigen. Derartige Verbote können sich auch aus einem Bebauungsplan ergeben.

c) Ist in einem im Zusammenhang bebauten Ortsteil die Einfriedigung nicht üblich, kann sie auch nicht verlangt werden. Die Ortsüblichkeit von Einfriedigungen ist zu bejahen, wenn Grundstücke in solcher Zahl eingefriedet sind, dass Einfriedigungen für den betreffenden Ortsteil als charakteristisch erscheinen (vgl. *Schäfer,* Anm. 4 zu § 34).

§ 35
Beschaffenheit

(1) Die Einfriedigung muß ortsüblich sein. Läßt sich eine ortsübliche Einfriedigung nicht feststellen, so ist eine etwa 1,20 m hohe Einfriedigung zu errichten. Schreiben öffentlichrechtliche Vorschriften eine andere Art der Einfriedigung vor, so tritt diese an die Stelle der in Satz 1 und 2 genannten Einfriedigungsart.

(2) Bietet die Einfriedigung gemäß Absatz 1 Satz 1 oder 2 keinen angemessenen Schutz vor Beeinträchtigungen, so hat auf Verlangen des Nachbarn derjenige, von dessen Grundstück die Beeinträchtigungen ausgehen, die Einfriedigung im erforderlichen Umfang auf seine Kosten stärker oder höher auszuführen.

Erläuterungen

1. Die **Beschaffenheit** einer Einfriedigung richtet sich gemäß Absatz 1 Satz 2 in erster Linie nach **öffentlich-rechtlichen Vorschriften.** Darunter fallen zum einen bauplanungsrechtliche Vorschriften. Der Bebauungsplan kann nach § 9 Abs. 1 Nr. 1 BauGB i. V. m. § 14 Abs. 1 Satz 2 BauNVO die Zulässigkeit einer Einfriedigung (sog. untergeordnete Nebenanlage) einschränken, d. h. der Höhe nach begrenzen und der Beschaffenheit nach vorschreiben. Fehlen derartige Festsetzungen im Bebauungsplan, so beurteilt sich die planungsrechtliche Zulässigkeit der Einfriedigung nach §§ 14, 15 BauNVO. Darunter fallen weiterhin die bauordnungsrechtlichen Gestaltungssatzungen. Soweit nicht öffentlichrechtliche Vorschriften eine bestimmte Art der Einfriedigung vorschreiben, muss nach Abs. 1 Satz 1 eine ortsübliche Einfriedigung errichtet werden. Nach der Ortsüblichkeit richten sich Höhe und Beschaffenheit der Einfriedigung. Die Planung eines Bauträgers, z. B. einheitliche Abgrenzungen aller Parzellen einer Reihenhaussiedlung durch Buchenhecken, kann keine Ortsüblichkeit festlegen, weil die tatsächlich bestehenden Verhältnisse maßgebend sind (BGH, NJW 1992 S. 2569). Ortsüblich ist eine Einfriedigung, wenn eine Mehrheit von Grundstücken der gleichen Lage im Wesentlichen in gleicher Weise eingefriedet ist. Der Ortsüblichkeitsbegriff ist mit dem des § 906 BGB identisch, wobei es hier nicht um die Zulässigkeit einer Immission, sondern um eine bauliche Gestaltung geht. Ortsüblichkeit bedeutet, dass sich die Art der Einfriedigung in die Umgebung einfügt. Sie wird maßgeblich von der Wohnlage beeinflusst, so dass in verschiedenen Ortsteilen (z. B. Wohnviertel, geschlossene Siedlung usw.) eine unterschiedliche Ortsüblichkeit bestehen kann. Lassen sich eine oder mehrere ortsübliche Einfriedigungsarten nicht feststellen, so ist ein etwa 1,20 m hoher Zaun aus Maschendraht zu errichten. Auch bei Hanglage des Nachbargrundstücks ist die Höhe vom Erdboden an bzw. auf der Grenze aus zu messen (LG Düsseldorf, NJW-RR 1998 S. 1387). Stacheldraht an der Oberkante sieht das Gesetz nicht vor. Hat der Eigentümer sein Grundstück eingefriedet und beruft sich der Nachbar später auf die Einfriedigungspflicht, so ist eine bis dahin vorhandene ortsunübliche durch eine ortsübliche Einfriedigung zu ersetzen (BGH, NJW 1979 S. 1409). Die Beseitigung einer Einfriedigung, deren Beschaffenheit den Vorschriften des Landesnachbarrechts entspricht, kann selbst dann nicht verlangt werden, wenn die Art der Einfriedigung (Leitplankenkonstruktion) ästhetisch unschön und sonst nirgends vertreten ist (BGH, Urt. vom 17.1.2014 – V ZR 292/12 –).

Bei der Prüfung der Ortsüblichkeit ist nicht das gesamte Gebiet der Gemeinde heranzuziehen. Es reicht aus, wenn die Üblichkeit einer Einfriedigung für einen bestimmten Ortsteil oder eine geschlossene Siedlung festgestellt werden kann. Kann eine solche „Ortsüblichkeit" nicht festgestellt werden, hat dies zur Folge, dass kein Beseitigungsanspruch besteht. In einem solchen Fall muss es dem Eigentümer freistehen, welche Einfriedigung er wählt. Denn dieser Fall ist mit dem Fall vergleichbar, dass mehrere Einfriedigungsarten charakteristisch und ortsüblich sind (AG Wesen, Urt. vom 22.6.2016 – 26 C 127/15 –). Vgl. OLG Hamm, Urt. vom 9.10.2017 – 5 U 146/16 – zum nachbarlichen Anspruch auf Entfernung einer nicht ortsüblichen Einfriedigung, die gleichzeitig grenzüberschreitende Teile eines Betonfundaments enthält. Der Anwendungsbereich des § 35 NachbG NRW wurde durch den BGH (NJW 1979, S. 1408 f.; Urteil vom 22.5.1992 – V ZR 93/91 –) auf zwei Konstellationen ausgedehnt. Zum einen nimmt er eine Beseitigungspflicht auch hinsichtlich einer entlang der Grenze errichteten Einfriedigung an, wenn auf der Grenze bereits eine ortsübliche Einfriedigung nach Maßgabe der Vorgaben der §§ 35, 36 NachbG NRW errichtet wurde und eine neu errichtete Einfriedigung an der Grenze derart optisch auf die vorhandene Grenzeinrichtung einwirkt, dass diese ihren Charakter als ortsübliche Einfriedigung verliert, wobei es nicht darauf ankommt, ob auch die zweite Einfriedigung für sich genommen ortsüblich wäre. Zum anderen bejaht der BGH eine Beseitigungspflicht auch dann, wenn eine Einfriedigung nach Maßgabe der §§ 35, 36 NachbG NRW verlangt wird und entlang der Grenze auf dem Nachbargrundstück eine Einfriedigung besteht, die die zu beschaffende Einfriedigung auf der Grenze beeinträchtigen würde.

2. Absatz 2 regelt den Sachverhalt, dass eine geschuldete Einfriedigung keinen angemessenen Schutz gegen Beeinträchtigungen bietet. Hier wird zwar nicht von unzumutbaren Beeinträchtigungen gesprochen. Es muss sich dennoch um eine Beeinträchtigung von einem gewissen Gewicht handeln, da nicht jede geringfügige Belästigung den Verstärkungsanspruch auslöst (vgl. *Schäfer*, § 35 Rn. 20). Geschuldet wird ein angemessener und kein absoluter Schutz. Die Schutzmaßnahmen müssen in einem vernünftigen Verhältnis zur Art und Schwere der Beeinträchtigung stehen. Die Verstärkung der Einfriedigung betrifft nicht nur die Materialverstärkung, gemeint sind auch funktionsbezogene Begleitmaßnahmen, wie etwa die Anlage eines Schutzstreifens mit Kontaktgift gegen eine Raupeninvasion (vgl. LG Coburg, NJW-RR 1991 S. 716). Die Verpflichtung nach Absatz 2 trifft den Eigentümer des Grundstücks, von dem die Beeinträchtigung ausgeht, ohne Rücksicht darauf, ob er aufgrund von § 32 NachbG NRW zur Einfriedigung oder zur Mitwirkung verpflichtet war. Er hat die durch die zusätzlichen Maßnahmen entstehenden Kosten zu tragen und die Anlage insoweit auch zu unterhalten (§ 37 Abs. 5 NachbG NRW).

§ 36
Standort der Einfriedigung

(1) Die Einfriedigung ist auf der Grenze zu errichten, wenn sie

a) zwischen bebauten oder gewerblich genutzten Grundstücken oder

b) zwischen einem bebauten oder gewerblich genutzten und einem Grundstück der in § 32 Abs. 2 genannten Art liegt.

In allen übrigen Fällen ist sie entlang der Grenze zu errichten.

(2) Die Einfriedigung muß von der Grenze eines Grundstücks, das außerhalb eines im Zusammenhang bebauten Ortsteils liegt und nicht in einem Bebauungsplan als Bauland festgesetzt ist, 0,50 m zurückbleiben, auch wenn ein Verlangen nach § 32 Abs. 1 Satz 1 oder § 33 nicht gestellt worden ist. Dies gilt nicht gegenüber Grundstücken,

a) die in gleicher Weise wie das einzufriedigende bewirtschaftet werden oder

b) für die nach Lage, Beschaffenheit oder Größe eine Bearbeitung mit landwirtschaftlichem Gerät nicht in Betracht kommt.

(3) Absatz 2 Satz 1 gilt nicht, wenn die Einfriedigung bei Inkrafttreten dieses Gesetzes vorhanden ist und ihr Abstand dem bisherigen Recht entspricht.

(4) Der Anspruch auf Beseitigung einer Einfriedigung, die einen geringeren als den nach Absatz 2 vorgeschriebenen Abstand einhält, ist ausgeschlossen, wenn der Nachbar nicht binnen drei Jahren nach der Errichtung Klage auf Beseitigung erhoben hat.

(5) Wird eine Einfriedigung, mit der ein geringerer als der nach Absatz 2 vorgeschriebene Abstand eingehalten wird, durch eine andere ersetzt, so gilt Absatz 2.

(6) Ist die nicht auf der Grenze zu errichtende Einfriedigung eine Hecke, so sind die für Hecken geltenden Vorschriften des XI. Abschnitts anzuwenden.

Erläuterungen

1. Die Einfriedigung ist gemäß Absatz 1 entweder auf der Grenze (wie die Nachbarwand) oder entlang der Grenze (wie die Grenzwand) zu errichten. Auf der Grenze ist sie zu errichten, wenn die benachbarten Grundstücke beide bebaut sind oder gewerblich genutzt werden oder wenn nur das eine Grundstück diese Voraussetzung erfüllt und das andere Grundstück in einem im Zusammenhang bebauten Ortsteil liegt oder planungsrechtlich als Bauland festgesetzt ist. In den genannten Fällen dient die Einfriedigung den beiderseitigen Interessen im gleichen Maße. Deshalb ist auch die Einwilligung des anderen Eigentümers zur Errichtung nicht erforderlich. In allen übrigen Fällen muss die Einfriedigung entlang der Grenze errichtet werden. Das Gesetz regelt nicht, welchem Grundstück etwaige Zaunpfosten zugewandt werden dürfen. Der Errichter ist in dieser Entscheidung frei, wenn die Einfriedigung entlang der Grenze errichtet wird. Das gilt auch, wenn die Errichtung auf der gemeinsamen Grenze erfolgt, der Nachbar aber trotz Aufforderung nicht mitwirkt (so *Schäfer*, Rn. 2 zu § 36). Die gemäß auf der Grenze errichtete Einfriedigung stellt eine Grenzeinrichtung im Sinne von §§ 921, 922 BGB dar. Sie darf deshalb von keinem der Nachbarn eigenmächtig beseitigt oder verändert werden. Liegt das Nachbargrundstück außerhalb des im Zusammenhang bebauten Ortsteils und ist es nicht in einem Bebauungsplan als Bauland festgesetzt, darf die Einfriedigung weder auf noch entlang der Grenze errichtet werden.

2. Absatz 2 regelt das sog. **„Schwengelrecht"**. Um die sachgemäße Bearbeitung der näher bezeichneten Grundstücke ermöglichen zu können, muss die Einfriedigung 0,50 m von der Grenze zurückweichen. Dieser Abstand braucht nicht eingehalten zu werden, wenn beide Grundstücke gleichartig genutzt werden, damit nicht zwei Einfriedigungen mit einem Grenzabstand von 0,50 m errichtet werden und so ein überhaupt nicht nutzbarer Grenzstreifen von 1 m Breite entsteht. Der Abstand entfällt im Übrigen auch dann, wenn das Nachbargrundstück nicht in einer Weise bearbeitet werden kann, die den Abstand erfordert. Unter den Begriff des landwirtschaftlichen Geräts fallen Maschinen jeder Art, die in einem landwirtschaftlichen Betrieb eingesetzt werden, z. B. Heumaschinen, Mähmaschinen, Eggen, Pflüge usw. Unerheblich ist hierbei, ob sie von Pferden oder Schleppern gezogen werden. Ebenfalls kommt es nicht auf die derzeitige Grundstücksnutzung an, da diese sich jederzeit ändern kann. Maßgeblich für die Beurteilung ist der Zeitpunkt während der Errichtung der Einfriedigung, demzufolge führt eine spätere Änderung der Nutzung nicht dazu, dass vorhandene Einfriedigungen zurückgesetzt werden müssen.

3. Die Verpflichtung nach Absatz 2 entfällt, wenn die Einfriedigung bei Inkrafttreten des Nachbarrechtsgesetzes bereits vorhanden ist und ihr Abstand dem bisherigen Recht entspricht.

4. Eine **Klage auf Beseitigung einer Einfriedigung** wegen Nichteinhaltens des vorgeschriebenen Abstandes muss **binnen drei Jahren nach Errichtung** der Einfriedigung erhoben werden, andernfalls ist der Anspruch ausgeschlossen. Von der Ausschlussfrist werden sowohl Einfriedigungen erfasst, die bei Inkrafttreten bereits bestanden und die weder dem alten noch dem neuen Recht entsprechen, als auch nachträglich errichtete, die Absatz 2 nicht entsprechen (so *Schäfer,* Rn. 14 zu § 37).

5. Von der Ersetzung einer Einfriedigung durch eine neue ist ihre Reparatur zu unterscheiden. Wird eine Einfriedigung durch umfangreiche Arbeiten in ihrer Gebrauchsfähigkeit wiederhergestellt, so liegt im Ergebnis keine Reparatur, sondern eine Ersetzung vor, auf die Absatz 5 anzuwenden ist (*Schäfer,* Rn. 12 zu § 36). Reparaturmaßnahme ist auch die Erneuerung des Drahtgeflechts eines Maschendrahtzaunes im Laufe der Jahre (a. A. VGH Mannheim, NuR 1999 S. 109), soweit die Pfosten belassen werden.

6. Ist die Einfriedigung eine Hecke und muss sie nach § 36 NachbG NRW nicht auf der Grenze errichtet werden, so sind auf sie die für Hecken geltenden Vorschriften des XI. Abschnitts anzuwenden.

§ 37
Kosten der Errichtung

(1) Die Kosten der Errichtung der Einfriedigung tragen die beteiligten Grundstückseigentümer in den Fällen des § 32 Abs. 1 Satz 2 und Abs. 2 zu gleichen Teilen.

(2) Der Eigentümer eines Grundstücks, für den eine Verpflichtung gemäß Absatz 1 nicht entsteht, hat eine Vergütung in Höhe des halben Wertes der Einfriedigung zu zahlen, wenn

a) das Grundstück bebaut oder gewerblich genutzt wird und es in dem im Zusammenhang bebauten Ortsteil liegt oder

b) das Grundstück in dem im Zusammenhang bebauten Ortsteil hineingewachsen ist oder in einem Bebauungsplan als Bauland festgesetzt wird und der Eigentümer oder sein Rechtsvorgänger die Errichtung der Einfriedigung verlangt hatte.

(3) Bei der Berechnung der Vergütung ist von den im Zeitpunkt der Fälligkeit üblichen Errichtungskosten einer Einfriedigung gemäß § 35 Abs. 1 auszugehen. Ist gemäß § 35 Abs. 1 Satz 2 eine etwa 1,20 m hohe Einfriedigung zu errichten, so sind die Errichtungskosten für einen 1,20 m hohen Zaun aus wetterbeständigem Maschendraht maßgebend. Ist nur für eines der beiden Grundstücke eine Einfriedigung nach § 35 Abs. 1 Satz 3 vorgeschrieben, so sind der Berechnung die Errichtungskosten einer Einfriedigung nach § 35 Abs. 1 Satz 1 oder Satz 2 zugrunde zu legen. Sind die tatsächlichen Aufwendungen

einschließlich der Eigenleistungen niedriger, so ist davon auszugehen. Das Alter und der Zustand der Einfriedigung sind zu berücksichtigen.

(4) Der Eigentümer des anderen Grundstücks darf, wenn die Voraussetzungen des Absatzes 2 vorliegen, die Einfriedigung auf die Grenze versetzen oder dort neu errichten. Der Eigentümer des angrenzenden Grundstücks hat auch in diesem Falle nur eine Vergütung gemäß Absätzen 2 und 3 zu zahlen.

(5) Gehen von einem Grundstück unzumutbare Beeinträchtigungen des Nachbargrundstücks aus, die durch eine Einfriedigung verhindert oder gemildert werden können, und wird die Errichtung der Einfriedigung ausdrücklich nur aus diesen Gründen von dem Eigentümer des Nachbargrundstücks verlangt, so ist er nicht verpflichtet, sich an den Kosten der Errichtung zu beteiligen.

Erläuterungen

1. Sind beide **Nachbarn gemeinsam zur Errichtung** einer Einfriedigung verpflichtet oder berechtigt, tragen sie auch die **Errichtungskosten gemeinsam.** Errichtet ein Grundstückseigentümer eine Einfriedigung von sich aus ohne rechtliche Verpflichtung, so hat er die Kosten allein zu tragen. Es kann jedoch eine gemeinsame Unterhaltungspflicht entstehen, wenn sich der Nachbar nachträglich mit der Einfriedigung einverstanden erklärt und diese demzufolge eine Grenzeinrichtung im Sinne von §§ 921, 922 BGB wird.

2. Absatz 2 regelt zwei Fälle, in denen der benachbarte Grundstückseigentümer demjenigen, welcher die Einfriedigung errichtet hat, eine Vergütung in Höhe des halben Wertes der Einfriedigung zu entrichten hat. Dies ist zum einen der Fall, wenn er sein Grundstück, das in einem im Zusammenhang bebauten Ortsteil liegt, nachträglich, d. h. nach Errichtung der Einfriedigung bebaut oder gewerblich nutzt und zum anderen, wenn ein Grundstück nachträglich in einem im Zusammenhang bebauten Ortsteil hineingewachsen ist oder planungsrechtlich als Baulast festgesetzt wird und er oder sein Rechtsvorgänger die Errichtung verlangt. Die Vergütungsberechnung erfolgt nach Absatz 3.

3. Die Vergütung wird ermittelt, indem die im Zeitpunkt der Fälligkeit üblichen Errichtungskosten einer Einfriedigung festgestellt werden und alsdann entsprechende Abzüge wegen des Alters und des Zustandes der Einfriedigung gemacht werden. Es kommt also auf die tatsächlichen Aufwendungen nur dann an, wenn diese niedriger waren als die üblichen Errichtungskosten. Es besteht nämlich nur ein Maximalanspruch auf die tatsächlichen Aufwendungen. In der Praxis wird jedoch nur dann dieser Fall eintreten, wenn der Betroffene wahrheitsgemäß nur seinen tatsächlichen Aufwand verlangt, sofern die üblichen Kosten höher sind. Der Gegenbeweis wird in aller Regel nicht zu führen sein. Bei der Berechnung der Eigenleistung ist von dem Lohn auszugehen, den ein angestellter Handwerker (Maler, Schlosser, Tischler) für die entsprechenden Arbeiten erhalten hätte, denn die Generalunkosten des Unternehmers entstehen dem Eigentümer in der Regel nicht; für ganz einfache Arbeiten, so bspw. das Einsetzen von Pfosten in normales Erdreich, kann nur der Stundenlohn ungelernter Arbeiter berechnet werden.

4. Nach Absatz 4 darf der Eigentümer des eingefriedeten Grundstücks, der aufgrund von § 36 Abs. 1 Satz 2 und Abs. 2 NachbG NRW die Einfriedigung nicht auf der Grenze, sondern entlang der Grenze oder in einem Abstand von 0,50 m errichten durfte, die Einfriedigung auf die Grenze versetzen oder dort neu errichten, wenn die Voraussetzungen des § 37 Abs. 2 NachbG NRW eingetreten sind. In diesem Falle bedarf er nicht der Zustimmung des Nachbarn.

5. Wird die Einfriedigung gemäß § 35 Abs. 2 NachbG NRW in höherem oder stärkerem als dem sonst üblichen Maß errichtet, so fallen die Mehrkosten ausschließlich dem zur Last, von dessen Grundstück die Störungen ausgehen (Absatz 5), also nur die Mehrkosten hat der Störer allein zu tragen (vgl. hierzu auch OLG Düsseldorf, NJW-RR 1990 S. 1100).

§ 38
Kosten der Unterhaltung

(1) Die Kosten der Unterhaltung einer Einfriedigung tragen die beteiligten Grundstückseigentümer je zur Hälfte, wenn und sobald für sie oder ihre Rechtsvorgänger die Verpflichtung zur Tragung von Errichtungskosten begründet worden ist.

(2) § 37 Abs. 3 gilt entsprechend.

Erläuterungen

1. Handelt es sich bei der Einfriedigung um eine Grenzeinrichtung nach § 921 BGB, richtet sich die Unterhaltungslast nach § 922 Abs. 2 BGB. Dieser Fall wird von § 38 NachbG NRW mitumfasst, so dass es dahingestellt bleiben kann, ob er insoweit nur klarstellende Bedeutung hat oder zu der dem Landesgesetzgeber in Art. 124 EGBGB vorbehaltenen eigenständigen Regelung gehört. § 38 NachbG NRW knüpft bzgl. der Unterhaltungspflicht an die Kostenlast für die Errichtung an. Sobald eine gemeinsame Kostenlast für die Errichtung oder ein späterer Anspruch auf Vergütung der Errichtungskosten entsteht, treffen die Unterhaltungskosten beide Nachbarn, und zwar grundsätzlich zu gleichen Teilen. Durch die Worte „wenn und sobald" wird ausgeschlossen, dass sich ein Nichtverursacher an Unterhaltungskosten für erhöhte Aufwendungen gemäß § 37 Abs. 5 NachbG NRW beteiligen muss.

2. Für die Berechnung verweist Absatz 2 im Übrigen auf § 37 Abs. 3 NachbG NRW.

§ 39
Ausnahmen

Die §§ 32 bis 38 gelten nicht für Einfriedigungen zwischen Grundstücken und den an sie angrenzenden öffentlichen Verkehrsflächen, öffentlichen Grünflächen und oberirdischen Gewässern.

Erläuterungen

Die Vorschriften über die Einfriedigung in den §§ 32 bis 38 NachbG NRW gelten nicht, wenn ein Grundstück an eine öffentliche Verkehrsfläche, eine öffentliche Grünfläche (z. B. dem Gemeingebrauch gewidmete Parkanlagen, Rasenflächen oder Spielplätze) oder ein privates öffentliches oberirdisches Gewässer (Teich, Fluss, See) grenzt. Die Eigentümer der genannten Verkehrs- und Grünfläche sowie Gewässer sind daher einerseits nicht gegenüber dem Eigentümer eines angrenzenden Grundstücks zur Einfriedigung verpflichtet und andererseits auch dieser ihnen gegenüber nicht. Dementsprechend besteht auch keine Verpflichtung, sich an den Errichtungs- und Unterhaltungskosten einer Einfriedigung zu beteiligen. Bei sonstigen Grundstücken (z. B. Schulen und Verwaltungsgebäude) gilt § 39 NachbG NRW nicht.

XI. ABSCHNITT
GRENZABSTÄNDE FÜR PFLANZEN

§ 40
Grenzabstände für Wald

(1) Auf Waldgrundstücken ist freizuhalten

a) zu benachbarten Waldgrundstücken, Ödländereien oder Heidegrundstücken

1. ein Streifen von 1 m Breite von jedem Baumwuchs und

2. ein weiterer Streifen von 2 m Breite von Nadelholz über 2 m Höhe mit Ausnahme der Lärche,

b) zu Wegen ein Streifen von 1 m Breite von Baumwuchs über 2 m Höhe,

c) zu benachbarten landwirtschaftlich, gärtnerisch oder durch Weinbau genutzten oder zu diesen Zwecken vorübergehend nicht genutzten Grundstücken

1. ein Streifen von 1 m Breite von jedem Baumwuchs und

2. ein weiterer Streifen von 3 m Breite von Baumwuchs über 2 m Höhe.

Mit Pappelwald ist gegenüber den unter Buchstabe c) genannten Grundstücken ein Abstand von 6 m einzuhalten.

(2) Mit erstmalig begründetem Wald ist zu benachbarten erwerbsgärtnerisch oder durch Weinbau genutzten oder zu diesen Zwecken vorübergehend nicht genutzten Grundstücken für die Dauer von 30 Jahren das Doppelte der in Absatz 1 Buchstabe c) vorgeschriebenen Abstände einzuhalten. Für Pappelwald hat der Abstand in diesem Falle 8 m zu betragen.

(3) Durch schriftlichen Vertrag, in dem die Katasterbezeichnungen der Grundstücke anzugeben sind, kann ein von Absatz 1 und 2 abweichender Abstand des Baumwuchses von der Grenze, jedoch kein geringerer Abstand als 1 m für einen in dem Vertrag festzulegenden Zeitraum vereinbart werden. Wird ein Grundstück, auf das sich eine solche Vereinbarung bezieht, während der Dauer der Vereinbarung veräußert oder geht es durch Erbfolge oder in anderer Weise auf einen Rechtsnachfolger über, so tritt der Erwerber in die Rechte und Verpflichtungen aus der Vereinbarung ein.

Erläuterungen

1. § 40 NachbG NRW enthält **Sonderregelungen für Waldgrundstücke.** Waldgrundstücke sind Grundstücke, die wesentlich zur Gewinnung von Holz dienen oder bestimmt sind und über eine gewisse räumliche Ausdehnung verfügen. Hierzu gehören nicht Parkanlagen, Baumschulen, Obstgärten oder Uferbepflanzungen, auch nicht vereinzelte Baumgruppen. Weihnachtsbaumkulturen sind regelmäßig als Wald anzusehen (vgl. hierzu BayObLG, NVwZ-RR 1989 S. 179). Zum Waldbegriff vgl. auch § 1 Landesforstgesetz. Die Abstände sind z. T. größer als bei Einzelbepflanzungen, da die Beeinträchtigungen im vorliegenden Fall erheblich höher sein können. Ödländereien sind Grundstücke, die weder landwirtschaftlich, forstlich noch gärtnerisch genutzt werden und brachliegen. Heidegrundstücke sind nährstoffarme Bodenflächen, die mit Zwergsträuchern und vereinzelten Bäumen oder kleineren Baumgruppen bewachsen sind. Nach Absatz 1 Buchst. a beträgt der von jedem Baumwuchs freizuhaltende Grenzstreifen auf Waldgrundstücken gegenüber benachbarten Waldgrundstücken, Ödländereien und Heidegrundstücken 1 m. Mit Nadelhölzern mit Ausnahme der Lärche ist ein weiterer Abstand von 2 m, insgesamt 3 m, einzuhalten, wenn ihre Höhe nicht 2 m übersteigt. Gegenüber privaten Wegen ist mit Wald ein Abstand von 1 m Breite freizuhalten, allerdings nur dann, wenn der Baumwuchs die Höhe von 2 m übersteigt. Gegenüber benachbarten landwirtschaftlich, gärtnerisch oder durch Weinbau genutzten oder den zu diesen Zwecken vorübergehend nicht genutzten Grundstücken ist mit Wald ein Streifen von 1 m von jedem Baumwuchs und ein weiterer Streifen von 3 m vom Baumwuchs über 2 m Höhe ohne Rücksicht auf die Baumart einzuhalten.

2. Die Verdoppelung der Abstände für 30 Jahre bei erstmaliger Begründung von Wald in Absatz 2 ist vorgeschrieben, weil die Anlegung von Wald für die benachbarten Grundstücke in vielfältiger Weise von einschneidender Wirkung ist. Der Erwerbsgartenbau und der Weinbau verdienen besonderen Schutz. Nicht ausdrücklich genannt werden in Absatz 2 landwirtschaftlich genutzte Grundstücke. Dazu gehören insbesondere Ackerbau, die Wiesen- und Weidewirtschaft sowie die Tierhaltung. Der doppelte bzw. der Abstand von 8 m bei Pappeln ist für die Dauer von 30 Jahren einzuhalten. Nach der amtlichen Begründung soll damit Versuchen vorgebeugt werden, die Bestimmung z. B. durch Abholzen einer jungen Schonung und anschließender Neuaufforstung zu umgehen.

3. Die **schriftliche, abweichende Vereinbarung** nach Absatz 3 ist gewissen Einschränkungen unterworfen. Es handelt sich um eine spezielle Ergänzung zu § 49 Abs. 1 NachbG NRW. Es ist unzulässig, eine derartige Vereinbarung für unbegrenzte Zeit zu treffen. Das Oberlandesgericht Hamm (JMBl. NW 1985 S. 160) vertritt die Ansicht, dass die Regelung verfassungswidrig ist, weil die Regelung besondere Anforderungen an Form und Inhalt der vertraglichen Vereinbarung stellt, obwohl solche Vereinbarungen nach dem Bürgerlichen Gesetzbuch unbeschränkt und formlos gültig sind. Die Auffassung kann nicht geteilt werden, da der Gesetzgeber für den Bereich Gesetzgebungskompetenz über Art. 124 EGBGB besitzt.

§ 41
Grenzabstände für bestimmte Bäume, Sträucher und Rebstöcke

(1) Mit Bäumen außerhalb des Waldes, Sträuchern und Rebstöcken sind von den Nachbargrundstücken – vorbehaltlich des § 43 – folgende Abstände einzuhalten:

1. mit Bäumen außer den Obstgehölzen, und zwar

a) stark wachsenden Bäumen, insbesondere der Rotbuche (Fagus silvatica) und sämtliche Arten der Linde (Tilia), der Platane (Platanus), der Roßkastanie (Aesculus), der Eiche (Quercus) und der Pappel (Populus) 4,00 m,

b) allen übrigen Bäumen 2,00 m,

2. mit Ziersträuchern, und zwar

a) stark wachsenden Ziersträuchern, insbesondere dem Feldahorn (Acer campestre), dem Flieder (Syringa vulgaris), dem Goldglöckchen (Forsythia intermedia), der Haselnuß (Corylus avellana), den Pfeifensträuchern – falscher Jasmin – (Philadelphus coronarius) 1,00 m,

b) allen übrigen Ziersträuchern 0,50 m,

3. mit Obstgehölzen, und zwar

a) Kernobstbäumen, soweit sie auf stark wachsender Unterlage veredelt sind, sowie Süßkirschbäumen, Walnußbäumen und Eßkastanienbäumen 2,00 m,

b) Kernobstbäumen, soweit sie auf mittelstark wachsender Unterlage veredelt sind, sowie Steinobstbäumen, ausgenommen die Süßkirschbäume 1,50 m,

c) Kernobstbäumen, soweit sie auf schwach wachsender Unterlage veredelt sind 1,00 m,

d) Brombeersträuchern 1,00 m,

e) allen übrigen Beerenobststräuchern 0,50 m,

4. mit Rebstöcken, und zwar

a) in geschlossenen Rebanlagen, deren Gesamthöhe 1,80 m übersteigt (Weitraumanlagen) 1,50 m,

b) in allen übrigen geschlossenen Rebanlagen 0,75 m,

c) einzelnen Rebstöcken	**0,50 m,**
d) Brombeersträuchern	**1,00 m,**
e) allen übrigen Beerenobststräuchern	**0,50 m,**

(2) Ziersträucher und Beerenobststräucher dürfen in ihrer Höhe das Dreifache ihres Abstandes zum Nachbargrundstück nicht überschreiten. Strauchtriebe, die in einem geringeren als der Hälfte des vorgeschriebenen Abstandes aus dem Boden austreten, sind zu entfernen.

Erläuterungen

1. Nachbarrechtliche Störungen, die durch Anpflanzungen entstehen, gibt es mehrere. Das Nachbarrechtsgesetz Nordrhein-Westfalen behandelt in § 41 NachbG NRW nur die Problempunkte, die dadurch aufkommen, dass **Anpflanzungen zu dicht an die Nachbargrenze** gesetzt werden und hier zu vorhersehbaren Beeinträchtigungen führen. Das Gesetz schreibt daher katalogmäßig Grenzabstände vor, die der Nachbar bei der Anpflanzung zu beachten hat. Verletzt er die Abstandsbestimmungen, hat er einen Beseitigungsanspruch, der jedoch zeitlich befristet ist.

Demnach bestehen **keine Abwehransprüche,** wenn Anpflanzungen mit einem ordnungsgemäßen Grenzabstand gepflanzt wurden, trotzdem aber zu einer vermehrten **Schattenbildung** führen. Die ständige Rechtsprechung hat klargestellt, dass der Licht- und **Luftentzug durch Hecken, Sträucher oder Bäume eine negative Einwirkung** ist, die nicht abgewehrt werden kann (vgl. OLG Düsseldorf, NJW 1979 S. 2618; OLG Hamm, Urt. vom 28.9.1998 – 5 U 67/98 – und Zusammenfassung bei *Horst,* DWW 1997 S. 361 ff. und MDR 1998 S. 685). Dagegen enthalten die Vorschriften keine Regelungen zum Astüberhang oder zu eindringenden Wurzeln, weil dieser Bereich durch das Bürgerliche Gesetzbuch (vgl. § 910 BGB) abgedeckt wird.

Auch andere pflanzliche Immissionen wie der **Unkrautflug** von verwilderten benachbarten Grundstücken oder der Laub- oder Blütenfall von Nachbars Bäumen werden bundesgesetzlich (§§ 906, 1004 BGB) erfasst. Beim Herüberwehen von Unkrautsamen von verwilderten Nachbargrundstücken hat die Rechtsprechung in Bezug auf das ästhetische Empfinden beim Anblick des ungepflegten Nachbargrundstücks keine Abwehransprüche zugebilligt (vgl. *Horst,* MDR 1998 S. 686 m. w. N.) Ähnliches gilt auch für allgemeine Störungen, da diese allein durch Naturkräfte ausgelöst werden. Ausnahmsweise hat die Rechtsprechung in Extremfällen Beseitigungsansprüche entsprechend dem nachbarlichen Gemeinschaftsverhältnis (§ 242 BGB) zugebilligt, wenn die totale Grundstücksverwahrlosung zu einer massiven Störung führt. So etwa, wenn der Nachbar einen jährlichen Kampf gegen ein herüberwachsendes Brennnesselmeer führen muss (vgl. OLG Koblenz, Beschl. vom 4.6.1972 – 1 W 31/71 – oder LG Bonn – 8 S 211/87 –, welches sogar eine zweimalige Reinigungsaktion bei verwahrlosten Grundstücken verlangte).

Beeinträchtigungen durch Laub- und Blütenfall vom Nachbargrundstück werden, wie erwähnt, nach dem Bürgerlichen Gesetzbuch beurteilt. Die Rechtsprechung hat auch hier regelmäßig Abwehransprüche abgelehnt, weil entweder derartige Einwirkungen als unwesentliche oder aber als ortsübliche Beeinträchtigungen angesehen wurden (vgl. Übersicht bei *Stollenwerk,* Meine Rechte als Nachbar, S. 90.; BGH, Urt. vom 14.11.2003 – V ZR 102/03 –).

In die nachbarrechtlichen Grenzabstandsregelungen fließen jedoch öffentlich-rechtliche Regelungen zum Schutz von Bäumen ein. Die Kommunen haben die Möglichkeit, **so genannte „Baumschutzsatzungen oder -verordnungen"** zu erlassen (siehe zur Thematik *Otto,* UPR 1992 S. 365 ff. und NJW 1989 S. 783 ff.). Hierdurch soll erreicht werden, dass in einem abgegrenzten Bereich bestimmte Bäume erhalten werden. Da der Baumschutz bei entsprechenden Regelungen nicht an der Grundstücksgrenze endet (vgl. OLG Düsseldorf,

NJW-RR 1989 S. 1807) entsteht dann eine Konfliktsituation, wenn Nachbarschutz und Baumschutz Überschneidungen erfahren.

Beispiel:

Peter Stroh pflanzt einen Baum unmittelbar an die Nachbargrenze und verletzt somit zugleich die Abstandsvorschriften des Brandenburgischen Nachbarrechtsgesetzes. Der Nachbar will diesen Zustand nicht hinnehmen und verklagt Stroh erfolgreich auf Beseitigung. Der Baum wird von der Baumschutzverordnung erfasst. Obwohl der Nachbar einen privatrechtlichen Beseitigungsanspruch hat, muss der Nachbar vorher die Genehmigung der unteren Naturschutzbehörde einholen.

Die Literatur und Rechtsprechung haben sich mit diesem Problemkreis schwergetan (vgl. zuletzt OLG Köln, UPR 1998 S. 194 und Erwiderung von *Otto,* UPR 1998 S. 187), wobei allgemein anerkannt ist, dass der Nachbar in diesen Fällen erst zur Beseitigung verpflichtet ist, wenn er von der zuständigen Behörde eine entsprechende Erlaubnis erhalten hat. Demzufolge ist es sinnvoll, derartige **Klageverfahren** unmittelbar **mit dem Antrag zu verbinden,** dass der Beklagte einen **Befreiungsantrag** bei der **zuständigen Behörde einzureichen** hat (vgl. hierzu BGH, NJW 1993 S. 226). Im Zusammenhang mit Rückschnittmaßnahmen entlang von Eisenbahnstrecken vgl. VG Köln, Natur und Recht 2002 S. 116 ff.

Die Grenzabstandsregelungen sind in § 41 NachbG NRW stufenartig aufgeteilt und erfassen katalogartig eine Reihe von Baumarten, die entsprechend ihrem Wachstum und ihrer Mächtigkeit verschiedene Abstandsregelungen erfordern. Daneben wird weiterhin untergliedert in Straucharten und Rebstöcke. Im Zweifelsfalle wird daher zur Klärung auf ein entsprechendes Pflanzenlexika zurückgegriffen werden müssen bzw. eine Rückfrage bei einer Baumschule erforderlich sein. Bei gerichtlichen Streitigkeiten wird ein Sachverständigengutachten einzuholen sein.

Zu den Einzelabständen:

Ein **Grenzabstand von 4 m** ist einzuhalten bei der Anpflanzung von stark wachsenden Bäumen mit artgemäßer Ausdehnung von Linden oder Pappeln, also beispielsweise auch Rotbuche, Platane, Rosskastanie, Eiche, Atlas- und Libanonzeder, Eibe, Douglasfichte, Winterlinde, Spitzahorn, Schwarzkiefer. Dies gilt jedoch insoweit, dass die Anpflanzung nicht als Hecke, erfolgt, weil hier die besonderen Regelungen des § 42 NachbG NRW Anwendung finden.

Ein **Grenzabstand von 2 m** ist einzuhalten bei allen übrigen Bäumen. Im Umkehrschluss bedeutet das, dass die allgemeine Regelung anzuwenden ist, sofern der Baum nicht als stark wachsender Baum angesehen wird.

Bei Ziersträuchern wird auch unterschieden zwischen stark wachsenden Sträuchern und sonstigen Ziersträuchern. Bei den erstgenannten Pflanzungen ist ein **Grenzabstand von 1,00 m,** bei allen übrigen ist ein Grenzabstand von 0,50 m einzuhalten. Zur ersten Gruppe gehören bspw. Flieder, Haselnuss, Holunder, Alpenrose, Feuerdorn oder Korbweide. Mit Stauden, so z. B. Sonnenblumen, brauchen keine Grenzabstände eingehalten zu werden, weil es sich hierbei weder um einen Baum noch um einen Strauch handelt. Keine Grenzabstände sind ebenfalls einzuhalten für Blumen, Gräser, Feldfrüchte und Unkraut.

Von den allgemeinen Grenzabstandsregelungen sind Obstbäume ausgenommen, da für sie die Sondernorm des § 41 Nr. 3 NachbG NRW gilt. Hier gibt es folgende Unterscheidungen:

Ein **Grenzabstand von 2 m** ist einzuhalten mit Kernobstbäumen, soweit sie auf stark wachsender Unterlage veredelt sind, sowie zu Süßkirschbäumen, Walnussbäumen und Esskastanienbäumen.

Hierzu zählen auch Apfelbäume wie Holsteiner und grüner Doucin, die Kirchensaller Mostbirne.

Ein **Grenzabstand von 1,50 m** ist einzuhalten mit Kernobstbäumen, soweit sie auf mittelstark wachsender Unterlage veredelt sind, sowie Steinobstbäumen, ausgenommen die Süßkirschbäume, da hier nach § 41 Abs. 1 Nr. 3 a NachbG NRW ein größerer Abstand gilt. Steinobstbäume sind insbesondere Aprikosen-, Mirabellen-, Pfirsich-, Pflaumen- oder Sauerkirschbäume.

Ein **Grenzabstand von 1,00 m** ist einzuhalten mit Kernobstbäumen, die auf schwach wachsender Unterlage veredelt sind. Der gleiche Grenzabstand gilt für Brombeersträucher.

Alle übrigen Beerenobststräucher sind mit einem Grenzabstand von 0,50 m anzupflanzen. Hierzu zählen Johannis-, Stachel-, Himbeer- und Holunderbeeren. Vgl. hierzu LG Essen, Urt. vom 28.1.2014 – 15 S 279/13 – zum Anspruch des Nachbarn Kirschlorbeersträucher und Koniferen, die den Grenzabstand von 0,50 cm nicht einhalten, auf die Höhe von 1,20 m zurückzuschneiden.

§ 41 Abs. 1 Nr. 4 NachbG NRW regelt die Grenzabstände für Rebstöcke. Geschlossene Rebanlagen sind Anpflanzungen von Rebstöcken in großer Zahl, die sich zusammenhängend über eine größere Fläche erstrecken. Dies kann sowohl in Form von Weinbergen oder Weingärten erfolgen.

2. Zier- und Beerenobststräucher dürfen nach Absatz 2 in ihrer Höhe das Dreifache ihres Abstandes zum Nachbargrundstück nicht überschreiten. Strauchtriebe, die in einem geringeren als der Hälfte vorgeschriebenen Abstand aus dem Boden treten, sind zu entfernen.

Beispiel:

Ein Himbeerstrauch, der mit einem Grenzabstand von 0,50 m angepflanzt wurde, darf also maximal 1,50 m hoch werden. Die Strauchtriebe, die in einem Abstand von unter 25 cm Grenzabstand aus dem Boden treiben, sind zu entfernen.

§ 42
Grenzabstände für Hecken

Es sind mit Hecken – vorbehaltlich des § 43 –

a) über 2 m Höhe 1,00 m

und

b) bis zu 2 m Höhe 0,50 m

Abstand von der Grenze einzuhalten. Das gilt nicht, wenn das öffentliche Recht andere Grenzabstände vorschreibt.

Erläuterungen

§ 42 NachbG NRW ist eine Sondervorschrift für die Anpflanzung von Hecken. Das Gesetz definiert allerdings nicht den **Heckenbegriff.** Unter Hecken (Schnitt- oder Formhecken) versteht man Gruppen gleichartig wachsender Gehölze, die in langer und schmaler Erstreckung aneinandergereiht sind. Wesentlich ist dabei die Geschlossenheit der Pflanzkörper unter sich und der Verbund zu einer wandartigen Formation (vgl. LG Saarbrücken, Urt. vom 3.2.1988 – S 79/87 –). Der Heckencharakter geht nicht deshalb verloren, weil sie nicht geschnitten wird (so auch *Rammert,* S. 29). § 42 NachbG NRW unterscheidet verschiedene Abstandsregelungen, die sich an der jeweiligen Heckenhöhe orientieren. Das Nachbarrechtsgesetz Nordrhein-Westfalen enthält jedoch keine abschließende höhenmäßige Begrenzung (zur Thematik vgl. *Stollenwerk,* DWW 1996 S. 338 f., NZM 1998 S. 324 f., *Rammert,* S. 31). Dies kann im Einzelfall zu Schwierigkeiten führen. Pflanzt beispielsweise ein Nachbar eine Hecke mit dem Maximalabstand von 1 m, an stellt sich die Frage, wie hoch die Hecke im Einzelfall wachsen darf. Es ist der Feststellung von *Schäfer* (Erl. 3 zu § 42 NachbG NRW) zuzustimmen, dass Heckenanpflanzungen gerade wegen ihrer wandartigen Formation erheblich größere Beeinträchtigungen verursachen als einzelne Bäume. Demnach wäre eine höhenmäßige Begrenzung angebracht. Die Rechtsprechung spricht sich auch für eine höhenmäßige Begrenzung aus und hat argumentiert, dass eine Hecke mit dem Erreichen einer bestimmten Höhe ihren Heckencharakter verliert. Das LG Saarbrücken (NJW-RR 1991 S. 406) und das LG Zweibrücken (MDR 1997 S. 119) waren der Auffassung, dass ein solcher Fall vorliegt, wenn eine Hecke höher als 3 m wird; das Amtsgericht Andernach (Urt. vom 11.11.1992 – 6 C 643/92 –) war der Meinung, dass dies bereits bei einer Heckenhöhe von 2 m möglich ist. Wird eine Hecke mit dem gesetzlich vorgeschriebenen Grenzabstand angepflanzt, so kann ein Rechtsverstoß dennoch eintreten, wenn der Nachbar die Hecke nicht auf der vorgeschriebenen Höhe hält. Ein Teil der landesrechtlichen Nachbarrechtsgesetze (so etwa Baden-Württemberg, Brandenburg, Berlin, Niedersachsen, Schleswig-Holstein, Sachsen, Sachsen-Anhalt und Thüringen) sehen ausdrücklich Rückschnittsansprüche vor, während die restlichen Regelungen nur Beseitigungsansprüche beinhalten. Es stellt sich in diesen Fällen die Frage, ob der Nachbar neben dem Beseitigungs- auch einen Rückschnittsanspruch einfordern kann. Die überwiegende Literaturmeinung favorisiert einen Rückschnittsanspruch auch ohne besondere gesetzliche Ermächtigung vor dem Beseitigungsanspruch, weil der Rückschnitt ein milderer Eingriff ist. Zum Teil wird auch die Auffassung vertreten, dass sich die Ansprüche gleichberechtigt gegenüberstehen (*Bayer/Lindner/Grziwotz*, Bay. Nachbarrecht, 2. Aufl. S. 167). Dieser Auffassung kann uneingeschränkt zugestimmt werden, weil zumindest durch eine Rückversetzung der Hecke ein erneuter Nachbarstreit auf längere Zeit vermieden wird (vgl. zur Thematik *Stollenwerk*, NZM 1998 S. 325). Vgl. zur Verjährung des Heckenrückschnitts § 47 NachbG NRW. In Zusammenhang mit dem Heckenrückschnitt ist auf § 64 Abs. 1 Nr. 2 des Landschaftsgesetzes vom 21.7.2000 (GV. NW. S. 568) hinzuweisen, wonach es in der Zeit vom 1. März bis 30. September verboten ist, Hecken, Wallhecken, Gebüsche zu roden, abzuschneiden oder zu zerstören. Schonende Form- und Pflegeschnitte zur Beseitigung des Zuwachses der Pflanzen bleiben unberührt (vgl. hierzu OLG Frankfurt, NVwZ 1986 S. 696; OLG Karlsruhe, NVwZ-RR 2003 S. 109).

Wird eine Hecke widerrechtlich beschädigt, bestehen Ansprüche auf Wiederherstellung. Diese werden jedoch unter dem Gesichtspunkt der Zumutbarkeit beschränkt (BGH, NJW 2000 S. 512, vgl. hierzu auch *Stollenwerk*, NZM 2000 S. 958). Die Abstandsvorschriften gelten nicht, wenn die Hecke als Einfriedigung auf der Grenze errichtet wird (Umkehrschluss zu § 36 Abs. 6 NachbG NRW, vgl. auch *Rammert*, S. 29).

§ 43

Verdoppelung der Abstände

Die doppelten Abstände nach den §§ 41 und 42, höchstens jedoch 6 m, sind einzuhalten gegenüber Grundstücken, die

a) **landwirtschaftlich, gärtnerisch oder durch Weinbau genutzt oder zu diesen Zwecken vorübergehend nicht genutzt sind und im Außenbereich (§ 19 Abs. 2 des Bundesbaugesetzes) liegen oder**

b) **durch Bebauungsplan der landwirtschaftlichen, gärtnerischen oder weinbaulichen Nutzung vorbehalten sind.**

Erläuterungen

Der Gesetzgeber hat die in § 43 NachbG NRW genannten Grundstücke als besonders schutzwürdig angesehen, so dass hier die doppelten gesetzlich festgelegten Grenzabstände einzuhalten sind.

§ 44
Baumschulen

Es sind mit Baumschulbeständen

a) über 2 m Höhe 2,00 m,

b) bis zu 2 m Höhe 1,00 m,

und

c) bis zu 1 m Höhe 0,50 m,

Abstand von der Grenze einzuhalten.

Erläuterungen

Baumschulen sind geschlossene Anlagen, die der Aufzucht von jungen Holzgewächsen zum Zwecke des Verkaufs oder zur Verwendung an anderer Stelle dienen.

§ 45
Ausnahmen

(1) Die §§ 40 bis 44 gelten nicht für

a) Anpflanzungen an den Grenzen zu öffentlichen Verkehrsflächen, zu öffentlichen Grünflächen und zu oberirdischen Gewässern von mehr als 4 m Breite (Mittelwasserstand),

b) Anpflanzungen auf öffentlichen Verkehrsflächen,

c) Anpflanzungen, die hinter einer geschlossenen Einfriedigung vorgenommen werden und diese nicht überragen; als geschlossen im Sinne dieser Vorschrift gilt auch eine Einfriedigung, deren Bauteile breiter sind als die Zwischenräume,

d) Windschutzstreifen und ähnliche, dem gleichen Zweck dienende Hecken und Baumbestände außerhalb von Waldungen,

e) Anpflanzungen, die bei Inkrafttreten dieses Gesetzes vorhanden sind und deren Abstand dem bisherigen Recht entspricht,

f) die in einem auf Grund des Landesnaturschutzgesetzes vom 21. Juli 2000 (GV. NRW. S. 568), das durch Artikel 1 des Gesetzes vom 15. November 2016 (GV. NRW. S. 934) neu gefasst worden ist, erlassenen rechtsverbindlichen Landschaftsplan vorgesehenen Anpflanzungen von Flurgehölzen, Hecken, Schutzpflanzungen, Alleen, Baumgruppen und Einzelbäumen.

(2) § 40 Abs. 1 Buchstabe a) Nr. 1 und 2 gilt nicht, soweit gemäß dem Forstrecht nach gemeinsamen Betriebsplänen unabhängig von den Eigentumsgrenzen gewirtschaftet wird.

(3) Wird für die in Absatz 1 Buchstabe e) genannten Anpflanzungen eine Ersatzanpflanzung vorgenommen, so gelten die §§ 40 bis 44 und 46.

(4) Absätze 1 und 2 gelten auch für Bewuchs, der durch Aussamung oder Auswuchs entstanden ist.

Erläuterungen

Der Ausnahmekatalog des Absatzes 1, wonach die §§ 40 bis 44 NachbG NRW nicht gelten, entspricht im Wesentlichen den übrigen Ausnahmetatbeständen des Gesetzes in Bezug auf Grenzschutzbestimmungen.

Nach § 45 Abs. 1 Buchst. a NachbG NRW müssen bei Anpflanzungen gegenüber öffentlichen Verkehrsflächen keine Grenzabstände eingehalten werden. Da Anpflanzungen jedoch im Bereich des öffentlichen Straßenverkehrs (hierzu gehören auch Gehwegflächen) nicht die Verkehrssicherheit gefährden dürfen, können sich Rückschnittsansprüche sowohl aus dem Straßenrecht (vgl. § 30 StrWG) als auch aus dem allgemeinen Ordnungsrecht bzw. aus § 910 BGB ergeben. Das Verwaltungsgericht Neustadt (Urt. vom 22.3.2005 – 1 L 452/05 –) vertritt die Ansicht, dass Astüberhänge, sofern sie in das Lichtraumprofil hineinragen, regelmäßig den Tatbestand einer erlaubnispflichtigen Sondernutzung (§ 18 StrWG) erfüllen.

Anpflanzungen im Bereich des Straßenkörpers müssen gemäß § 45 Abs. 1 Buchst. b NachbG NRW keine Grenzabstände einhalten. Überhängende Äste von Straßenbäumen in Nachbargrundstücke können aber unter den Vorgaben des § 910 BGB ebenfalls Rückschnittsansprüche des Nachbarn auslösen (vgl. hierzu OLG Celle, Urt. vom 21.10.2004 – 4 U 78/04 – und VG Köln, Urt. vom 24.6.2015 – 18 K 1266/15 –). Die Kölner Richter haben in der zitierten Entscheidung nochmals klargestellt, dass die Beseitigung eines Straßenbaumes nicht gefordert werden kann. Die in § 41 Abs. 1 NachbG NRW festgelegten Grenzabstände für Bäume von Nachbargrundstücken gelten nicht für Anpflanzungen auf öffentlichen Verkehrsflächen (VG Minden, Urt. vom 3.3.2016 – 9 K 529/15 –). Ein zivilrechtlicher Abwehranspruch wird bei Straßenbäumen durch die Duldungspflicht des § 32 Abs. 2 StrWG NRW überlagert. Die von Bäumen ausgehenden typischen natürlichen Auswirkungen wie Schattenwurf, Laub- und Samenfall, verzögerte Abtrocknung von Flächen oder Zäunen u. Ä. überschreiten regelmäßig nicht das zumutbare Maß und sind daher von Straßenanliegern als situationsgebunden und sozialadäquat hinzunehmen.

Der Begriff des Windschutzes wird vom Gesetz nicht definiert. Nach Ansicht des LG Köln, Urt. vom 15.3.2012 – 6 S 234/11 –, muss der Windschutz jedoch eine von mehreren Hauptfunktionen darstellen. Zum Anspruch eines Grundstückseigentümers (hier: verneint) auf Entfernung einer Hecke im öffentlichen Straßenraum, vgl. VG Gelsenkirchen, Beschl. vom 18.7.2013 – 6 L 545/13 –).

§ 46

Berechnung des Abstandes

Der Abstand wird von der Mitte des Baumstammes, des Strauches oder des Rebstockes waagerecht und rechtwinklig zur Grenze gemessen, und zwar an der Stelle, an der der Baum, der Strauch oder der Rebstock aus dem Boden austritt. Bei Hecken ist von der Seitenfläche aus zu messen.

Erläuterungen

Maßgebend für die Berechnung der Grenzabstände ist die **Mitte der Anpflanzung,** und zwar an der **Stelle, an der sie aus dem Boden austritt.** Eine Neigung des Baumes oder des Strauches bleibt außer Betracht. Bei Hecken ist der Abstand von der dem Nachbargrundstück zugewandten Seitenfläche zu messen. Der Abstand ist waagerecht und rechtwinklig zur Grenze zu messen. Ist das Gelände ansteigend, darf nicht am Erdboden, sondern nur waagerecht oberhalb des Bodens gemessen werden.

§ 47

Ausschluß des Beseitigungsanspruchs

(1) Der Anspruch auf Beseitigung einer Anpflanzung, mit der ein geringerer als der in den §§ 40 bis 44 und 46 vorgeschriebene Abstand eingehalten wird, ist ausgeschlossen, wenn der Nachbar nicht binnen sechs Jahren nach dem Anpflanzen Klage auf Beseitigung erhoben hat. Der Anspruch unterliegt nicht der Verjährung.

(2) § 45 Abs. 3 und 4 gilt entsprechend.

Erläuterungen

1. § 47 NachbG NRW enthält konkrete Beschränkungen des Beseitigungs- und Rückschnittsanspruchs. Werden Anpflanzungen unter Missachtung der Grenzabstandsregelungen vorgenommen, so hat der Nachbar einen Beseitigungsanspruch bzw. bei Anpflanzungen, bei denen u. U. eine höhenmäßige Begrenzung vorgegeben ist (z. B. bei Heckenanpflanzungen), einen Rückschnittsanspruch. Der Beseitigungsanspruch beinhaltet natürlich auch die Beseitigung von Baumstümpfen und Wurzeln (LG Bielefeld, NJW-RR 2002 S. 525). Der Beseitigungsanspruch ist zeitlich auf sechs Jahre nach erfolgter Anpflanzung beschränkt. Hat also der Nachbar nicht innerhalb von sechs Jahren nach erfolgter Anpflanzung Klage auf Beseitigung eingereicht (schriftliche Hinweise an den Nachbarn oder anwaltliche Aufforderungen reichen nicht aus), so erlischt der Anspruch (Ausschlussfrist), vgl. hierzu OLG Köln, Urt. vom 12.7.2011 – 4 U 18/10 –. Der Lauf der Ausschlussfrist von sechs Jahren beginnt bei Sträuchern, die sich hinter einer blickdichten Sichtschutzwand befinden, erst ab dem Zeitpunkt, ab dem die Pflanzen nicht nur kurzfristig über den Zaun hinauswachsen (vgl. LG Essen, Urt. vom 28.1.2014 – 15 S 279/13 –). Vgl. hierzu auch AG Recklinghausen, Urt. vom 5.9.2019 – 54 C 192/14 – bzgl. der Bestätigung der gesetzlichen Ausschlussfrist von sechs Jahren nach erfolgter Anpflanzung.

Das AG Witten (Urt. vom 5.11.2009 – 2 C 805/09 –) hat unter Bezugnahme auf eine Entscheidung des BGH (NZM 2005 S. 318) einen Beseitigungsanspruch aufgrund des nachbarlichen Gemeinschaftsverhältnisses nach Zeitablauf nur bei ungewöhnlich schweren, nicht mehr hinnehmbaren Beeinträchtigungen gesehen. Die Vorgaben gelten nur bei Vorliegen von absoluten Ausnahmesituationen. Nach Fristablauf stehen dem Nachbarn nur noch die Rechte nach § 910 BGB (Rückschnitt des Astüberhangs oder eindringender Wurzeln) zu (vgl. hierzu Kritik von *Rammert,* S. 33). Im Interesse des nachbarlichen Friedens hält der Gesetzgeber eine zeitliche Beschränkung des Beseitigungsanspruchs für geboten, damit nicht nach vielen Jahren noch dieses Recht u. U. schikanös missbraucht wird. Demzufolge wird auch bei **Wechsel des Eigentümers keine neue Beseitigungsfrist** in Lauf gesetzt (BGH, NJW 1973 S. 703). Der etwaige Grundstückskäufer muss sich daher das Verstreichenlassen der Frist durch seinen Rechtsvorgänger anrechnen lassen. Bei einer höhenmäßigen Begrenzung der Anpflanzung beginnt der Fristablauf erst dann, wenn die Anpflanzung erstmalig das festgelegte Höhenmaß überschreitet (so auch *Schäfer,* Rn. 5 zu § 47, *Rammert,* S. 33). Bei Versäumung der im Nachbarrechtsgesetz geregelten Fristen kann eine Beseitigung von Bäumen nicht mehr verlangt werden, es sei denn, dass eine akute Störung allein durch das Fällen der Bäume beseitigt werden kann (OLG Köln, Urt. vom 12.7.2011 – 4 U 18/10 –).

In Bezug auf die Regelungen von **Rückschnittsansprüchen** stellt sich die Frage, ob diese auch einer **zeitlichen Beschränkung** unterworfen sind. Das OLG Frankfurt a. M. (NJW-RR 1997 S. 657; vgl. auch KG Berlin, NJW-RR 2000 S. 160) bejahte in einer Entscheidung zum hessischen Nachbarrechtsgesetz eine zeitliche Beschränkung der Rückschnittsansprüche analog der Beschränkung der Beseitigungsansprüche. Es begründete seine Auffassung schlicht damit, dass auch der Rückschnitt eine Art „Teilbeseitigung“ darstelle. Eine derartige Gesetzesauslegung erscheint jedoch etwas konstruiert und schmälert unzulässig und nicht unerheblich die bestehenden Nahbarrechte. Mangels ausdrücklicher gesetzlicher Regelung wird man angesichts des rechtsstaatlichen Gesetzesvorbehaltes im Zweifel von einem unbefristeten Rückschnittsanspruch ausgehen müssen (a. A. *Schäfer,* Anm. 1 zu § 47). *Hodes/Dehner* (S. 151 ff.) vermuten sogar ein Redaktionsversehen des Gesetzgebers, der eigentlich die „Verjährung“ der Beseitigungsansprüche auch auf Rückschnittsansprüche ausdehnen wollte. Interessanterweise muss sich dieser „Fehler“ in den Vorschriften zahlreicher Nachbarrechtsgesetze anderer Bundesländer fortgeführt haben. In diesem Zusammenhang besteht kein Anspruch auf Betreten des Nachbargrundstücks zum Zwecke des Heckenrückschnitts. Eine solche Befugnis kann auch nicht aus den Regelungen des Hammerschlags- und Leiterrechts abgeleitet werden.

Das Landgericht Trier (Urt. vom 23.10.2001 – 1 C 163/01 –) vertritt die Ansicht, dass neben dem Beseitigungsanspruch ein Rückschnittsanspruch nach § 1004 BGB bestehen kann, falls eine ausdrückliche Beschränkung des Rückschnittsanspruchs nicht besteht. Zur Frage des Schadensersatzes bei einem rechtswidrig vorgenommenen Heckenrückschnitt vgl. *Stollenwerk,* NZM 2000 S. 958.

Verweigert der Nachbar eine Beseitigung, kann der Nachbar diese Maßnahme nicht im Wege der Selbsthilfe (wie etwa in den Fällen des § 910 BGB) vornehmen, sondern muss den Nachbarn auf Beseitigung verklagen (vgl. *Stollenwerk,* Brandenburgisches Nachbarrechtsgesetz, zu einer gleichlautenden Vorschrift im Nachbarrechtsgesetz Brandenburg, Erl. zu § 39 NRG, S. 83).

2. Wird eine Anpflanzung, deren Beseitigung wegen Fristablauf nicht mehr verlangt werden kann, durch eine neue ersetzt, muss mit der Ersatzpflanzung der vorgeschriebene Abstand eingehalten werden. Geschieht dies nicht, so entsteht der Beseitigungsanspruch von neuem, der seinerseits wieder der Ausschlussfrist des § 47 Abs. 1 NachbG NRW unterliegt.

§ 48
Nachträgliche Grenzänderungen

Die Rechtmäßigkeit des Abstandes wird durch nachträgliche Grenzänderungen nicht berührt; jedoch gilt § 45 Abs. 3 und 4 entsprechend.

Erläuterungen

Nachträgliche Grenzänderungen berühren die Rechtmäßigkeit des Grenzabstandes nicht. Es reicht daher aus, wenn vor der Grenzänderung der gesetzlich vorgeschriebene Grenzabstand eingehalten wurde. Einer rechtmäßigen Anpflanzung wird diejenige gleichgesetzt, deren Entfernung wegen des Ablaufs der Ausschlussfrist nicht mehr verlangt werden kann. Demzufolge wird der Fristablauf für eine Anpflanzung, die den vorgeschriebenen Abstand zur alten Grenze nicht einhält, durch die nachträgliche Grenzänderung nicht unterbrochen.

XII. ABSCHNITT
ALLGEMEINE VORSCHRIFTEN

§ 49
Anwendungsbereich des Gesetzes

(1) Die Vorschriften dieses Gesetzes gelten – unbeschadet von § 40 – nur, soweit die Beteiligten nichts anderes vereinbaren und eine solche Vereinbarung anderen Vorschriften nicht widerspricht. Die in diesem Gesetz vorgeschriebene Schriftform kann nicht abbedungen werden.

(2) Öffentlich-rechtliche Vorschriften werden durch dieses Gesetz nicht berührt.

Erläuterungen

1. Die **Bestimmungen des Nachbarrechts** sind **nachrangig gegenüber abweichenden Vereinbarungen.** Privatrechtliche Rechte und Pflichten können demzufolge durch rechtsgeschäftliche Erklärungen der Nachbarn eingeschränkt, erweitert, ausgeschlossen oder begründet werden. So ist beispielsweise eine Gestattung, das Grundstück als Zufahrt zum Nachbargrundstück mitzubenutzen, als eine Art „Leihverhältnis" zu betrachten, das mangels entgegenstehender Vereinbarung jederzeit kündbar ist (vgl. OLG Brandenburg, DtZ 1996 S. 389). Die Grenzen der sonstigen Vereinbarungen finden sich im Allgemeinen im

Vertragsrecht, so dass Vereinbarungen, die gegen gesetzliche Verbote (§ 134 BGB) oder gegen die guten Sitten verstoßen (§ 138 BGB), nichtig sind.

Unzulässig sind nach allgemeinen Regelungen auch Vereinbarungen, deren Regelungsgegenstände nicht der Vertragsfreiheit unterliegen. Die **nachbarrechtliche Vereinbarung ist schuldrechtlicher Natur** und bindet demzufolge auch nur die Vertragspartner bzw. die Gesamtrechtsnachfolger (Erben), nicht aber den Sonderrechtsnachfolger (z. B. den Käufer). Im letztgenannten Fall empfiehlt sich eine dingliche Absicherung der Vereinbarung in Form einer Dienstbarkeit.

> *Beispiel:*
>
> *Der Grundstückseigentümer Froh und sein Nachbar Stolz sind beide Naturliebhaber. Demzufolge haben beide in ihren Gärten zahlreiche Bäume gepflanzt. Weil sie die nachbarrechtlichen Grenzabstandsregelungen eher als lästig empfinden, vereinbaren beide per Vertrag, dass für alle Baumanpflanzungen keine Grenzabstände einzuhalten sind.*

Im genannten Fall haben also die Grundstücksnachbarn die freie Entscheidung darüber, durch Vereinbarung eine Einschränkung der Nachbarrechtsregelungen zu treffen. Zwingende öffentlich-rechtliche Vorschriften können beispielsweise auch Festsetzungen im Bebauungsplan sein.

Die im Gesetz vorgesehenen Formvorschriften können nicht durch Vereinbarung aufgehoben oder abgeändert werden.

2. Öffentlich-rechtliche und privatrechtliche Regelungen stehen unabhängig nebeneinander, sofern dieses Gesetz nicht ausdrücklich auf öffentlich-rechtliche Regelungen Bezug nimmt. Der Gesetzgeber hat darüber hinaus die Anwendung nachbarrechtlicher Vorschriften ausgeschlossen, sofern eine Überschneidung mit öffentlich-rechtlichen Interessen eintreten kann, siehe z. B. §§ 24 Abs. 4, 39 NachbG NRW usw. Eine Baugenehmigung wird darüber hinaus unbeschadet der Prüfung Rechte Dritter erteilt. Das bedeutet, die Baugenehmigungsbehörde prüft in einem Bauantrag nur die öffentlich-rechtlichen Zulässigkeitsvoraussetzungen.

§ 50
Schutz der Nachbarrechte

Werden Vorschriften dieses Gesetzes verletzt, so kann der Eigentümer des Nachbargrundstücks, sofern dieses Gesetz keine Regelung trifft, Ansprüche auf Grund der Vorschriften des Bürgerlichen Gesetzbuchs geltend machen.

Erläuterungen

Diese Vorschrift ist lediglich eine Klarstellung. Auch ohne die gesetzliche Regelung können Ansprüche nach den Vorgaben des Bürgerlichen Gesetzbuches geltend gemacht werden. Im Vordergrund steht hier die Anwendung des § 1004 BGB (Beseitigungs- und Unterlassungsanspruch). Vgl. zur Thematik auch *Armbrüster,* NJW 2003 S. 3087 ff.; *Elshorst,* NJW 2001 S. 3222 (Ersatzansprüche gegen Baumaßnahmen des Nachbarn); BGH, Natur und Recht 2003 S. 643 (Ausgleichsansprüche bei windbrüchigem Baum) und OLG Koblenz, Urt. vom 15.10.2003 – 5 U 18/03 – (Gebäuderisse beim Nachbarn). Ansprüche aus § 1004 BGB verjähren innerhalb der regelmäßigen Verjährungsfrist von drei Jahren (vgl. § 195 BGB).

§ 51
(aufgehoben)

§ 52
Stellung des Erbbauberechtigten

Der Erbbauberechtigte tritt an die Stelle des Eigentümers des Grundstücks.

Erläuterungen

Der Erbbauberechtigte tritt an die Stelle des Eigentümers des Grundstücks. Zu den Einzelheiten wird auf die Vorgaben der Erbbaurechtsverordnung Bezug genommen.

XIII. ABSCHNITT
SCHLUSSBESTIMMUNGEN

§ 53
Übergangsvorschriften

(1) Der Umfang von Rechten, die bei Inkrafttreten dieses Gesetzes bestehen, richtet sich – unbeschadet der §§ 2 Buchstabe d) und e), 5 Buchstabe d), 36 Abs. 3 und 45 Abs. 1 Buchstabe e) – nach den Vorschriften dieses Gesetzes.

(2) Die Verjährung von Ansprüchen auf Schadensersatz und anderen, auf Geld gerichteten Ansprüchen nach diesem Gesetz, die am 1. Mai 2004 bestehen und noch nicht verjährt sind, richtet sich allein nach den Vorschriften des Bürgerlichen Gesetzbuchs. Der Beginn der Verjährung bestimmt sich jedoch für die Zeit vor dem 1. Mai 2004 nach § 51 dieses Gesetzes in der bis zu diesem Tag geltenden Fassung. Ist die Verjährungsfrist nach dem Bürgerlichen Gesetzbuch kürzer als nach § 51 dieses Gesetzes in der bis zum 1. Mai 2004 geltenden Fassung, so wird die kürzere Frist von dem 1. Mai 2004 an berechnet. Läuft jedoch die in § 51 dieses Gesetzes in der bis zum 1. Mai 2004 geltenden Fassung bestimmte längere Frist früher als die im Bürgerlichen Gesetzbuch bestimmte kürzere Frist ab, so ist die Verjährung mit dem Ablauf der längeren Frist vollendet.

Erläuterungen

Der Umfang der bei In-Kraft-Treten des Gesetzes bestehenden Nachbarrechte bestimmt sich nunmehr grundsätzlich nach dem Nachbarrechtsgesetz, wenn dieses entsprechende Regelungen enthält. Durch das Nachbarrechtsgesetz nicht geregelte Tatbestände bleiben im bisherigen Umfang bestehen, es sei denn, sie wurden durch § 54 NachbG NRW aufgehoben. Die Vorschrift umfasst jedoch nur gesetzliche Ansprüche aus dem Nachbarrecht und nicht vertragliche Ansprüche. Ausdrücklich ausgenommen sind die Fälle des § 2 Buchst. d und e (Ausnahmen von den Grenzabständen bei Gebäuden), § 5 Buchst. d (Ausnahmen von Fenster- und Lichtrecht), § 36 Abs. 3 (Standort der Einfriedigung) und § 45 Abs. 1 Buchst. e NachbG NRW (Grenzabstände für Anpflanzungen).

§ 54
Außerkrafttreten von Vorschriften

Die diesem Gesetz entgegenstehenden Vorschriften werden aufgehoben. Namentlich werden folgende Vorschriften aufgehoben, soweit sie nicht bereits außer Kraft getreten sind:

1. **Erster Teil, Achter Titel §§ 125 bis 131, 133, 137 bis 140, 142 bis 144, 146 bis 148, 152, 153, 155, 156, 162 bis 167, 169 bis 174, 185, 186, Zweiundzwanzigster Titel §§ 55 bis 62 des Allgemeinen Landrechts für die Preußischen Staaten vom 5. Februar 1794;**
2. **Artikel 23 §§ 1 bis 3 des Preußischen Ausführungsgesetzes zum Bürgerlichen Gesetzbuch vom 20. September 1899 (PrGS. NW. S. 105);**
3. **Artikel 671, 672 Abs. 1, 674 bis 681 des Rheinischen Bürgerlichen Gesetzbuchs (Code civil);**
4. **Gesetz über das forstliche Nachbarrecht vom 25. Juni 1962 (GV. NW. S. 371).**

Erläuterungen

Die in § 54 NachbG NRW genannten Gesetze und Gesetzesbestimmungen treten außer Kraft ohne Rücksicht darauf, ob sie mit dem Nachbarrechtsgesetz vereinbar sind oder nicht.

§ 55
Inkrafttreten

Dieses Gesetz tritt am 1. Juli 1969 in Kraft.

Erläuterungen

Die Vorschrift betrifft das Gesetz in seiner anfänglichen Fassung.

Anhang 1

Bürgerliches Gesetzbuch (BGB)

vom 18. August 1896 (RGBl. I S. 195)
zuletzt geändert durch Gesetz vom 21.12.2021 (BGBl I. S. 5252)

– Auszug –

§ 194
Gegenstand der Verjährung

(1) Das Recht, von einem anderen ein Tun oder Unterlassen zu verlangen (Anspruch), unterliegt der Verjährung.

(2) Der Verjährung unterliegen nicht

1. Ansprüche, die aus einem nicht verjährbaren Verbrechen erwachsen sind,
2. Ansprüche aus einem familienrechtlichen Verhältnis, soweit sie auf die Herstellung des dem Verhältnis entsprechenden Zustands für die Zukunft oder auf die Einwilligung in die genetische Untersuchung zur Klärung der leiblichen Abstammung gerichtet sind.

§ 195
Regelmäßige Verjährungsfrist

Die regelmäßige Verjährungsfrist beträgt drei Jahre.

§ 196
Verjährungsfrist bei Rechten an einem Grundstück

Ansprüche auf Übertragung des Eigentums an einem Grundstück sowie auf Begründung, Übertragung oder Aufhebung eines Rechts an einem Grundstück oder auf Änderung des Inhalts einen solchen Rechts sowie die Ansprüche auf die Gegenleistung verjähren in zehn Jahren.

§ 197
Dreißigjährige Verjährungsfrist

(1) In 30 Jahren verjähren, soweit nicht ein anderes bestimmt ist,

1. Schadensersatzansprüche, die auf der vorsätzlichen Verletzung des Lebens, des Körpers, der Gesundheit, der Freiheit oder der sexuellen Selbstbestimmung beruhen,
2. Herausgabeansprüche aus Eigentum, anderen dinglichen Rechten, den §§ 2018, 2130 und 2362 sowie die Ansprüche, die der Geltendmachung der Herausgabeansprüche dienen,
3. rechtskräftig festgestellte Ansprüche,
4. Ansprüche aus vollstreckbaren Vergleichen oder vollstreckbaren Urkunden,
5. Ansprüche, die durch die im Insolvenzverfahren erfolgte Feststellung vollstreckbar geworden sind, und
6. Ansprüche auf Erstattung der Kosten der Zwangsvollstreckung.

(2) Soweit Ansprüche nach Absatz 1 Nr. 3 bis 5 künftig fällig werdende regelmäßig wiederkehrende Leistungen zum Inhalt haben, tritt an die Stelle der Verjährungsfrist von 30 Jahren die regelmäßige Verjährungsfrist.

§ 226
Schikaneverbot

Die Ausübung eines Rechtes ist unzulässig, wenn sie nur den Zweck haben kann, einem anderen Schaden zuzufügen.

§ 823

Schadensersatzpflicht

(1) Wer vorsätzlich oder fahrlässig das Leben, den Körper, die Gesundheit, die Freiheit, das Eigentum oder ein sonstiges Recht eines anderen widerrechtlich verletzt, ist dem anderen zum Ersatz des daraus entstehenden Schadens verpflichtet.

(2) Die gleiche Verpflichtung trifft denjenigen, welcher gegen ein den Schutz eines anderen bezweckenden Gesetzes verstößt. Ist nach dem Inhalt des Gesetzes ein Verstoß gegen dieses auch ohne Verschulden möglich, so tritt die Ersatzpflicht nur im Falle des Verschuldens ein.

§ 903

Befugnisse des Eigentümers

Der Eigentümer einer Sache kann, soweit nicht das Gesetz oder Rechte Dritter entgegenstehen, mit der Sache nach Belieben verfahren und andere von jeder Einwirkung ausschließen. Der Eigentümer eines Tieres hat bei der Ausübung seiner Befugnisse die besonderen Vorschriften zum Schutz der Tiere zu beachten.

§ 904

Notstand

Der Eigentümer einer Sache ist nicht berechtigt, die Einwirkung eines anderen auf die Sache zu verbieten, wenn die Einwirkung zur Abwendung einer gegenwärtigen Gefahr notwendig und der drohende Schaden gegenüber dem aus der Einwirkung dem Eigentümer entstehenden Schaden unverhältnismäßig groß ist. Der Eigentümer kann Ersatz des ihm entstehenden Schadens verlangen.

§ 905

Begrenzung des Eigentums

Das Recht des Eigentümers eines Grundstücks erstreckt sich auf den Raum über der Oberfläche und auf den Erdkörper unter der Oberfläche. Der Eigentümer kann jedoch Einwirkungen nicht verbieten, die in solcher Höhe oder Tiefe vorgenommen werden, dass er an der Ausschließung kein Interesse hat.

§ 906

Zuführung unwägbarer Stoffe

(1) Der Eigentümer eines Grundstücks kann die Zuführung von Gasen, Dämpfen, Gerüchen, Rauch, Ruß, Wärme, Geräusch, Erschütterungen und ähnliche von einem anderen Grundstück ausgehende Einwirkungen insoweit nicht verbieten, als die Einwirkung die Benutzung seines Grundstücks nicht oder nur unwesentlich beeinträchtigt. Eine unwesentliche Beeinträchtigung liegt in der Regel vor, wenn die in Gesetzen oder Rechtsverordnungen festgelegten Grenz- oder Richtwerte von den nach diesen Vorschriften ermittelten und bewerteten Einwirkungen nicht überschritten werden. Gleiches gilt für Werte in allgemeinen Verwaltungsvorschriften, die nach § 48 des Bundes-Immissionsschutzgesetzes erlassen worden sind und den Stand der Technik wiedergeben.

(2) Das Gleiche gilt insoweit, als eine wesentliche Beeinträchtigung durch eine ortsübliche Benutzung des anderen Grundstücks herbeigeführt wird und nicht durch Maßnahmen verhindert werden kann, die Benutzern dieser Art wirtschaftlich zumutbar sind. Hat der Eigentümer hiernach eine Einwirkung zu dulden, so kann er von dem Benutzer des anderen Grundstücks einen angemessenen Ausgleich in Geld verlangen, wenn die Einwirkung eine ortsübliche Benutzung seines Grundstücks oder dessen Ertrag über das zumutbare Maß hinaus beeinträchtigt.

(3) Die Zuführung durch eine besondere Leitung ist unzulässig.

§ 907

Gefahr drohende Anlagen

(1) Der Eigentümer eines Grundstücks kann verlangen, dass auf den Nachbargrundstücken nicht Anlagen hergestellt oder gehalten werden, von denen mit Sicherheit vorauszusehen ist, dass ihr

Bestand oder ihre Benutzung eine unzulässige Einwirkung auf sein Grundstück zur Folge hat. Genügt eine Anlage den landesgesetzlichen Vorschriften, die einen bestimmten Abstand von der Grenze oder sonstige Schutzmaßregeln vorschreiben, so kann die Beseitigung der Anlage erst verlangt werden, wenn die unzulässige Einwirkung tatsächlich hervortritt.

(2) Bäume und Sträucher gehören nicht zu den Anlagen im Sinne dieser Vorschriften.

§ 908
Drohender Gebäudeeinsturz

Droht einem Grundstück die Gefahr, dass es durch den Einsturz eines Gebäudes oder eines anderen Werkes, das mit einem Nachbargrundstück verbunden ist, oder durch die Ablösung von Teilen des Gebäudes oder des Werkes beschädigt wird, so kann der Eigentümer von demjenigen, welcher nach dem § 836 Abs. 1 oder den §§ 837, 838 für den eintretenden Schaden verantwortlich sein würde, verlangen, dass er die zur Abwendung der Gefahr erforderliche Vorkehrung trifft.

§ 909
Vertiefung

Ein Grundstück darf nicht in der Weise vertieft werden, dass der Boden des Nachbargrundstücks die erforderliche Stütze verliert, es sei denn, dass für eine genügende anderweitige Befestigung gesorgt ist.

§ 910
Überhang

(1) Der Eigentümer eines Grundstücks kann Wurzeln eines Baumes oder eines Strauches, die von einem Nachbargrundstück eingedrungen sind, abschneiden und behalten. Das gleiche gilt von herüberragenden Zweigen, wenn der Eigentümer dem Besitzer des Nachbargrundstücks eine angemessene Frist zur Beseitigung bestimmt hat und die Beseitigung nicht innerhalb der Frist erfolgt.

(2) Dem Eigentümer steht dieses Recht nicht zu, wenn die Wurzeln oder die Zweige die Benutzung des Grundstücks nicht beeinträchtigen.

§ 911
Überfall

Früchte, die von einem Baume oder einem Strauche auf ein Nachbargrundstück hinüberfallen, gelten als Früchte dieses Grundstücks. Diese Vorschrift findet keine Anwendung, wenn das Nachbargrundstück dem öffentlichen Gebrauch dient.

§ 912
Überbau; Duldungspflicht

(1) Hat der Eigentümer eines Grundstücks bei der Errichtung eines Gebäudes über die Grenze gebaut, ohne dass ihm Vorsatz oder grobe Fahrlässigkeit zur Last fällt, so hat der Nachbar den Überbau zu dulden, es sei denn, dass er vor oder sofort nach der Grenzüberschreitung Widerspruch erhoben hat.

(2) Der Nachbar ist durch eine Geldrente zu entschädigen. Für die Höhe der Rente ist die Zeit der Grenzüberschreitung maßgebend.

§ 913
Zahlung der Überbaurente

(1) Die Rente für den Überbau ist dem jeweiligen Eigentümer des Nachbargrundstücks von dem jeweiligen Eigentümer des anderen Grundstücks zu entrichten.

(2) Die Rente ist jährlich im Voraus zu entrichten.

§ 914

Rang, Eintragung und Erlöschen der Rente

(1) Das Recht auf die Rente geht allen Rechten an dem belasteten Grundstück, auch den älteren vor. Es erlischt mit der Beseitigung des Überbaus.

(2) Das Recht wird nicht in das Grundbuch eingetragen. Zum Verzicht auf das Recht sowie zur Feststellung der Höhe der Rente durch Vertrag ist die Eintragung erforderlich.

(3) Im Übrigen finden die Vorschriften Anwendung, die für eine zugunsten des jeweiligen Eigentümers eines Grundstücks bestehende Reallast gelten.

§ 915

Abkauf

(1) Der Rentenberechtigte kann jederzeit verlangen, dass der Rentenpflichtige ihm gegen Übertragung des Eigentums an dem überbauten Teil des Grundstücks den Wert ersetzt, den dieser Teil zur Zeit der Grenzüberschreitung gehabt hat. Macht er von dieser Befugnis Gebrauch, so bestimmen sich die Rechte und Verpflichtungen beider Teile nach den Vorschriften über den Kauf.

(2) Für die Zeit bis zur Übertragung des Eigentums ist die Rente fortzuentrichten.

§ 916

Beeinträchtigung von Erbbaurecht oder Dienstbarkeit

Wird durch den Überbau ein Erbbaurecht oder eine Dienstbarkeit an dem Nachbargrundstück beeinträchtigt, so finden zugunsten des Berechtigten die Vorschriften der §§ 912 bis 914 entsprechende Anwendung.

§ 917

Notweg

(1) Fehlt einem Grundstück die zur ordnungsmäßigen Benutzung notwendige Verbindung mit einem öffentlichen Wege, so kann der Eigentümer von den Nachbarn verlangen, dass sie bis zur Hebung des Mangels die Benutzung ihrer Grundstücke zur Herstellung der erforderlichen Verbindung dulden. Die Richtung des Notwegs und der Umfang des Benutzungsrechts werden erforderlichenfalls durch Urteil bestimmt.

(2) Die Nachbarn, über deren Grundstücke der Notweg führt, sind durch eine Geldrente zu entschädigen. Die Vorschriften des § 912 Abs. 2 Satz 2 und der §§ 913, 914, 916 finden entsprechende Anwendung.

§ 918

Ausschluss des Notwegrechts

(1) Die Verpflichtung zur Duldung des Notwegs tritt nicht ein, wenn die bisherige Verbindung des Grundstücks mit dem öffentlichen Wege durch eine willkürliche Handlung des Eigentümers aufgehoben wird.

(2) Wird infolge der Veräußerung eines Teils des Grundstücks der veräußerte oder der zurückbehaltene Teil von der Verbindung mit dem öffentlichen Wege abgeschnitten, so hat der Eigentümer desjenigen Teils, über welchen die Verbindung bisher stattgefunden hat, den Notweg zu dulden. Der Veräußerung eines Teils steht die Veräußerung eines von mehreren demselben Eigentümer gehörenden Grundstücken gleich.

§ 919

Grenzabmarkung

(1) Der Eigentümer eines Grundstücks kann von dem Eigentümer eines Nachbargrundstücks verlangen, dass dieser zur Errichtung fester Grenzzeichen und, wenn ein Grenzzeichen verrückt oder unkenntlich geworden ist, zur Wiederherstellung mitwirkt.

(2) Die Art der Abmarkung und das Verfahren bestimmen sich nach den Landesgesetzen; enthalten diese keine Vorschriften, so entscheidet die Ortsüblichkeit.

(3) Die Kosten der Abmarkung sind von den Beteiligten zu gleichen Teilen zu tragen, sofern nicht aus einem zwischen ihnen bestehenden Rechtsverhältnisse sich ein anderes ergibt.

§ 920
Grenzverwirrung

(1) Lässt sich im Falle einer Grenzverwirrung die richtige Grenze nicht ermitteln, so ist für die Abgrenzung der Besitzstand maßgebend. Kann der Besitzstand nicht festgestellt werden, so ist jedem der Grundstücke ein gleich großes Stück der streitigen Fläche zuzuteilen.

(2) Soweit eine diesen Vorschriften entsprechende Bestimmung der Grenze zu einem Ergebnis führt, das mit den ermittelten Umständen, insbesondere mit der feststehenden Größe der Grundstücke, nicht übereinstimmt, ist die Grenze so zu ziehen, wie es unter Berücksichtigung dieser Umstände der Billigkeit entspricht.

§ 921
Gemeinschaftliche Benutzung von Grenzanlagen

Werden zwei Grundstücke durch einen Zwischenraum, Rain, Winkel, einen Graben, eine Mauer, Hecke, Planke oder eine andere Einrichtung, die zum Vorteil beider Grundstücke dient, voneinander geschieden, so wird vermutet, dass die Eigentümer der Grundstücke zur Benutzung der Einrichtung gemeinschaftlich berechtigt seien, sofern nicht äußere Merkmale darauf hinweisen, dass die Einrichtung einem der Nachbarn allein gehört.

§ 922
Art der Benutzung und Unterhaltung

Sind die Nachbarn zur Benutzung einer der in § 921 bezeichneten Einrichtungen gemeinschaftlich berechtigt, so kann jeder sie zu dem Zwecke, der sich aus ihrer Beschaffenheit ergibt, insoweit benutzen, als nicht die Mitbenutzung des anderen beeinträchtigt wird. Die Unterhaltungskosten sind von den Nachbarn zu gleichen Teilen zu tragen. Solange einer der Nachbarn an dem Fortbestande der Einrichtung ein Interesse hat, darf sie nicht ohne seine Zustimmung beseitigt oder geändert werden. Im Übrigen bestimmt sich das Rechtsverhältnis zwischen den Nachbarn nach den Vorschriften über die Gemeinschaft.

§ 923
Grenzbaum

(1) Steht auf der Grenze ein Baum, so gebühren die Früchte und, wenn der Baum gefällt wird, auch der Baum den Nachbarn zu gleichen Teilen.

(2) Jeder der Nachbarn kann die Beseitigung des Baumes verlangen. Die Kosten der Beseitigung fallen den Nachbarn zu gleichen Teilen zur Last. Der Nachbar, der die Beseitigung verlangt, hat jedoch die Kosten allein zu tragen, wenn der andere auf sein Recht an dem Baume verzichtet; er erwirbt in diesem Falle mit der Trennung das Alleineigentum. Der Anspruch auf die Beseitigung ist ausgeschlossen, wenn der Baum als Grenzzeichen dient und den Umständen nach nicht durch ein anderes zweckmäßiges Grenzzeichen ersetzt werden kann.

(3) Diese Vorschriften gelten auch für einen auf der Grenze stehenden Strauch.

§ 924
Unverjährbarkeit nachbarrechtlicher Ansprüche

Die Ansprüche, die sich aus den §§ 907 bis 909, 915, dem § 917 Abs. 1, dem § 918 Abs. 2, den §§ 919, 920 und dem § 923 Abs. 2 ergeben, unterliegen nicht der Verjährung.

§ 1004

Beseitigungs- und Unterlassungsanspruch

(1) Wird das Eigentum in anderer Weise als durch Entziehung oder Vorenthaltung des Besitzes beeinträchtigt, so kann der Eigentümer von dem Störer die Beseitigung der Beeinträchtigung verlangen. Sind weitere Beeinträchtigungen zu besorgen, so kann der Eigentümer auf Unterlassung klagen.

(2) Der Anspruch ist ausgeschlossen, wenn der Eigentümer zur Duldung verpflichtet ist.

Anhang 2

Bauordnung für das Land Nordrhein-Westfalen Landesbauordnung (BauO NRW)*)

in der Fassung der Bekanntmachung vom 21. Juli 2018 ((GV. NRW. S. 421), zuletzt geändert durch Gesetz vom 14. September 2021 (GV. NRW. S. 1086)

– Auszug –

§ 6
Abstandsflächen

(1) Vor den Außenwänden von Gebäuden sind Abstandsflächen von oberirdischen Gebäuden freizuhalten. Satz 1 gilt entsprechend für andere Anlagen gegenüber Gebäuden und Grundstücksgrenzen soweit sie

1. **höher als 2 m über der Geländeoberfläche sind und von ihnen Wirkungen wie vonGebäuden ausgehen oder**
2. **höher als 1 m über der Geländeoberfläche sind und dazu geeignet sind, von Menschen betreten zu werden.**

Eine Abstandsfläche ist nicht erforderlich vor Außenwänden, die an Grundstücksgrenzen errichtet werden, wenn nach planungsrechtlichen Vorschriften

1. **an die Grenze gebaut werden muss, oder**
2. **an die Grenze gebaut werden darf, wenn gesichert ist, dass auf dem Nachbargrundstück ohne Grenzabstand gebaut wird.**

(2) Abstandsflächen müssen auf dem Grundstück selbst liegen. Sie dürfen auch auf öffentlichen Verkehrs-, Grün- und Wasserflächen liegen, jedoch nur bis zu deren Mitte. Abstandsflächen dürfen sich ganz oder teilweise auf andere Grundstücke erstrecken, wenn öffentlich-rechtlich gesichert ist, dass sie nur mit in der Abstandsfläche zulässigen baulichen Anlagen überbaut werden; Abstandsflächen dürfen auf die auf diesen Grundstücken erforderlichen Abstandsflächen nicht angerechnet werden.

(3) Die Abstandsflächen dürfen sich nicht überdecken, dies gilt nicht für

1. **Außenwände, die in einem Winkel von mehr als 75 Grad zueinanderstehen,**
2. **Außenwände zu einem fremder Sicht entzogenen Gartenhof bei Wohngebäuden der Gebäudeklassen 1 und 2 sowie**
3. **Gebäude und andere bauliche Anlagen, die in den Abstandsflächen zulässig sind oder gestattet werden.**

(4) Die Tiefe der Abstandsfläche bemisst sich nach der Wandhöhe; sie wird senkrecht zur Wand gemessen. Wandhöhe ist das Maß von der Geländeoberfläche bis zur Schnittlinie der Wand mit der Dachhaut oder bis zum oberen Abschluss der Wand. Besteht eine Außenwand aus Wandteilen unterschiedlicher Höhe, so ist die Wandhöhe je Wandteil zu ermitteln. Bei geneigter Geländeoberfläche ist die im Mittel gemessene Wandhöhe maßgebend. Diese ergibt sich aus den Wandhöhen an den Gebäudekanten oder den vertikalen Begrenzungen der Wandteile. Abgrabungen, die der Belichtung oder dem Zugang oder der Zufahrt zu einem Gebäude dienen, bleiben bei der Ermittlung der Abstandsfläche außer Betracht, auch soweit sie nach § 8 Absatz 5 die Geländeoberfläche zulässigerweise verändern. Zur Wandhöhe werden hinzugerechnet:

1. **voll die Höhe von**

a) **Dächern und Dachteilen mit einer Dachneigung von mehr als 70 Grad und**

b) **Giebelflächen im Bereich dieser Dächer und Dachteile, wenn beide Seiten eine Dachneigung von mehr als 70 Grad haben,**

2. **zu einem Drittel die Höhe von**

a) **Dächern und Dachteilen mit einer Dachneigung von mehr als 45 Grad,**

b) **Dächern mit Dachgauben oder Dachaufbauten, deren Gesamtlänge je Dachfläche mehr als die Hälfte der darunterliegenden Gebäudewand beträgt und**

c) Giebelflächen im Bereich von Dächern und Dachteilen, wenn nicht beide Seiten eine Dachneigung von mehr als 70 Grad haben.

Das sich ergebende Maß ist H.

(5 Die Tiefe der Abstandsflächen beträgt 0,4 H, mindestens 3 m. In Gewerbe- und Industriegebieten sowie für Antennenanlagen im Außenbereich genügt eine Tiefe von 0,2 H, in Kerngebieten von 0,25 H, jedoch jeweils mindestens 3 m. Zu öffentlichen Verkehrs-, Grün- und Wasserflächen beträgt die Tiefe der Abstandsfläche in Kerngebieten und urbanen Gebieten 0,2 H, mindestens 3 m. Zu angrenzenden anderen Baugebieten gilt die jeweils größere Tiefe der Abstandsfläche. Vor den Außenwänden von Wohngebäuden der Gebäudeklassen 1 und 2 mit nicht mehr als drei oberirdischen Geschossen genügt als Tiefe der Abstandsfläche 3 m. Werden von einer städtebaulichen Satzung oder einer Satzung nach § 89 Außenwände zugelassen oder vorgeschrieben, vor denen Abstandsflächen größerer oder geringerer Tiefe als nach den Sätzen 1 bis 3 liegen müssten, finden die Sätze 1 bis 3 keine Anwendung, es sei denn, die Satzung ordnet die Geltung dieser Vorschriften an.

(6) Bei der Bemessung der Abstandsflächen bleiben außer Betracht

1. nicht mehr als 1,50 m vor die Außenwand vortretende Bauteile wie Gesimse und Dachüberstände,
2. Vorbauten, wenn sie
a) insgesamt nicht mehr als ein Drittel der Breite der jeweiligen Außenwand in Anspruch nehmen,
b) nicht mehr als 1,60 m vor diese Außenwand vortreten und
c) mindestens 2 m von der gegenüberliegenden Nachbargrenze entfernt bleiben, sowie
3. bei Gebäuden an der Grundstücksgrenze die Seitenwände von Vorbauten und Dachaufbauten, auch wenn sie nicht an der Grundstücksgrenze errichtet werden.

(7) Bei der Bemessung der Abstandsflächen bleiben Maßnahmen zum Zwecke der Energieeinsparung und Solaranlagen an bestehenden Gebäuden unabhängig davon, ob diese den Anforderungen der Absätze 2 bis 6 entsprechen, außer Betracht, wenn sie

1. eine Stärke von nicht mehr als 0,30 m aufweisen und
2. mindestens 2,50 m von der Nachbargrenze zurückbleiben.

Führen Maßnahmen zum Zwecke der Energieeinsparung nach Satz 1 zu einer größeren Wandhöhe, bleibt dies bei der Bemessung der Abstandsflächen außer Betracht.

§ 4 Absatz 2 Satz 2 und 3 gilt entsprechend, § 69 Absatz 1 Satz 1 und 2 bleiben unberührt.

(8) In den Abstandsflächen eines Gebäudes sowie ohne eigene Abstandsflächen sind, auch wenn sie nicht an die Grundstücksgrenze oder an das Gebäude angebaut werden, zulässig

1. Gebäude bis zu 30 m³ Brutto-Rauminhalt ohne Aufenthaltsräume sowie Garagen einschließlich Abstellräumen, jeweils mit einer mittleren Wandhöhe bis zu 3 m, auch wenn sie über einen Zugang zu einem anderen Gebäude verfügen, dies gilt auch für Garagen, die keine selbständigen Gebäude sind,
2. Feuerstätten mit einer Nennleistung bis 28 kW und Wärmepumpen mit entsprechender Leistung in Gebäuden nach Nummer 1,
3. Zufahrten zu Tiefgaragen und Stellplätze, soweit diese überdacht sind,
4. Aufzüge zu Tiefgaragen,
5. gebäudeunabhängige Solaranlagen mit einer Höhe bis zu 3 m, Solaranlagen an und auf Gebäuden nach Nummer 1 sowie
6. Stützmauern und geschlossene Einfriedungen in Gewerbe- und Industriegebieten, außerhalb dieser Baugebiete mit einer Höhe bis zu 2 m.

Die Gesamtlänge der Bebauung nach Satz 1 Nummern 1 bis 5 darf je Nachbargrenze 9 m und auf einem Grundstück zu allen Nachbargrenzen insgesamt 15 m nicht überschreiten.

(9) Bei der Änderung von vor dem 1. Januar 2019 zulässigerweise errichteten Gebäuden bleiben Aufzüge, die vor die Außenwand vortreten, bei der Bemessung der Abstandsflächen außer Betracht, wenn sie nicht breiter als 2,50 m und nicht höher als 0,50 m über dem oberen Abschluss des obersten angefahrenen Geschosses sind, nicht mehr als 2,50 m vor die Außenwand vortreten und von den gegenüberliegenden Nachbargrenzen mindestens 1,50 m entfernt sind.

(10) Liegen sich Wände desselben Gebäudes oder Wände von Gebäuden auf demselben Grundstück gegenüber, so können geringere Abstandsflächen als nach Absatz 5 gestattet werden, wenn die Belichtung der Räume nicht wesentlich beeinträchtigt wird und wenn wegen des Brandschutzes Bedenken nicht bestehen.

(11) Bei Gebäuden, die ohne Einhaltung von Abstandsflächen oder mit geringeren Tiefen der Abstandsflächen als nach Absatz 5 bestehen, sind zulässig

1. Änderungen innerhalb des Gebäudes,
2. Nutzungsänderungen, wenn der Abstand des Gebäudes zu den Nachbargrenzen mindestens 2,50 m beträgt und
3. Änderungen, wenn der Abstand des Gebäudes zu den Nachbargrenzen mindestens 2,50 m beträgt, ohne Veränderung von Länge und Höhe der diesen Nachbargrenzen zugekehrten Wände und Dachflächen und ohne Einrichtung neuer Öffnungen oder Vergrößerung bestehender Öffnungen in diesen Wänden und Dachflächen.

Darüber hinaus gehende Änderungen und Nutzungsänderungen können unter Würdigung nachbarlicher Belange und der Belange des Brandschutzes gestattet werden.

Die Sätze 1 und 2 gelten nicht für Gebäude nach Absatz 8.

(12) In überwiegend bebauten Gebieten können geringere Tiefen der Abstandsflächen gestattet oder verlangt werden, wenn die Gestaltung des Straßenbildes oder besondere städtebauliche Verhältnisse dies auch unter Würdigung nachbarlicher Belange rechtfertigen. In den Gebieten nach Satz 1 kann gestattet werden, dass an der Stelle eines Gebäudes, das die Abstandsflächen nicht einhält, aber Bestandsschutz genießt, ein nach Kubatur gleichartiges Gebäude errichtet wird, wenn das Vorhaben ansonsten dem öffentlichen Recht entspricht und die Rechte der Angrenzer nicht nachteilig betroffen werden.

(13) Für Windenergieanlagen gelten die Absätze 4 bis 6 nicht. Bei diesen Anlagen bemisst sich die Tiefe der Abstandsfläche nach 50 Prozent ihrer größten Höhe. Die größte Höhe errechnet sich bei Anlagen mit Horizontalachse aus der Höhe der Rotorachse über der geometrischen Mitte des Mastes zuzüglich des Rotorradius. Die Abstandsfläche ist ein Kreis um den geometrischen Mittelpunkt des Mastes.

(14) Eine Abweichung von den Abstandsflächen kann nach § 69 zugelassen werden, wenn deren Schutzziele gewahrt bleiben. Eine atypische Grundstückssituation ist nicht erforderlich.

Anhang 3

Gesetz über die Justiz im Land Nordrhein-Westfalen (Justizgesetz NRW)

vom 26. Januar 2010 (GV. NRW. S. 29), zuletzt geändert durch Gesetz vom 1. September2020 (GV. NRW. S. 818)

– Auszug –

§ 44
Schiedsamt

(1) Die nach dem Schiedsamtsgesetz eingerichteten Schiedsämter sind Gütestellen im Sinne des § 794 Absatz 1 Nummer 1 der Zivilprozessordnung.

(2) Für das Verfahren vor den Schiedsämtern und die hierdurch entstehenden Kosten gilt das Schiedsamtsgesetz in seiner jeweils geltenden Fassung.

§ 45
Weitere Gütestellen

Auf Antrag können weitere Streitschlichtungseinrichtungen als Gütestelle im Sinne des § 794 Absatz 1 Nummer 1 der Zivilprozessordnung anerkannt werden, wenn sie die Voraussetzungen der §§ 46 bis 49 erfüllen.

§ 46
Persönliche Voraussetzungen

(1) Natürliche Personen können als Gütestelle anerkannt werden, wenn sie nach ihrer Persönlichkeit und ihren Fähigkeiten für das Amt geeignet sind.

(2) Nicht anerkannt werden kann, wer

1. die Fähigkeit zur Bekleidung öffentlicher Ämter nicht besitzt;

2. unter Betreuung steht;

3. durch sonstige, nicht unter Nummer 2 fallende gerichtliche Anordnungen in der Verfügung über sein Vermögen beschränkt ist.

(3) Juristische Personen oder deren Einrichtungen können als Gütestelle anerkannt werden, wenn gewährleistet ist, dass die von ihnen bestellte Schlichtungsperson die Voraussetzungen der Absätze 1 und 2 erfüllt. Es muss darüber hinaus gewährleistet sein, dass die Schlichtungsperson im Rahmen ihrer Schlichtungstätigkeit unabhängig und an Weisungen nicht gebunden ist. Die Bestellung als Schlichtungsperson muss für einen Zeitraum von mindestens drei Jahren erfolgen. Eine Abberufung darf nur erfolgen, wenn Tatsachen vorliegen, die eine unabhängige Erledigung der Schlichtertätigkeit nicht mehr erwarten lassen.

§ 47
Verfahrensordnung

(1) Die Schlichtungseinrichtung bedarf einer Schlichtungs- und Kostenordnung. Diese muss den Parteien des Schlichtungsverfahrens zugänglich sein.

(2) Die Schlichtungsordnung muss vorsehen, dass

1. die Schlichtungstätigkeit nicht ausgeübt wird

   a) in Angelegenheiten, in denen die Schlichtungsperson selbst Partei ist oder bei denen sie zu einer Partei in dem Verhältnis einer Mitberechtigten, Mitverpflichteten oder Regresspflichtigen steht;

   b) in Angelegenheiten ihres Ehegatten oder Verlobten, auch wenn die Ehe oder das Verlöbnis nicht mehr besteht;

c) in Angelegenheiten ihrer eingetragenen Lebenspartnerin oder ihres eingetragenen Lebenspartners, auch wenn die eingetragene Lebenspartnerschaft nicht mehr besteht;

d) in Angelegenheiten einer Person, mit der sie in gerader Linie verwandt, verschwägert, in der Seitenlinie bis zum dritten Grade verwandt oder bis zum zweiten Grade verschwägert ist, auch wenn die Ehe, durch die die Schwägerschaft begründet ist, nicht mehr besteht;

e) in Angelegenheiten, in denen sie oder eine Person, mit der sie zur gemeinsamen Berufsausübung verbunden ist oder mit der sie gemeinsame Geschäftsräume hat, als Prozessbevollmächtigte oder Beistand einer Partei bestellt oder als gesetzliche Vertreterin einer Partei aufzutreten berechtigt ist oder war;

f) in Angelegenheiten einer Person, bei der sie gegen Entgelt beschäftigt oder bei der sie als Mitglied des Vorstandes, des Aufsichtsrates oder eines gleichartigen Organs tätig ist oder war;

2. die am Schlichtungsverfahren beteiligten Parteien die Gelegenheit erhalten, selbst oder durch von ihnen beauftragte Personen Tatsachen und Rechtsansichten vorzubringen und sich zu dem Vortrag der jeweils anderen Partei zu äußern;

die Regelung eines Mitwirkungsverbotes in der Verfahrensordnung gemäß Nummer 1 ist nicht erforderlich, wenn sich ein entsprechendes Mitwirkungsverbot bereits aus gesetzlichen Bestimmungen ergibt, die die Berufsausübung der Schlichtungsperson regeln.

§ 48

Haftpflichtversicherung

(1) Soweit die Gütestelle nicht von einer öffentlich-rechtlichen Körperschaft oder Anstalt getragen wird, muss für die Schlichtungspersonen eine Haftpflichtversicherung für Vermögensschäden bestehen und die Versicherung während der Dauer der Anerkennung als Gütestelle aufrechterhalten bleiben. Die Versicherung muss bei einem im Inland zum Geschäftsbetrieb befugten Versicherungsunternehmen zu den nach Maßgabe des Versicherungsaufsichtsgesetzes eingereichten Allgemeinen Versicherungsbedingungen aufgenommen werden und sich auch auf solche Vermögensschäden erstrecken, für die die Gütestelle nach § 278 oder § 831 des Bürgerlichen Gesetzbuches einzustehen hat.

(2) Der Versicherungsvertrag hat Versicherungsschutz für jede einzelne Pflichtverletzung zu gewähren, die gesetzliche Haftpflichtansprüche privatrechtlichen Inhalts gegen die Gütestelle zur Folge haben könnte.

(3) Die Mindestversicherungssumme beträgt 250 000 Euro für jeden Versicherungsfall. Die Leistungen des Versicherers für alle innerhalb eines Versicherungsjahres verursachten Schäden können auf den vierfachen Betrag der Mindestversicherungssumme begrenzt werden.

(4) Die Vereinbarung eines Selbstbehalts bis zu eins vom Hundert der Mindestversicherungssumme ist zulässig.

(5) Im Versicherungsvertrag ist der Versicherer zu verpflichten, der für die Anerkennung von Gütestellen zuständigen Stelle den Beginn und die Beendigung oder Kündigung des Versicherungsvertrages sowie jede Änderung des Versicherungsvertrages, die den vorgeschriebenen Versicherungsschutz beeinträchtigt, unverzüglich mitzuteilen.

(6) Zuständige Stelle im Sinne des § 117 Abs. 2 des Gesetzes über den Versicherungsvertrag ist die für die Anerkennung als Gütestelle zuständige Stelle.

§ 49

Aktenführung

(1) Es muss gewährleistet sein, dass die Gütestelle durch Anlegung von Handakten ein geordnetes Bild über die von ihr entfaltete Tätigkeit geben kann. In diesen Akten sind insbesondere zu dokumentieren

1. der Zeitpunkt der Anbringung eines Güteantrags bei der Gütestelle, weiterer Verfahrenshandlungen der Parteien und der Gütestelle sowie der Beendigung des Güteverfahrens;
2. der Inhalt eines zwischen den Parteien geschlossenen Vergleichs.

(2) Die Gütestelle hat die Akten auf die Dauer von mindestens fünf Jahren nach Beendigung des Verfahrens aufzubewahren.

(3) Innerhalb des in Absatz 2 genannten Zeitraums können die Parteien von der Gütestelle gegen Erstattung der hierdurch entstehenden Kosten beglaubigte Ablichtungen der Handakten und Ausfertigungen etwa geschlossener Vergleiche verlangen.

(4) Die Gütestellen und ihre Mitarbeiterinnen und Mitarbeiter sind zur Verschwiegenheit über alles, was ihnen im Rahmen der Schlichtungstätigkeit bekannt geworden ist, verpflichtet.

§ 50

Rücknahme und Widerruf der Anerkennung

(1) Die Anerkennung als Gütestelle ist mit Wirkung für die Zukunft zurückzunehmen, wenn Tatsachen nachträglich bekannt werden, bei deren Kenntnis die Zulassung hätte versagt werden müssen.

(2) Die Anerkennung ist zu widerrufen,

1. wenn die schlichtende Person nicht mehr die persönlichen Voraussetzungen des § 46 erfüllt;
2. wenn die Verfahrensordnung nicht mehr den Anforderungen des § 47 entspricht;
3. wenn die erforderliche Haftpflichtversicherung (§ 48) nicht mehr besteht;
4. wenn die Gütestelle auf die Rechte aus ihrer Anerkennung gegenüber der für die Anerkennung zuständigen Behörde schriftlich verzichtet hat.

§ 51

Zuständigkeit, Gebühren und Verfahren

(1) Zuständige Behörde für die Anerkennung als Gütestelle ist die Präsidentin oder der Präsident des Oberlandesgerichts, in dessen Bezirk die Gütestelle ihren Sitz hat. Durch Rechtsverordnung des Justizministeriums kann die Zuständigkeit für mehrere Oberlandesgerichtsbezirke auf die Präsidentin oder den Präsidenten eines Oberlandesgerichts konzentriert werden.

(2) Die Anträge sind schriftlich zu stellen.

(3) Für Anträge über die Anerkennung als Gütestelle werden Gebühren nach der Anlage 2 zu diesem Gesetz erhoben.

(4) Änderungen betreffend die schlichtende Person sowie der Schlichtungsordnung sind der nach Absatz 1 zuständigen Behörde unverzüglich anzuzeigen.

(5) Die Anerkennung als Gütestelle sowie die Rücknahme oder der Widerruf der Anerkennung sind im Justizministerialblatt für das Land Nordrhein-Westfalen öffentlich bekannt zu machen. Die gemäß Absatz 1 zuständige Behörde führt eine Liste der in ihrem Bezirk anerkannten Gütestellen. Die hierfür erforderlichen Daten dürfen erhoben und gespeichert werden. Die erstellten Listen dürfen in automatisierte Abrufverfahren eingestellt werden.

§ 52

Anfechtung von Entscheidungen

Über die Rechtmäßigkeit von Anordnungen, Verfügungen oder sonstigen Maßnahmen nach diesem Abschnitt entscheiden auf Antrag die ordentlichen Gerichte. Für das Verfahren gelten die Vorschriften der §§ 23 bis 30 des Einführungsgesetzes zum Gerichtsverfassungsgesetz.

§ 53

Sachlicher Anwendungsbereich

(1) Die Erhebung einer Klage ist erst zulässig, nachdem von einer in § 55 genannten Gütestelle versucht worden ist, die Streitigkeit einvernehmlich beizulegen,

1. in Streitigkeiten über Ansprüche wegen
   a) der in § 906 des Bürgerlichen Gesetzbuches geregelten Einwirkungen, sofern es sich nicht um Einwirkungen von einem gewerblichen Betrieb handelt,
   b) Überwuchses nach § 910 des Bürgerlichen Gesetzbuches,

c) Hinüberfalls nach § 911 des Bürgerlichen Gesetzbuches,
d) eines Grenzbaums nach § 923 des Bürgerlichen Gesetzbuches,
e) der im Nachbarrechtsgesetz für Nordrhein-Westfalen geregelten Nachbarrechte, sofern es sich nicht um Einwirkungen von einem gewerblichen Betrieb handelt,

2. in Streitigkeiten über Ansprüche wegen Verletzungen der persönlichen Ehre, die nicht in Presse oder Rundfunk begangen worden sind,
3. in Streitigkeiten über Ansprüche nach Abschnitt 3 des Allgemeinen Gleichbehandlungsgesetzes.

(2) Absatz 1 findet keine Anwendung auf

1. Klagen nach §§ 323, 324, 328 der Zivilprozessordnung, Widerklagen und Klagen, die binnen einer gesetzlichen oder gerichtlich angeordneten Frist zu erheben sind,
2. Streitigkeiten in Familiensachen,
3. Wiederaufnahmeverfahren,
4. Ansprüche, die im Urkunden-, Wechsel- oder Scheckprozess geltend gemacht werden,
5. die Durchführung des streitigen Verfahrens, wenn ein Anspruch im Mahnverfahren geltend gemacht worden ist,
6. Klagen wegen vollstreckungsrechtlicher Maßnahmen, insbesondere nach dem Achten Buch der Zivilprozessordnung,
7. Anträge nach § 404 der Strafprozessordnung,
8. Klagen, denen nach anderen gesetzlichen Bestimmungen ein Vorverfahren vorauszugehen hat.

§ 54
Räumlicher Anwendungsbereich

Ein Schlichtungsversuch nach § 53 Absatz 1 ist nur erforderlich, wenn die Parteien in demselben Landgerichtsbezirk wohnen oder ihren Sitz oder eine Niederlassung haben.

§ 55
Sachliche Zuständigkeit

(1) Das Schlichtungsverfahren nach diesem Gesetz führt das Schiedsamt oder eine andere durch die Landesjustizverwaltung anerkannte Gütestelle nach Maßgabe der jeweils für sie geltenden Verfahrensordnung durch. Unter mehreren anerkannten Gütestellen hat die antragstellende Partei die Auswahl.

(2) Das Erfordernis eines Einigungsversuchs von einer solchen Stelle entfällt, wenn die Parteien einvernehmlich versucht haben, ihren Streit vor einer sonstigen Gütestelle, die Streitbeilegung betreibt, beizulegen.

§ 56
Erfolglosigkeitsbescheinigung

(1) Über einen ohne Erfolg durchgeführten Schlichtungsversuch ist den Parteien von der anerkannten Gütestelle eine Bescheinigung zu erteilen. Die Bescheinigung ist auf Antrag auch auszustellen, wenn binnen einer Frist von drei Monaten das Einigungsverfahren nicht durchgeführt worden ist.

(2) Die Bescheinigung muss enthalten

1. Name und Anschrift der Parteien,
2. Angaben über den Gegenstand des Streites, insbesondere die Anträge.

Außerdem sollen Beginn und Ende des Verfahrens vermerkt werden.

(3) Das Scheitern einer Streitschlichtung von einer sonstigen Gütestelle ist durch eine Bescheinigung nachzuweisen, die den Anforderungen des Absatzes 2 entspricht.

Anhang 4

Gesetz über das Schiedsamt in den Gemeinden des Landes Nordrhein-Westfalen (Schiedsamtsgesetz – SchAG NRW)

vom 16. Dezember 1992 (GV. NW. 1993 S. 32), zuletzt geändert durch Gesetz vom 9. November 2021 (GV. NRW. S. 1198)

ERSTER ABSCHNITT
DAS SCHIEDSAMT

§ 1
Schiedsamt, Schiedsamtsbezirke

(1) Das Schlichtungsverfahren nach diesem Gesetz führt das Schiedsamt durch. Seine Aufgaben werden von Schiedspersonen wahrgenommen.

(2) Schiedsamtsbezirk ist die Gemeinde. Das Gemeindegebiet kann in mehrere Schiedsamtsbezirke geteilt werden. Für jeden Schiedsamtsbezirk ist eine Schiedsperson zu bestellen.

§ 2
Eignung für das Schiedsamt

(1) Die Schiedsperson muß nach ihrer Persönlichkeit und ihren Fähigkeiten für das Amt geeignet sein.

(2) Schiedsperson kann nicht sein, wer

1. die Fähigkeit zur Bekleidung öffentlicher Ämter nicht besitzt;
2. unter Betreuung steht.

(3) Schiedsperson soll nicht sein, wer

1. das 25. Lebensjahr nicht vollendet hat;
2. in dem Schiedsamtsbezirk nicht seinen Wohnsitz hat;
3. durch sonstige, nicht unter Absatz 2 Nr. 2 fallende gerichtliche Anordnungen in der Verfügung über sein Vermögen beschränkt ist.

(4) Zur Schiedsperson soll nicht gewählt oder wiedergewählt werden, wer das 75. Lebensjahr vollendet hat.

(5) Die in §§ 3 und 4 genannten Stellen können personenbezogene Daten der zu wählenden oder zu bestätigenden Schiedspersonen erheben, soweit dies nach Absätzen 1 bis 4 erforderlich ist.

§ 3
Wahl der Schiedsperson

(1) Der Rat der Gemeinde wählt die Schiedsperson. Der Rat kann die Wahl auf die zuständige Bezirksvertretung übertragen, sofern der Schiedsamtsbezirk in dem jeweiligen Stadtbezirk liegt oder nur unwesentlich über den Stadtbezirk hinausgeht.

(2) Die Gemeinde soll in geeigneter Form bekanntmachen, daß sich interessierte Personen um das Amt bewerben können. Dabei soll die Gemeinde darauf hinweisen, dass Bewerbungen von Menschen mit Migrationshintergrund ausdrücklich erwünscht sind.

(3) Die Schiedsperson wird für fünf Jahre gewählt. Bis zu ihrem Amtsantritt bleibt die bisherige Schiedsperson tätig.

§ 4

Bestätigung der Wahl

Die gewählte Schiedsperson darf ihr Amt erst antreten, wenn sie durch die Direktorin oder den Direktor oder die Präsidentin oder den Präsidenten des Amtsgerichts (Leitung des Amtsgerichts) bestätigt worden ist, in dessen Bezirk sie ihren Wohnsitz hat.

§ 5

Vereidigung der Schiedsperson

(1) Die Schiedsperson wird von der Leitung des Amtsgerichts (§ 4) auf die Erfüllung ihrer Pflichten vereidigt. Der Eid wird wie folgt geleistet:

„Ich schwöre, die Pflichten einer Schiedsfrau/eines Schiedsmannes getreulich zu erfüllen, so wahr mir Gott helfe."

Der Eid kann auch ohne religiöse Beteuerung geleistet werden.

(2) Bei Mitgliedern einer Religions- oder Bekenntnisgemeinschaft, der das Gesetz den Gebrauch anderer Beteuerungsformeln anstelle des Eides gestattet, wird die Abgabe einer Erklärung unter der Beteuerungsformel dieser Religions- oder Bekenntnisgemeinschaft der Eidesleistung gleichgeachtet.

(3) Bei der Wiederwahl genügt die Verweisung auf den bereits geleisteten Eid.

§ 6

Ehrenamt

Die Schiedstätigkeit ist ehrenamtlich.

§ 7

Aufsicht, Verzeichnis der Schiedspersonen

(1) Die Aufsicht über die Schiedsperson üben aus:

1. **das für Justiz zuständige Ministerium;**
2. **die Präsidentin oder der Präsident des Oberlandesgerichts;**
3. **die Präsidentin oder der Präsident des Landgerichts;**
4. **die Leitung des Amtsgerichts (§ 4); Präsidentin oder der Präsident des Amtsgerichts tritt an die Stelle der Präsidentin oder des Präsidenten des Landgerichts.**

(2) Die Aufsichtsbehörden treffen die erforderlichen Maßnahmen, um die Schiedsperson zu ordnungsgemäßer, unverzögerter Führung ihrer Amtstätigkeit anzuhalten. Sie dürfen auch Rügen erteilen. Sie bearbeiten Beschwerden über die Schiedsperson.

(3) Die Behörden gemäß Absatz 1 sind zur Erfüllung der ihnen obliegenden Aufgaben befugt, personenbezogene Daten von Schiedspersonen zu verarbeiten. Diese Behörden sind befugt, Namen, Anschriften, Telefonnummern und Adressen für elektronische Post der im jeweiligen Bezirk tätigen Schiedspersonen an das für Justiz zuständige Ministerium zu übermitteln. Die übermittelten Daten werden in eine öffentliche Datenbank eingestellt, die das Auffinden der örtlich zuständigen Schiedsperson nach § 14 ermöglicht.

§ 7a

Datenschutz

Soweit in diesem Gesetz für die Verarbeitung personenbezogener Daten nicht etwas Abweichendes geregelt ist, gilt das Datenschutzgesetz Nordrhein-Westfalen vom 17. Mai 2018 (GV. NRW. S. 244, ber. S. 278 und S. 404) in der jeweils geltenden Fassung.

§ 8

Ablehnung oder Niederlegung des Amtes

(1) Die Berufung zur Schiedsperson kann ablehnen, wer

1. das 60. Lebensjahr vollendet hat;
2. schon während der voraufgegangenen fünf Jahre als Schiedsperson tätig war;
3. anhaltend krank ist;
4. aus beruflichen Gründen häufig oder langdauernd von seinem Wohnort abwesend ist;
5. durch die Ausübung des Amtes in der Sorge für seine Familie besonders belastet wird;
6. aus sonstigen wichtigen Gründen das Amt nicht ausüben kann.

(2) Absatz 1 Nr. 3 bis 6 gilt entsprechend für die Niederlegung des Amtes.

(3) Über die Befugnis zur Ablehnung oder zur Niederlegung entscheidet die Leitung des Amtsgerichts (§ 4).

§ 9

Amtsenthebung

(1) Die Schiedsperson ist ihres Amtes zu entheben, wenn die in § 2 Abs. 2 genannten Umstände nachträglich eintreten oder bekannt werden. Sie kann auch aus anderen wichtigen Gründen ihres Amtes enthoben werden.

(2) Über die Amtsenthebung entscheidet auf Antrag der Leitung des Amtsgerichts (§ 4) die Präsidentin oder der Präsident des Oberlandesgerichts.

§ 10

Verschwiegenheitspflicht

(1) Die Schiedsperson hat Verschwiegenheit über ihre Verhandlungen und die Verhältnisse der Parteien zu wahren, soweit sie ihr amtlich bekannt geworden sind; das gilt auch nach Beendigung ihrer Amtszeit.

(2) Über die Angelegenheiten, über die Verschwiegenheit zu wahren ist, darf die Schiedsperson nur mit Genehmigung der Leitung des Amtsgerichts (§ 4) aussagen.

(3) Die Genehmigung soll erteilt werden, wenn die Parteien zustimmen. Im übrigen ist § 37 Abs. 4 Satz 1 des Beamtenstatusgesetzes entsprechend anzuwenden. Dabei ist zu berücksichtigen, daß das Vertrauen in die Schiedsperson und ihre Tätigkeit ernstlich gefährdet werden kann, wenn sie über Angelegenheiten aussagt, die ihrer Verschwiegenheitspflicht unterliegen.

§ 11

Stellvertretung

(1) Für jede Schiedsperson wird von der Gemeinde eine stellvertretende Schiedsperson gewählt oder aus dem Kreis weiterer Schiedspersonen durch Vertretungsregelung festgelegt. Ist auch die stellvertretende Schiedsperson vorübergehend oder dauernd verhindert, das Amt auszuüben, so kann die Leitung des Amtsgerichts (§ 4) eine benachbarte Schiedsperson oder eine benachbarte stellvertretende Schiedsperson beauftragen, das Amt einstweilen wahrzunehmen.

(2) Auf die stellvertretenden Schiedspersonen sind die Vorschriften dieses Gesetzes entsprechend anzuwenden.

§ 12

Sachkosten, Haftung

(1) Die Gemeinden tragen die Sachkosten des Schiedsamtes.

(2) Zu den Kosten im Sinne des Absatzes 1 gehört auch der Ersatz von Sachschäden der Schiedsperson, die durch einen Unfall bei Ausübung ihres Amtes veranlaßt worden sind, soweit die Schiedsperson diesen nicht vorsätzlich oder grob fahrlässig verursacht hat und von Dritten keinen Ersatz erlangen kann.

(3) Für Amtspflichtverletzungen der Schiedsperson im Rahmen des Schlichtungsverfahrens haftet das Land. Für den Rückgriff gilt § 48 des Beamtenstatusgesetzes und § 80 des Landesbeamtengesetzes entsprechend.

ZWEITER ABSCHNITT
DAS SCHLICHTUNGSVERFAHREN IN BÜRGERLICHEN RECHTSSTREITIGKEITEN

§ 13
Sachliche Zuständigkeit

(1) Das Schiedsamt ist in bürgerlichen Rechtsstreitigkeiten zuständig

1. für die Verfahren, in denen nach § 53 des Justizgesetzes Nordrhein-Westfalen vom 26. Januar 2010 (GV. NRW. S. 30), das zuletzt durch Artikel 1 des Gesetzes vom 1. September 2020 (GV. NRW. S. 818) geändert worden ist, ein Einigungsversuch durchzuführen ist (obligatorische Schlichtung) und
2. für sonstige Schlichtungsverfahren (fakultative Schlichtung).

(2) Das Schlichtungsverfahren findet nicht statt in

1. bürgerlichen Rechtsstreitigkeiten, die in die sachliche Zuständigkeit der Familien- oder Arbeitsgerichte fallen, und
2. Streitigkeiten wegen Verletzungen der persönlichen Ehre, die in Presse und Rundfunk begangen worden sind.

§ 14
Örtliche Zuständigkeit

(1) Für das Schlichtungsverfahren ist die Schiedsperson örtlich zuständig, in deren Bezirk die Gegenpartei ihren Wohnsitz hat. Weist das Schlichtungsverfahren einen Bezug zu einer selbstständigen Erwerbstätigkeit der Gegenpartei auf, kann auch deren Niederlassung die Zuständigkeit der Schiedsperson begründen. Handelt es sich bei der Gegenpartei um eine juristische Person, richtet sich die Zuständigkeit nach ihrem Sitz oder ihrer Niederlassung.

(2) Neben der Zuständigkeit nach Absatz 1 gelten zusätzlich folgende besondere Zuständigkeitsregelungen, wonach

1. bei Streitigkeiten über Ansprüche aus Miet- oder Pachtverhältnissen über Räume auch die Schiedsperson zuständig ist, in deren Bezirk sich die Räume befinden,
2. bei Streitigkeiten über Ansprüche aus Eigentum an einem Grundstück oder wegen dessen Belastung auch die Schiedsperson zuständig ist, in deren Bezirk das Grundstück belegen ist, und
3. bei Streitigkeiten innerhalb einer Hausgemeinschaft sowie zwischen Bewohnerinnen und Bewohnern unmittelbar aneinandergrenzender Hausgrundstücke unabhängig von der rechtlichen Beziehung der Parteien auch die Schiedsperson zuständig ist, in deren Bezirk das Haus belegen ist beziehungsweise die Hausgrundstücke belegen sind.

(3) Sind nach den Absätzen 1 und 2 mehrere Schiedspersonen zuständig, hat die antragstellende Partei die Wahl.

(4) Für die Zuständigkeit nach den Absätzen 1 und 2 ist der Zeitpunkt der Zustellung des Schlichtungsantrages an die Gegenpartei maßgeblich. Später eintretende Veränderungen berühren die Zuständigkeit nicht.

(5) Eine abweichende örtliche Zuständigkeit kann von den Parteien schriftlich oder durch zu Protokoll der von ihnen gewählten Schiedsperson gegebene Erklärungen vereinbart werden. Die Schiedsperson ist in diesem Fall berechtigt, die Durchführung des Verfahrens abzulehnen, wenn keine der Parteien ihren nach Absatz 1 maßgeblichen Wohnsitz oder Sitz beziehungsweise ihre nach Absatz 1 maßgebliche Niederlassung im Bezirk hat.

§ 15
Amtliche Tätigkeit außerhalb des Bezirks

Zu einer amtlichen Tätigkeit außerhalb ihres Bezirks ist die Schiedsperson nur im Falle der Stellvertretung sowie dann befugt, wenn sie die Tätigkeit in einem ihr von der Gemeinde außerhalb ihres Amtsbezirks zur Verfügung gestellten Amtsraum ausübt oder wenn der Augenschein eingenommen werden soll.

§ 16

Ausschluß von der Amtsausübung

Die Schiedsperson ist von der Ausübung ihres Amtes kraft Gesetzes ausgeschlossen:

1. in Angelegenheiten, in denen sie selbst Partei ist oder bei denen sie zu einer Partei in dem Verhältnis einer Mitberechtigten, Mitverpflichteten oder Regreßpflichtigen steht;
2. in Angelegenheiten ihres Ehegatten oder ihrer eingetragenen Lebenspartnerin oder ihres Lebenspartners oder Verlobten, auch wenn die Ehe, die Lebenspartnerschaft oder das Verlöbnis nicht mehr besteht;
3. in Angelegenheiten einer Person, mit der sie in gerader Linie verwandt, verschwägert, in der Seitenlinie bis zum dritten Grade verwandt oder bis zum zweiten Grade verschwägert ist, auch wenn die Ehe oder die Lebenspartnerschaft, durch die die Schwägerschaft begründet ist, nicht mehr besteht.
4. in Angelegenheiten, in denen sie als Prozeßbevollmächtigte oder Beistand einer Partei bestellt oder als gesetzliche Vertreterin einer Partei aufzutreten berechtigt ist oder war;
5. in Angelegenheiten einer Person, bei der sie gegen Entgelt beschäftigt oder bei der sie als Mitglied des Vorstandes, des Aufsichtsrates oder eines gleichartigen Organs tätig ist oder war.

§ 17

Ablehnung der Amtsausübung

(1) Die Schiedsperson hat die Ausübung ihres Amtes abzulehnen, wenn

1. der zu protokollierende Vergleich (§ 26 Absatz 2 Nummer 4) nur in notarieller Form gültig ist;
2. die Parteien oder ihre Vertretung ihr nicht bekannt sind und auch ihre Identität nicht nachweisen können;
3. Bedenken gegen die Geschäfts- oder Verfügungsbefugnis einer Partei beziehungsweise ihrer gesetzlichen Vertretung oder gegen die Legitimation ihrer Vertretung bestehen.

(2) Die Schiedsperson soll die Ausübung ihres Amtes ablehnen, wenn

1. der Streit bei Gericht anhängig ist, sofern nicht das Gericht gemäß § 278a Absatz 1 der Zivilprozessordnung in der Fassung der Bekanntmachung vom 5. Dezember 2005 (BGBl. I S. 3202; 2006 I S. 431; 2007 I S. 1781) in der jeweils geltenden Fassung den Versuch einer außergerichtlichen Konfliktbeilegung vorgeschlagen hat;
2. ein Schlichtungsverfahren vor einer anderen Gütestelle anhängig oder bereits durchgeführt worden ist.

Dies gilt nicht, wenn sich die Parteien schriftlich mit dem Schlichtungsverfahren vor der Schiedsperson einverstanden erklärt haben.

§ 18

(aufgehoben)

§ 19

Mitglieder der Rechtsanwaltschaft und Beistände

Jede Partei kann sich im Schlichtungsverfahren eines Rechtsanwaltes oder sonstigen Beistandes bedienen.

§ 20

Antragstellung

(1) Das Schlichtungsverfahren wird auf Antrag einer Partei eingeleitet. Der Antrag kann bei der Schiedsperson schriftlich eingereicht oder mündlich zu Protokoll gegeben werden. Er muß die Namen und Anschriften der Parteien und ihrer gesetzlichen Vertretung angeben, den Gegenstand des Streits allgemein bezeichnen und von der antragstellenden Partei unterschrieben sein. Einem schriftlichen Antrag sollen die für die Zustellung erforderlichen Abschriften beigefügt werden.

(2) Haben die Parteien ihren nach § 14 Absatz 1 maßgeblichen Wohnsitz oder Sitz beziehungsweise ihre nach § 14 Absatz 1 maßgebliche Niederlassung nicht in demselben Schiedsamtsbezirk und ergibt sich auch aus § 14 Absatz 2 keine Zuständigkeit am Wohnsitz, Sitz oder der Niederlassung der antragstellenden Partei, so kann der Antrag auch bei dem Schiedsamt des Bezirks, in dem die antragstellende Partei ihren Wohnsitz, ihren Sitz oder ihre Niederlassung hat, zu Protokoll gegeben werden. Das Protokoll ist dem zuständigen Schiedsamt unverzüglich zu übersenden.

(3) Sofern die Schiedsperson für ihre Amtsausübung einen entsprechenden Empfangsweg eröffnet hat, kann der Antrag in Abweichung zu Absatz 1 Satz 2 auch mittels elektronischer Post übermittelt werden. In diesem Fall genügt die Textform im Sinne von § 126b des Bürgerlichen Gesetzbuchs.

(4) Bleibt das Schlichtungsverfahren ohne Erfolg, so bedarf ein neuer Antrag der schriftlichen Zustimmung der Gegenpartei. Dies gilt nicht, wenn der Antrag gemäß § 23 Absatz 1 als zurückgenommen gilt.

§ 21
Terminbestimmung, Zustellung der Ladung

(1) Die Schiedsperson bestimmt Ort und Zeit der Schlichtungsverhandlung.

(2) Zwischen der Zustellung der Ladung und dem Tag der Schlichtungsverhandlung muss eine Frist von mindestens zwei Wochen liegen (Ladungsfrist). Auf Antrag kann die Ladungsfrist auf eine Woche verkürzt werden. Eine weitere Verkürzung der Ladungsfrist setzt die Zustimmung beider Parteien voraus.

(3) Die Ladung wird den Parteien durch die Schiedsperson persönlich gegen Empfangsbekenntnis ausgehändigt oder durch die Post gegen Zustellungsurkunde oder per Einschreiben mit Rückschein zugestellt; die Gegenpartei erhält mit der Ladung eine Abschrift des Antrags. Wird eine Partei gesetzlich vertreten, so ist der Vertretung die Ladung zuzustellen.

(4) Eine Partei kann ihr Ausbleiben in dem anberaumten Termin wegen Krankheit, beruflicher Verhinderung, Ortsabwesenheit oder wegen sonstiger wichtiger Gründe entschuldigen. Sie hat ihr Nichterscheinen der Schiedsperson unverzüglich anzuzeigen und die Entschuldigungsgründe glaubhaft zu machen. Wird der Termin daraufhin nicht aufgehoben, so ist dies der Partei mitzuteilen. Absatz 3 gilt entsprechend.

§ 22
Erscheinen der Parteien, Vertretung, Verhandlung im Wege der Bild- und Tonübertragung

(1) Die Parteien haben in dem anberaumten Termin persönlich zu erscheinen. Sie sind hierüber mit der Ladung zu unterrichten. Die antragsstellende Partei ist auch über die Folge eines unentschuldigten Ausbleibens nach § 23 Absatz 1 zu unterrichten.

(2) Wird eine Partei gesetzlich vertreten, trifft die Verpflichtung nach Absatz 1 die gesetzliche Vertretung. In der Schlichtungsverhandlung werden Handelsgesellschaften durch ihre vertretungsberechtigten Gesellschafterinnen oder Gesellschafter und juristische Personen durch ihre Organe vertreten. Mehrere gesetzliche Vertretungspersonen oder Organe einer Partei können sich unter Vorlage einer schriftlichen Vollmacht gegenseitig vertreten.

(3) Die Schiedsperson hat sich Gewissheit über die Person der Erschienenen zu verschaffen.

(4) Eine Partei gilt auch dann als erschienen, wenn an ihrer Stelle eine bevollmächtigte Person unter Vorlage einer schriftlichen Vollmacht erscheint, die zur Aufklärung des Sachverhalts in der Lage und zu einem Vergleichsabschluss ermächtigt ist.

(5) Die Schiedsperson kann den Parteien, ihren Vertreterinnen und Vertretern, Bevollmächtigten und Beiständen auf Antrag oder von Amts wegen mit Zustimmung der anderen Partei gestatten, sich während der Verhandlung an einem anderen Ort aufzuhalten und dort Verfahrenshandlungen vorzunehmen. Die Verhandlung wird zeitgleich in Bild und Ton an diesen Ort und in das Sitzungszimmer übertragen. Nehmen sämtliche Beteiligte im Wege einer Bild- und Tonübertragung an der Verhandlung teil, steht es auch der Schiedsperson frei, den Ort ihrer Teilnahme zu wählen. Die Übertragung wird nicht aufgezeichnet.

§ 23

Ausbleiben oder vorzeitige Entfernung

(1) Bleibt die antragstellende Partei im Termin aus, ohne ihr Ausbleiben innerhalb eines Monats nach dem Termin nach Maßgabe von § 21 Absatz 4 Satz 1 und 2 genügend zu entschuldigen, so gilt der Antrag als zurückgenommen.

(2) Bleibt die antragsgegnerische Partei der Schlichtungsverhandlung fern, ohne dies bis zu deren Ende hinreichend zu entschuldigen, und wird sie auch nicht ordnungsgemäß vertreten, oder entfernt sie oder ihre Vertretung sich unentschuldigt vor deren Ende, vermerkt die Schiedsperson im Protokoll die Beendigung des Schlichtungsverfahrens, es sei denn, die antragstellende Partei beantragt die Fortsetzung des Schlichtungsverfahrens. In diesem Fall bestimmt die Schiedsperson sogleich einen neuen Termin; § 21 Absatz 2 und 3 gilt entsprechend. Dasselbe gilt, wenn die antragsgegnerische Partei sich vor dem Ende des Termins hinreichend entschuldigt hat.

§ 24

Verhandlungsgrundsätze

(1) Die Schlichtungsverhandlung ist mündlich und nicht öffentlich. Sie ist möglichst ohne Unterbrechung zu Ende zu führen. Wird die Verhandlung unterbrochen, so ist sogleich ein Termin zu ihrer Fortsetzung zu bestimmen, sofern nicht die Parteien das Ruhen des Verfahrens vereinbaren.

(2) Die Schiedsperson erörtert mit den Parteien deren Vorstellungen von einer einvernehmlichen Regelung der Streitsache. Zur Aufklärung der Interessenlage kann sie mit den Parteien auch Einzelgespräche führen. Auf der Grundlage der Schlichtungsverhandlungen kann die Schiedsperson ihnen einen eigenen Vorschlag zur Streitbeilegung unterbreiten.

§ 25

Beweiserhebung

(1) Zeuginnen und Zeugen sowie Sachverständige, die freiwillig erschienen sind, können gehört werden. Mit Zustimmung und in Anwesenheit der Parteien kann auch der Augenschein eingenommen werden. Eine Beweiserhebung ist nicht zulässig, wenn die Verhandlung ganz oder teilweise im Wege der Bild- und Tonübertragung nach § 22 Absatz 5 erfolgt.

(2) Zur Beeidigung, zur eidlichen Parteivernehmung sowie zur Entgegennahme von eidesstattlichen Versicherungen ist die Schiedsperson nicht befugt.

§ 26

Protokoll

(1) Über die Schlichtungsverhandlung ist ein Protokoll in deutscher Sprache aufzunehmen.

(2) Das Protokoll enthält

1. den Ort und den Tag der Verhandlung,
2. die Namen und Anschriften der erschienenen Parteien, gesetzlichen Vertreterinnen und Vertreter, Bevollmächtigten, Beistände, Dolmetscherinnen und Dolmetscher sowie die Angabe, ob die Schiedsperson die Beteiligten doch oder wie sie sich Gewissheit über ihre Person sowie über die Legitimation der gesetzlichen Vertreterinnen und Vertreter beziehungsweise der Bevollmächtigten verschafft hat,
3. Angaben über den Gegenstand des Streits, insbesondere die Anträge,
4. den Wortlaut eines Vergleichs der Parteien oder die Feststellung, dass eine Vereinbarung zwischen den Parteien nicht zustande gekommen ist.

(3) Vorgelegte Vollmachtsurkunden sind als Anlage zum Protokoll zu nehmen.

§ 27

Genehmigung des Protokolls

Das Protokoll ist den Parteien vorzulesen oder zur Durchsicht vorzulegen und von ihnen zu genehmigen. Dies ist im Protokoll zu vermerken.

§ 28

Unterzeichnung des Protokolls

(1) Das Protokoll ist von der Schiedsperson und im Fall eines Vergleichs auch von den Parteien eigenhändig zu unterschreiben.

(2) Erklärt eine Partei, daß sie nicht unterschreiben könne, so ist ihr Handzeichen durch einen besonderen Vermerk der Schiedsperson zu beglaubigen.

(3) Nimmt eine Partei im Wege einer Bild- und Tonübertragung gemäß § 22 Absatz 5 an der Verhandlung teil, kann ihre Zustimmung zum Vergleich auch mündlich erklärt werden. In diesem Fall ist die Erklärung von der Schiedsperson im Protokoll gesondert zu vermerken.

§ 29

Protokollbuch

(1) Die Protokolle werden der Zeitfolge nach in ein ausschließlich dazu bestimmtes Buch (Protokollbuch) eingeschrieben und mit fortlaufenden Nummern versehen.

(2) Abgeschlossene Protokollbücher werden von dem für den Schiedsamtsbezirk zuständigen Amtsgericht aufbewahrt.

§ 29a

Erfolglosigkeit der Schlichtung

(1) Der Schlichtungsversuch gilt als gescheitert, wenn

a) die antragsgegnerische Partei nicht zur Schlichtungsverhandlung erscheint oder sich vorzeitig hieraus entfernt, ohne dies bis zu deren Ende hinreichend zu entschuldigen, und nach Maßgabe von § 23 Absatz 2 kein neuer Termin bestimmt wird,

b) die Durchführung der Schlichtungsverhandlung ergibt, dass ein Vergleich nicht abgeschlossen werden kann oder

c) binnen einer Frist von drei Monaten seit Antragstellung das Schlichtungsverfahren nicht durchgeführt worden ist.

(2) Die Frist nach Absatz 1 Buchstabe c) beginnt erst zu laufen, wenn die antragstellende Partei einen den Anforderungen des § 20 Absatz 1 Satz 3 genügenden Antrag gestellt und einen etwa verlangten Kostenvorschuss eingezahlt hat. Der Zeitraum, während dessen das Verfahren aufgrund einer Vereinbarung der Parteien ruht, wird in die Frist nicht eingerechnet.

§ 30

Abschrift und Ausfertigung des Protokolls

Die Parteien oder deren Rechtsnachfolger erhalten auf Verlangen Abschriften oder zum Zwecke der Zwangsvollstreckung Ausfertigungen des Protokolls.

§ 31

Ausfertigungsvermerk

(1) Die Ausfertigung besteht aus der mit dem Ausfertigungsvermerk versehenen Abschrift des Protokolls.

(2) Der Ausfertigungsvermerk muß Angaben über den Ort und den Tag der Ausfertigung sowie über die Person enthalten, für die die Ausfertigung erteilt wird. Er ist von der Schiedsperson zu unterschreiben und mit dem Dienstsiegel zu versehen.

§ 32

Erteilung der Ausfertigung

(1) Die Ausfertigung wird von der Schiedsperson erteilt, die die Urschrift des Protokolls verwahrt. Vor der Aushändigung ist auf der Urschrift des Protokolls zu vermerken, wann und für wen die Ausfertigung erteilt worden ist.

(2) Wird das Protokollbuch vom Amtsgericht verwahrt (§ 29 Abs. 2), so wird die Ausfertigung von dem Urkundsbeamten der Geschäftsstelle erteilt.

§ 33

Vollstreckung aus dem Vergleich

(1) Aus dem vor der Schiedsperson geschlossenen Vergleich findet die Zwangsvollstreckung statt.

(2) Die Vollstreckungsklausel auf der Ausfertigung des Protokolls erteilt das für den Schiedsamtsbezirk zuständige Amtsgericht.

(3) Auf der Urschrift des Protokolls ist zu vermerken, wann und von wem sowie für und gegen wen die Vollstreckungsklausel erteilt worden ist. Zu diesem Zweck hat das Amtsgericht, falls es das Protokollbuch nicht verwahrt, die Schiedsperson von der Erteilung der Vollstreckungsklausel zu benachrichtigen.

DRITTER ABSCHNITT

DAS SCHLICHTUNGSVERFAHREN IN STRAFSACHEN

§ 34

Sachliche Zuständigkeit

Das Schiedsamt ist Vergleichsbehörde im Sinne des § 380 Absatz 1 der Strafprozeßordnung. Es ist zuständig für die dort genannten Vergehen.

§ 35

Verfahren

(1) Der Sühneversuch nach § 380 StPO wird im Rahmen eines Schlichtungsverfahrens durchgeführt. Für dieses gelten die Vorschriften des zweiten Abschnittes entsprechend, soweit in den §§ 36 bis 40 nichts anderes bestimmt ist.

(2) Wird ein Schlichtungsverfahren sowohl in einer Strafsache als auch in einer bürgerlichen Rechtsstreitigkeit (§ 13) durchgeführt, so richtet sich das Schlichtungsverfahren in dieser gemischten Streitigkeit nach den Vorschriften dieses Abschnittes. In diesem Fall gilt die Sühnebescheinigung zugleich als Erfolglosigkeitsbescheinigung im Sinne des § 29 a.

§ 36

Absehen vom Sühneversuch

(1) Das im Falle der Erhebung der Privatklage zuständige Gericht kann auf Antrag gestatten, daß von dem Sühneversuch abgesehen wird, wenn die antragstellende Partei von der Gemeinde, in der die Verhandlung stattfinden müßte, so weit entfernt wohnt, daß ihr unter Berücksichtigung ihrer Verhältnisse und nach den Umständen des Falles nicht zugemutet werden kann, zu der Verhandlung zu erscheinen. Das Gericht kann stattdessen die antragstellende Partei ermächtigen, sich in der Schlichtungsverhandlung vertreten zu lassen; die vertretende Person legt der Schiedsperson den Gerichtsbeschluß und eine schriftliche Vollmacht vor.

(2) Die Parteien können die Entscheidung des Gerichts mit der sofortigen Beschwerde nach den Vorschriften der Strafprozeßordnung anfechten.

§ 37

Beschränkung der Ablehnung

(1) Der Sühneversuch darf nicht aus den in § 17 Abs. 1 Nrn. 2 und 3 genannten Gründen abgelehnt werden.

(2) Wenn bei einer Partei einer der in § 17 Abs. 1 Nr. 2 und 3 genannten Gründe vorliegt oder eine Partei taub oder stumm ist und mit ihr eine Verständigung nicht möglich ist, ist dies in dem Protokoll zu vermerken. Gegen eine solche Partei findet die Zwangsvollstreckung aus einem aufgenommenen Vergleich nicht statt.

§ 38
Gesetzliche Vertretung

Wird die Gegenpartei gesetzlich vertreten, so ist die Terminnachricht auch der vertretenden Person zuzustellen. Diese ist als Beistand zur Schlichtungsverhandlung zuzulassen.

§ 39
Persönliches Erscheinen der Parteien

(1) Die Parteien haben in dem anberaumten Termin persönlich zu erscheinen. Sie sind hierüber mit der Ladung zu unterrichten. § 22 Absatz 2 und 4 findet auf die antragsgegnerische Partei keine Anwendung.

(2) Bleibt die antragstellende Partei im Termin aus, ohne ihr Ausbleiben vor dem oder innerhalb eines Monats nach dem Termin nach Maßgabe von § 21 Absatz 4 Satz 1 und 2 genügend zu entschuldigen, so gilt der Antrag als zurückgenommen. Entsprechendes gilt, wenn sie sich nicht nach § 36 Absatz 1 Satz 2 hat vertreten lassen. § 20 Absatz 4 ist nicht anzuwenden.

(3) Bleibt die Gegenpartei im Termin aus, ohne ihr Ausbleiben vor dem oder innerhalb eines Monats nach dem Termin nach Maßgabe von § 21 Absatz 4 Satz 1 und 2 genügend zu entschuldigen, so ist anzunehmen, daß sie sich auf die Schlichtungsverhandlung nicht einlassen will. Wohnen beide Parteien in der Gemeinde, in der die Schlichtungsverhandlung stattzufinden hat, so tritt diese Wirkung erst ein, wenn die Gegenpartei auch in einem zweiten Termin ausbleibt.

(4) Für jeden Fall, in dem eine Partei ohne genügende Entschuldigung nach Maßgabe von § 21 Absatz 4 Satz 1 und 2 ausbleibt oder sich vor dem Schluss der Verhandlung entfernt, kann die Schiedsperson ein Ordnungsgeld von 10 Euro bis 80 Euro festsetzen. Die Schiedsperson hebt die Anordnung auf, wenn sich die Partei nachträglich genügend entschuldigt. Die Frist für die Entschuldigung beträgt einen Monat und beginnt mit der Zustellung des Bescheides.

(5) Der Bescheid, in dem das Ordnungsgeld festgesetzt wird, ist der betroffenen Partei zuzustellen. Diese ist über die Möglichkeit der Anfechtung nach Absatz 6 und über die dafür vorgeschriebene Form und Frist zu belehren.

(6) Auf Antrag der betroffenen Partei kann das für den Schiedsamtsbezirk zuständige Amtsgericht das Ordnungsgeld herabsetzen oder den Bescheid aufheben. Der Antrag ist schriftlich innerhalb der Monatsfrist des Absatzes 4 Satz 3 zu stellen; er kann auch bei der Schiedsperson eingereicht werden. Die Schiedsperson kann das Ordnungsgeld selbst herabsetzen oder den Bescheid aufheben. Entspricht die Schiedsperson dem Antrag nicht, so hat sie den Antrag unverzüglich dem zuständigen Amtsgericht vorzulegen.

(7) Das Amtsgericht kann Ermittlungen anstellen. Es entscheidet ohne mündliche Verhandlung durch Beschluss, der zu begründen ist. Seine Entscheidung ist unanfechtbar. Das Verfahren vor dem Amtsgericht ist gerichtsgebührenfrei. Außergerichtliche Auslagen werden nicht erstattet. Solange über den Antrag nicht endgültig entschieden ist, darf das Ordnungsgeld nicht vollstreckt werden.

§ 40
Sühnebescheinigung

(1) Eine Bescheinigung über die Erfolglosigkeit des Sühneversuchs wird nur auf Antrag erteilt, wenn

1. in der Schlichtungsverhandlung ein Vergleich nicht zustande gekommen ist oder
2. allein die Gegenpartei im Termin, im Falle des § 39 Abs. 3 Satz 2 auch im zweiten Termin, unentschuldigt ausgeblieben ist oder sich vor dem Schluß der Schlichtungsverhandlung unentschuldigt entfernt hat.

Im Falle des Satzes 1 Nr. 2 wird die Bescheinigung erst ausgestellt, wenn die Frist des § 39 Abs. 6 Satz 2 verstrichen ist, ohne daß der Bescheid über das Ordnungsgeld angefochten ist, oder die Anfechtung erfolglos geblieben ist.

(2) Die Bescheinigung ist von der Schiedsperson zu unterschreiben und mit dem Dienstsiegel zu versehen. Sie hat die der Gegenpartei zur Last gelegte Straftat und den Zeitpunkt ihrer Begehung, das Datum des Antragseingangs sowie Ort und Datum ihrer Ausstellung zu enthalten.

(3) Die Verhandlung und die Ausstellung der Bescheinigung sind im Protokollbuch zu vermerken.

VIERTER ABSCHNITT
KOSTEN

§ 41
Gebühren und Auslagen

Die Schiedsperson erhebt für ihre Tätigkeit Kosten (Gebühren und Auslagen) nur nach diesem Gesetz.

§ 42
Kostenschuld

(1) Wer die Tätigkeit des Schiedsamtes veranlaßt hat, muß die Kosten tragen.

(2) Die Kosten hat ferner zu tragen

1. **wer die Kostenschuld durch eine vor der Schiedsperson abgegebene oder dieser mitgeteilte Erklärung oder in einem Vergleich übernommen hat;**
2. **wer für die Kostenschuld eines anderen kraft Gesetzes haftet;**
3. **hinsichtlich der Schreibauslagen diejenige Person, die die Erteilung von Ausfertigungen oder Abschriften beantragt hat.**

(3) Haben die Parteien einen Vergleich geschlossen, ohne dass darin eine Vereinbarung über die Kostentragung enthalten ist, trägt jede Partei die Kosten des Schlichtungsverfahrens zur Hälfte.

(4) Sind mehrere Personen verpflichtet, die Kosten zu tragen, so haften sie gesamtschuldnerisch. Die Haftung nach Absatz 2 Nrn. 1 und 3 sowie Absatz 3 geht der Haftung nach Absatz 1 vor; die Haftung nach Absatz 1 für die nicht durch Vorschuß gedeckten Kosten soll in diesem Falle erst geltend gemacht werden, wenn das Beitreibungsverfahren (§ 44 Abs. 2) gegen die vorrangig haftenden Personen keinen Erfolg gehabt hat oder aussichtslos erscheint.

§ 43
Fälligkeit, Vorauszahlung, Zurückbehaltungsrecht

(1) Gebühren werden mit der Beendigung des gebührenpflichtigen Geschäfts, Auslagen mit ihrem Entstehen fällig.

(2) Die Tätigkeit des Schiedsamts soll von der Zahlung eines Vorschusses in Höhe der voraussichtlich entstehenden Gebühren und Auslagen abhängig gemacht werden. Satz 1 ist nicht anzuwenden, wenn die amtlichen Vorgesetzten nach § 194 Abs. 3 oder § 230 Abs. 2 des Strafgesetzbuches befugt sind, Strafantrag zu stellen.

(3) Haftet eine Person für Kosten, so können die ihr zu erteilenden Bescheinigungen, Ausfertigungen und Abschriften sowie Urkunden, die diese eingereicht hat, zurückbehalten werden, bis die in der Angelegenheit entstandenen Kosten gezahlt sind.

§ 44
Einforderung und Beitreibung

(1) Die Kosten und Ordnungsgelder werden aufgrund einer von der Schiedsperson unterschriebenen Kostenrechnung eingefordert.

(2) Die Kosten und Ordnungsgelder werden auf Antrag der Schiedsperson von der Gemeinde nach den Vorschriften des Verwaltungsvollstreckungsgesetzes für das Land Nordrhein-Westfalen beigetrieben. Die für Gemeindeabgaben geltenden Verjährungsvorschriften sind anzuwenden.

§ 45
Höhe der Gebühren

(1) Für das Schlichtungsverfahren wird eine Gebühr von 20 Euro erhoben; kommt ein Vergleich zustande, so beträgt die Gebühr 30 Euro.

(2) Die Gebühr kann unter Berücksichtigung der Verhältnisse der Parteien und der Schwierigkeit des Falles bis auf 50 Euro erhöht werden.

(3) Sind auf der Seite einer Partei oder beider Parteien mehrere Personen am Schlichtungsverfahren beteiligt oder ist bei wechselseitigen Anträgen die antragstellende Partei zugleich Antragsgegnerin, so wird die Gebühr nur einmal erhoben.

(4) Von der Erhebung von Kosten kann ganz oder teilweise abgesehen werden, wenn dies mit Rücksicht auf die wirtschaftlichen Verhältnisse der zahlungspflichtigen Person oder sonst aus Billigkeitsgründen geboten erscheint.

§ 46
Auslagen

(1) Als Auslagen werden erhoben

1. **eine Dokumentenpauschale für die Aufnahme von Anträgen, für Mitteilungen an die Parteien sowie für Ausfertigungen und Ablichtungen von Protokollen und Bescheinigungen; die Höhe der Dokumentenpauschale bestimmt sich nach Nummer 31000 Nummer 1 bis 3 der Anlage 1 (Kostenverzeichnis) zum Gerichts- und Notarkostengesetz vom 23. Juli 2013 (BGBl. I S. 2586) in der jeweils geltenden Fassung;**
2. **die bei der Durchführung einer Amtshandlung entstehenden notwendigen baren Auslagen in tatsächlicher Höhe.**

(2) Die Vergütung hinzugezogener Dolmetscherinnen und Dolmetscher zählt zu den baren Auslagen (Absatz 1 Nr. 2). Ihre Höhe richtet sich nach dem Gesetz über die Vergütung von Sachverständigen, Dolmetscherinnen, Dolmetschern, Übersetzerinnen und Übersetzern sowie die Entschädigung von ehrenamtlichen Richterinnen, ehrenamtlichen Richtern, Zeuginnen, Zeugen und Dritten (Justizvergütungs- und -entschädigungsgesetz – JVEG). Die Vergütung ist auf Antrag der Schiedsperson oder der Dolmetscherin oder des Dolmetschers von dem für den Schiedsamtsbezirk zuständigen Amtsgericht festzusetzen. § 4 Absatz 3 bis 9 und § 13 Absatz 1 des Justizvergütungs- und -entschädigungsgesetzes sind entsprechend anzuwenden.

§ 47
Einwendungen gegen den Kostenansatz

Über Einwendungen kostenhaftender Personen gegen die Kostenforderung oder gegen Maßnahmen nach § 43 Abs. 2 und 3 entscheidet das für den Schiedsamtsbezirk zuständige Amtsgericht. Die Entscheidung ist nicht anfechtbar; sie ergeht gerichtsgebührenfrei. Außergerichtliche Auslagen werden nicht erstattet.

§ 48
Verwendung der Ordnungsgelder und Kosten

(1) Die Ordnungsgelder, die aufgrund dieses Gesetzes erhoben werden, fließen der Gemeinde zu.

(2) Die gemäß § 45 erhobenen Gebühren fließen zu gleichen Teilen der Schiedsperson und der Gemeinde zu. Die Gemeinde kann zugunsten der Schiedsperson auf ihren Anteil ganz oder unter Anrechnung auf die Erstattung von Sachkosten nach § 12 Absatz 1 verzichten.

(3) Die nach § 46 Absatz 1 erhobenen Auslagen erhält die Schiedsperson in voller Höhe.

FÜNFTER ABSCHNITT
ÜBERGANGS- UND SCHLUßVORSCHRIFTEN

§ 49
Verwaltungsvorschriften

Das für Justiz zuständige Ministerium und das für Kommunales zuständige Ministerium erlassen die zur Ausführung dieses Gesetzes erforderlichen Verwaltungsvorschriften.

§ 50
Inkrafttreten und Übergangsvorschriften

(1) Dieses Gesetz tritt am 1. Juli 1993 in Kraft.

(2) Die nach der Schiedsmannsordnung für das Land Nordrhein-Westfalen berufenen Schiedsfrauen und Schiedsmänner bleiben im Amt; die Amtsdauer richtet sich nach dem bisherigen Recht.

(3) Die bei Inkrafttreten dieses Gesetzes eingerichteten Schiedsmannsbezirke bestehen als Schiedsamtsbezirke fort, soweit keine andere Einteilung nach § 1 Abs. 2 getroffen wird.

(4) Die bei dem Inkrafttreten dieses Gesetzes vor der Schiedsperson anhängigen Verfahren werden nach dem bisherigen Recht zu Ende geführt.

Stichwortverzeichnis

Die Zahlen verweisen auf die Seiten des Beitrags.

Kubusch | Maisch | Müller-Török | Pautsch | Roggenkamp (Hrsg.)

Handbuch Datenschutz für die kommunale Praxis

Die DSGVO bringt gegenüber dem BDSG erhebliche Veränderungen. Behörden müssen zusätzliche neue Anforderungen erfüllen. Weitgehend jede neue Vorgabe ist zudem bußgeldbewehrt. Das Handbuch ist eine Arbeitshilfe für Behörden, um die notwendigen Veränderungen umzusetzen.
Praktische Ansätze des europäischen Datenschutzrechts sowie der daraus resultierenden angepassten nationalen Normen in der kommunalen Aufgabenerfüllung werden aufgezeigt und Lösungsmöglichkeiten dargestellt.

Handbuch, 2019, Softcover, 242 Seiten, ISBN 978-3-8293-1386-5, 49 €

Held | Winkel | Wansleben (Hrsg.)

Kommunalverfassungsrecht Nordrhein-Westfalen

Die Kommentaresammlung enthält alle auf kommunaler Ebene essentiellen Rechtsvorschriften. Die Kommentierungen werden unter Einbeziehung der letzten Rechtsänderungen und aktuellen Rechtsprechung regelmäßig aktualisiert. Damit trägt das Werk in einer in sich geschlossenen, abgestimmten Präsentation des aktuellen Kommunalverfassungsrechts den Erfordernissen der gesamten Kommunalverwaltung in Nordrhein-Westfalen Rechnung.

Kommentar, Stand 2021, Loseblattausgabe, 3.242 Seiten, ISBN 978-3-86115-344-3 ,159 €

www.ksv-medien.de

Henneke

Aufgaben und Finanzbeziehungen von Bund, Ländern und Kommunen ab 2020

Darstellung, 2. Auflage 2019,
Softcover, 418 Seiten, 39 €,
ISBN 978-3-8293-1493-0

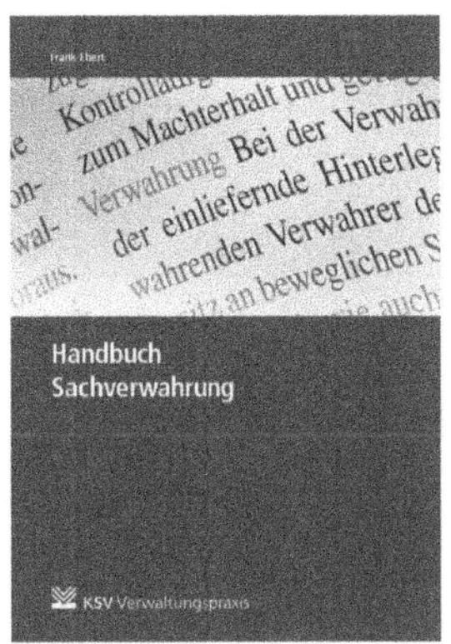

Ebert

Handbuch Sachverwahrung

Handbuch, 2020,
Softcover, 302 Seiten, 49 €,
ISBN 978-3-8293-1506-7

Vereinigung Liberaler Kommunalpolitiker in NRW e.V. | Abruszat | vom Berg (Hrsg.)

Handbuch für Kommunalpolitiker in Nordrhein-Westfalen

Handbuch, 2020, Softcover,
426 Seiten, 19,80 €,
ISBN 978-3-8293-1624-8

Schwarting

Kommunalrecht für Nichtjuristen

2020, Softcover,
160 Seiten, 19,90 €,
ISBN 978-3-8293-1471-8

Held | Winkel (Hrsg.)

Gemeindeordnung Nordrhein-Westfalen

Kommentar, 5. Auflage 2020,
Hardcover, 624 Seiten, 69 €,
ISBN 978-3-8293-1569-2

Grawert

Verfassung für das Land Nordrhein-Westfalen

Kommentar, 4. Auflage 2020,
Softcover, 256 Seiten, 39,90 €,
ISBN 978-3-8293-1554-8

www.ksv-medien.de